江西财经大学东亿学术论丛·第一辑

我国公共文化服务的测度

理论、方法与实践

魏和清　李燕辉　著

The Measurement Theory, Method and Practice of Public Cultural Service in China

经济管理出版社
ECONOMY & MANAGEMENT PUBLISHING HOUSE

图书在版编目（CIP）数据

我国公共文化服务的测度理论、方法与实践／魏和清，李燕辉著．—北京：经济管理出版社，2019.12

ISBN 978-7-5096-3591-9

Ⅰ.①我… Ⅱ.①魏… ②李… Ⅲ.①公共管理—文化工作—研究—中国 Ⅳ.①G123

中国版本图书馆 CIP 数据核字（2019）第 234134 号

组稿编辑：王光艳
责任编辑：李红贤
责任印制：黄章平
责任校对：陈晓霞

出版发行：经济管理出版社
（北京市海淀区北蜂窝 8 号中雅大厦 A 座 11 层　100038）
网　　址：www. E-mp. com. cn
电　　话：（010）51915602
印　　刷：三河市延风印装有限公司
经　　销：新华书店
开　　本：720mm×1000mm／16
印　　张：18
字　　数：323 千字
版　　次：2020 年 5 月第 1 版　　2020 年 5 月第 1 次印刷
书　　号：ISBN 978-7-5096-3591-9
定　　价：78.00 元

总　序

江西财经大学统计学院源于1923年成立的江西省立商业学校会统科。统计学专业是学校传统优势专业，拥有包括学士、硕士（含专硕）、博士和博士后流动站的完整学科平台。数量经济学是我校应用经济学下的一个二级学科，拥有硕士、博士和博士后流动站等学科平台。

江西财经大学统计学科是全国规模较大、发展较快的统计学科之一。1978年、1985年统计专业分别取得本科、硕士办学权；1997年、2001年、2006年统计学科连续三次被评为省级重点学科；2002年统计学专业被评为江西省品牌专业；2006年统计学硕士点被评为江西省示范性硕士点，是江西省第二批研究生教育创新基地。2011年，江西财经大学统计学院成为我国首批江西省唯一的统计学一级学科博士点授予单位；2012年，学院获批江西省首个统计学博士后流动站。2017年，统计学科成功入选“江西省一流学科（成长学科）”；在教育部第四轮学科评估中被评为“A－”等级，进入全国前10%行列。目前，统计学科是江西省高校统计学科联盟盟主单位，已形成以研究生教育为先导、本科教育为主体、国际化合作办学为补充的发展格局。

我们推出这套系列丛书的目的，就是展现江西财经大学统计学院发展的突出成果，呈现统计学科的前沿理论和方法。之所以以“东亿”冠名，主要是以此感谢高素梅校友及所在的东亿国际传媒给予统计学院的大力支持，在学院发展的关键时期，高素梅校友义无反顾地为我们提供了无私的帮助。丛书崇尚学术精神，坚持专业视角，客观务实，兼具科学研究性、实际应用性、参考指导性，希望能给读者以启发和帮助。

丛书的研究成果或结论属个人或研究团队观点，不代表单位或官方结论。书中难免存在不足之处，恳请读者批评指正。

编委会

2019年6月

前 言

公共文化服务的发展与公平是一个国家文明与和谐的象征。加强公共文化服务建设与测评，保障我国公共文化服务持续、快速发展，建立完善的基本公共文化服务体系，让每一个公民均等化分享公共文化资源，推进政府基本公共文化服务均等化进程，既是各级政府必须履行的基本职能之一，也是民主和谐社会背景下，政府部门化解社会矛盾、维护社会公平、促进社会和谐发展的有力抓手。为此，近年来我国各级政府部门纷纷出台各种公共文化服务发展的政策及措施，激励地方政府部门加大公共文化服务的建设力度，加快我国基本公共文化服务体系的建设步伐。然而，要推动我国公共文化服务发展、完善基本公共文化服务体系面临着许多问题，构建一套公共文化服务的测度理论与方法体系，指导并实现对我国公共文化服务的测度分析尤为关键。

基于此，本书在实地调查和梳理、借鉴已有公共文化服务研究成果的基础上，从公共文化服务理论研究入手，以公共文化服务测度方法研究和测度实践为重点目标，借用统计学、计量经济学和空间统计等相关领域的方法和技术，遵循先理论剖析后方法应用，先单项分析后综合研究的思路，对我国主要的公共文化服务单项内容（公共图书馆服务、公共博物馆服务、群众文化与艺术机构服务、社区公共文化服务和公共文化服务均等化）以及公共文化服务整体发展绩效进行测度分析，实现了多角度、全方位的思考与总结。本书为客观、科学地测评我国公共文化发展水平、影响因素及发展绩效提供了一定的参考和借鉴，为我国及各级政府部门进一步提高公共文化服务成效的途径和方法探索提供了相应的依据和参考价值。本书主要包括以下研究内容：

首先，本书的第 1 章至第 3 章是对我国公共文化服务的理论、测度方法及测度体系的研究。这部分内容阐述了选题背景与研究意义；界定了公共文化服务相关的概念，总结了与研究相关的基础理论，如公共文化服务影响因素理论、公共文化服务均等化测度理论、公共文化服务绩效评估理论；对公共文化服务测度方法进行剖析，指出了每种测度方法的优势与不足及未来公共文化服务测度方法的发展趋势；分析了部分发达国家及国际组织机构的文化统计框架及体系，对我国如何借鉴国际先进做法、采集公共文化服务基础数据进行了思考与总结。本部分所述思想、方法为后续章节的研究展开提供了科学的理论依据。

其次，本书利用探索性因子分析技术、非参数可加回归模型、分位数回归模型和结构方程模型、基尼系数和泰尔指数等多种模型与描述性统计相结合的测度手法，实现了对我国公共文化服务单项内容的系统测度。

我国公共文化服务的发展中，政府扮演着责任主体的角色。因此，政府公共文化服务的供给范围及标准基本决定了公共文化服务的测度边界。本书认为我国公共文化服务主要存在于以下公共文化服务机构中：①公共图书馆；②公共博物馆；③文化馆；④群众文化艺术馆；⑤社区公共文化活动中心等。因此，我国公共文化服务的单项内容测度包含对上述公共文化机构服务的发展水平、影响因素及发展绩效等方面的测度内容。依据我国公共文化服务单项内容的测度分析发现：

在公共图书馆服务综合发展水平测度中，我国公共图书馆综合发展水平较高的地区是广东、浙江和江苏；作为祖国首都的北京，其公共图书馆服务水平并没有明显优势；东、中、西部三大区域之间的公共图书馆综合发展水平有一定的差异。

在公共博物馆服务影响因素测度中，不同驱动因素对不同区域博物馆业发展的影响方向与影响强度是不同的，有着显著的差异性。从全国层面看，城市化水平是影响全国博物馆业发展水平的主要因素；从东、中、西三大经济区域看，城镇居民文化娱乐消费支出是影响东部博物馆业发展的主要因素，经济发展水平是制约中部地区博物馆业发展的主要因素，城市化水平是影响西部博物馆业发展水平的重要因素。

在群众文化艺术馆服务影响因素测度中，从业人员数、财政投入、城市化水平、经济发展水平和文化娱乐消费支出对我国不同地区文化艺术馆业发展所产生的影响是客观存在的，并且这种影响在不同地区、不同的分位点都各不相同。因此，地区群众文化艺术馆发展政策制定上不能搞“一刀切”，应因地制宜，制定有针对性的政策措施，有效地促进各地区、各分位点省份群众文化艺术馆行业的发展。

在社区公共文化服务满意度测度中，影响社区公共文化服务满意度的要素包括居民期望、质量感知、价值感知三个显变量和十五个潜变量，社区居民对质量感知和价值感知这两个要素非常关注，并且这两个要素对整体满意度的高低起着至关重要的作用。而社区经费不足、基础设施陈旧及居民社区公共文化活动参与度不高，是影响社区公共文化服务质量的重要因素。

在我国基本公共文化服务区域均等化差异及变化态势的测度中，我国公共文化服务政策对基本公共文化服务均等化有明显影响，全国基本公共文化服务均等化差异较小且有缩小之势；东部地区均等化差异明显高于中西部地区。三大区域内的均等化差异是形成全国基本公共文化服务非均等化的主要原因。

再次，本书基于熵权法、探索性空间统计分析实现了对我国公共文化服务发展绩效的整体测度。结果表明：我国公共文化服务绩效整体呈上升趋势，但地区差异较大；加大公共文化投入、提高产出效果对公共文化服务绩效提升作用均显著，但提高公共文化服务的产出效果，也即提高公共文化服务的大众参与的广度与深度，对提升公共文化服务绩效效果更理想；从探索性空间数据分析结论看，我国公共文化服务绩效总体上呈现东高西低、阶梯式的空间分布格局，集聚趋势明显，但以低水平集聚为主要特征；空间自相关性分析显示，相邻地区对本地区的公共文化服务发展产生显著的正溢出效应。

最后，在前面研究的基础上，本书提出了提升我国公共文化服务水平、完善我国公共文化服务测度的相关对策建议。

针对如何提升我国公共文化发展绩效及服务水平的建议如下：①合理配置公共文化服务资源，改善公共文化服务发展条件，提升我国公共文化服务水平；②加大公共文化服务投入，优化投入方式，调动社会及民间组织积极参与公共文化建设，实现资金来源多元化；③创新公共文化服务内容与供给方式，提升公共文化服务发展绩效；④注重文化人才队伍建设，改变用人机制，合理配置人才资源，努力培养公共文化服务的专业人才，促进我国公共文化服务发展水平的提升；⑤尽快建立均等化、标准化的公共文化制度，逐步缩小地区公共文化服务均等化的差距。

针对如何完善我国公共文化服务测度的相关建议如下：①明确公共文化服务测评的性质和目的；②明晰公共文化服务测评的理论范畴；③建立科学完善的公共文化服务测评体系；④实施测评主体多元化的公共文化服务测评方式；⑤坚持公共文化服务统计常态化，保障公共文化服务测度的基础数据来源。

值得一提的是，本书是笔者在主持完成的国家社科基金项目《我国公共文化服务的测度研究与实践》的基础上修改而成的。在此特别感谢课题组的所有成员，他们分别是李海东教授、徐斌博士、李峰博士以及夏晶、姜雯昱、李颖等几位在读博士和硕士研究生。另外，感谢在本书出版过程中给予支持的江西财经大学统计学院和经济管理出版社。

由于笔者水平有限，加之公共文化服务理论与测度方法也在不断发展和丰富，书中难免存有不足与纰漏，尚祈读者和同行专家指正。

魏和清　李燕辉

2019 年 7 月

目　录

第❶章

文明与和谐的呼唤：公共文化服务

1.1 问题的提出与选题的意义

21 世纪是知识、经济和文化相互融合的新经济时代。在世界范围内，新技术革命，尤其是互联网信息技术的飞速发展，深刻改变了经济发展方式和人们的行为与交往方式，传统经济形态正日益向更高的以知识、文化为依托，以文明与和谐为特征的新经济形态转变，人们深刻地领悟到“知识就是力量”“文化就是软实力”的真谛，一个以文化驱动为动力、科技创新为支撑的新经济时代已悄然而至。伴随着新经济时代的来临，文化的发明与创造在国民经济中的引领和驱动作用不断提升，成为增强国家和区域竞争优势的关键之举。

改革开放 40 年来，我国经济得到了持续快速发展，社会进入全面转型时期。随着社会、经济的快速发展，人们的生活理念已悄然改变，国民的文化素质已经得到大幅提升，人们更多追求的是“文化权利”的享受，崇尚公平正义、共享文明进步、追求社会和谐成为新时代的主流价值取向。因此，社会的文明与时代的发展也带给人们许多新的思考，其中公共文化服务（Public Culture Service）的发展与公平，是和谐社会语境下的一个热门话题，上至国家，下到平民百姓都十分关注。

“公共文化服务”是由公共部门或准公共部门共同提供的，以满足大众的基本文化需求为目的，为社会提供的非竞争性、非排他性的公共文化产品和服务的总称。

我国“公共文化服务”的概念首见于 2006 年 9 月国家颁布的《“十一五”时期文化发展规划纲要》，此后公共文化服务成为我国政府文化建设的核心理念。党的十七、十八大乃至十九大均一致强调，要深化文化体制改革，逐步建立公共文化服务制度和健全均等化公共文化服务体系，建立公共文化服务考评体系和考核办法，把文化改革发展成效纳入科学发展考核评价体系，作为考核政府部门主要领导干部工作业绩的重要依据。为深入贯彻落实党的公共文化服务建设总体精神，推动“十二五”时期公共文化服务体系建设，文化部于2013年1月21日正式发布《文化部“十二五”时期公共文化服务体系建设实施纲要》，要求全面提升公共文化服务均等化水平，保障广大人民群众基本文化权益。2015年，国家又出台了《关于推进基层综合性文化服务中心建设的指导意见》和《“十三五”时期贫困地区公共文化服务体系建设规划纲要》等文件，为全国公共文化事业的均等化、标准化实施提供了有力保障。2017年10月，习近平总书记在党的十九大报告中再一次提出了“坚定文化自信，推动社会主义文化繁荣兴盛”的文化发展目标。可见近十多年来，我国政府有关公共文化服务政策的制定与执行，正是对党的十六大以来有关公共文化服务建设精神的延伸与践行。

公共文化服务的发展与公平是一个国家文明与和谐的重要体现。强化公共文化服务建设与测评，保障公共文化服务持续、快速发展，构建覆盖城乡的基本公共文化服务体系，让每一个公民均等化分享公共文化资源，推进政府基本公共文化服务均等化，既是各级政府必须履行的政府职能之一，也是民主和谐社会背景下，政府部门改善民生、促进公平、解决矛盾的重要举措。强化公共文化服务建设，完善基本公共文化服务体系，对于弘扬先进文化精神、传承民族文化特色、促进人的健康全面发展、促进社会文明与进步、维护社会公平与正义具有十分重要的意义。为此，近十年来各级政府部门纷纷出台各种政策及措施，鼓励地方部门加大公共文化服务建设力度，完善基本公共文化服务体系。然而，推动我国公共文化服务建设面临诸多问题，构建一套公共文化服务测度理论和方法体系显得尤为关键。

首先，从事公共文化服务测度研究有利于提升政府的公共文化服务水平与管理能力。构建公共文化服务测度体系，可以让政府在推进公共文化服务体系建设进程中做到有章可循、有据可依，从而避免管理中的盲目性和随意性。

其次，从事公共文化服务测度研究为评价公共文化政策实施成效提供了相应的理论与方法。科学的公共文化服务测度体系有利于制定、监测和评价文化政策，同时也满足了社会各界对公共文化服务实施效果的监督需求。

再次，从事公共文化服务测度研究便于国与国之间、地区与地区之间文化服务的空间对比分析。文化交流的规模、种类及其变动规律可以通过测度反映出来，国家之间的文化福利政策效果的差异也可在相关统计模型中加以观察。

最后，从事公共文化服务测度研究可在一定程度上发展与完善我国文化统计内容，推进统计学科的建设与繁荣。因此，其理论价值和学术意义是深远的。

近十多年来，随着人们对公共文化服务理论认识的不断深化，我国学术界对公共文化服务的研究日益增多，研究者从不同研究角度提出了公共文化服务的概念。人们的研究视角主要集中在公共文化服务的内涵、模式、发展政策及其对社会经济发展的影响等实质性问题上，但是这些政策及措施的到位是建立在对公共文化建设规模、发展水平、影响因素及发展成效的科学认识的基础之上。因为要对一国公共文化服务发展水平、影响因素、均等化程度及发展绩效做出准确的评估，必须以对公共文化服务的科学测度为基础，它是从事公共文化服务研究、评价和管理的前提条件。公共文化服务测度理论和方法体系若缺失，对公共文化服务的研究与管理就没有基础。但是，到目前为止，我国对公共文化服务的测度研究远远落后于公共文化服务的实践。进入相关数据库检索，在“篇名”下输入“公共文化服务测度”或“公共文化服务评估”的检索内容发现，相关的研究成果并不多见。形成这种研究局面，一方面与我国公共文化服务发展现实、理论研究有关，另一方面对公共文化服务进行测度是一项十分困难的学术研究。其主要体现在以下四个方面：

一是公共文化服务内涵的不确定性。虽然理论界对公共文化服务理论方面的研究探讨已有一段时间，但对公共文化服务的内涵并没有形成公认，仍处于争辩之中。究竟什么是公共文化服务？哪些文化服务属于公共文化服务的范畴？公共文化服务与产业文化服务如何区分？这些问题不清晰，公共文化服务的测度边界就难以把握。

二是文化要素对社会经济发展作用的复杂性。尽管新经济时代文化是一种软实力，对现代社会经济发展有重要作用，但要真正诠释文化要素尤其是公共文化要素对于社会经济发展的具体作用，对人的文化鉴赏能力的提升，又是一项艰难而复杂的学术问题，其作用方式有别于其他传统的生产要素如劳动力、资本等。

三是测度标准非唯一性。文化既是复杂的又是多元的，它有不同的形态类别，至今我们无法找到文化度量的唯一测度标准。联合国教科文组织（UNESCO）公布的文化统计架构（2009 年重新修订），对规范世界各国公共文化服务测度只能是一种指导性建议。2004 年，我国根据《联合国文化统计手册》颁布了我国的《文化及其相关产业统计分类》，并于 2012 年与 2018 年重新修订。我国文化及相关产业统计内容包括了文化事业和文化产业两部分，其原因是我国在文化统计中，同一提供文化服务的单位中既包括文化事业，也包括产业或企业文化，目前还没有明确标准将两者区分开来；而且我国文化体制改革过程中文化单位的转企改制现象随时发生。

四是测度方法的多样性。公共文化服务的内涵丰富，形态多样，因此，公共文化服务的测度内容就十分丰富，仅凭一种测度方法是无法达到测度目的的，它需要采取多视角、全方位的测度分析思路，这给开展公共文化服务测度实践增添了不少难处。

综上所述，理论界对公共文化服务的研究已有一段时间，也积累了不少研究成果，但公共文化服务的理论并未形成定论，许多理论问题还处在争议之中。另外，国内关于公共文化服务测度方面的研究才刚刚起步，有许多问题值得去深思，而对于公共文化服务测度实践的研究成果则更少。因此，研究公共文化服务测度理论和方法问题，必须坚持理论、方法和实证分析研究同步，把握其内涵和本质特征，只有这样才能使我们的研究结论建立在可靠的理论与方法基础之上。

在当今语境下，如果说发展公共文化服务，建立基本公共文化服务体系，保障广大人民群众看电视、听广播、读书看报、进行文化鉴赏、参与公共文化活动等基本文化权益是现代政府的基本职能的话，那么如何测评一个国家或地区的公共文化发展现状、绩效及均等化程度等问题，就应该是统计与公共管理部门必须面对的理论与实践课题。

1.2 国内外研究现状与综合述评

1.2.1 国外研究现状

近年来，国内外有关机构及学者主要围绕公共文化服务内涵与要素、服务体系、供给模式、发展政策等理论问题展开了有益的探索，并取得了一定进展，而在公共文化服务测度研究方面的成果相对较少。

从国外来看，现代公共文化服务理论发端于西方国家的公共服务理论。1902 年英国颁布的教育法案中，要求将参观博物馆的项目纳入小学生课程体系；1959 年法国成立文化部，将文化纳入政府公共服务的管理范畴。而公共文化服务的研究热潮，是从 20 世纪 80 年代开始的，它起源于一些发达国家在公共行政和公共服务的改革进程中所出现的“新公共管理”运动。为了适应新的公共管理要求，政府开始主动转变角色，逐步由“掌舵”型政府向“划桨”型政府转变，以便公共部门较为全面地融入市场经济。公共文化服务作为公共服务的重要组成之一，“新公共管理”运动也波及西方国家的公共文化领域，如图书馆、博物馆、档案馆乃至公共广播电视等公共文化传播媒体和国家艺术文化中心等公共文化活动场所。

西方国家在对公共行政和公共服务进行改革的进程中提出了“新公共服务理论”，该理论的缔造者是美国学者珍妮特·丹哈特和罗伯特·丹哈特。该理论认为政府的主要职能是提供公共服务，而不是“掌舵”，政府必须由管制型政府向服务型政府转变。新公共服务理论是公共文化服务理论的建立与发展的重要理论基础。

1982 年联合国教科文组织在墨西哥召开的“世界文化政策大会”，意味着国际组织开始将文化问题纳入社会、经济研究战略之中。

公共文化供给模式不同，其测度体系就不一样。由于各个国家历史因素、基本国情以及相关文化差异的影响，目前公共文化服务有三种模式。

第一种是以法国、日本等为代表的政府主导的公共文化服务模式。在这种模式中，政府在公共文化发展中起着主导作用，一般从上到下都建有相应的文化管理部门，对各类文化机构的公共文化发展起着监督与指导作用，并给予一定的发展经费支持。

第二种是以美国、加拿大、瑞士等为代表的民间发展模式。在这种发展模式中，政府都不设文化行政管理部门，不直接参与经营公共文化事业或公共文化设施，主要利用国家或私人的基金会对民间的非营利性艺术机构（NPAO）进行经济资助与扶持，具体的公共文化发展模式及内容由各类民间的文化艺术机构来完成。公共文化服务主要由第三部门承担，即非政府组织（NGO）或非营利机构（NPO），它们是推动公共文化发展的主要力量，而政府的主要职能是通过制定政策及一系列法规，对各类文化团体、组织或机构进行监督与管理，并给予税费方面的优惠。

第三种是以英国和澳大利亚为代表的政府与民间组织共同参与的模式。在这种管理体制下，政府将文化资源进行分配，并参与公共文化管理之中，与民间的文化艺术机构共同成为公共文化服务的提供者。

公共文化服务发展水平、发展绩效如何，是任何国家和组织都十分关注的，但真正通过数据来体现和量化其发展水平及其对社会经济发展的影响和贡献的国家或地区则不多。联合国教科文组织（UNESCO）曾于 1987 年公布文化统计架构（尔后经过多次修订），正式将针对文化发展现状的统计数据正式纳入联合国的有关报告。2000 年联合国教科文组织出版的《世界文化报告》（*World Culture Report*），对规范世界各国公共文化服务测度具有指导性意义。

2001 年 4 月，英国文化部下属图书信息档案司发布实施了《全面高效的现代化公共图书馆——标准与评估》（*Comprehensive*，*Efficient and Modern Public Libraries—Standards and Assessment*），包括 8 大目标共 19 项指标。2007 年，英国全面绩效评估体系中的“文化及相关服务”绩效指标中，从 22 个三级指标观察政府公共服务中的相关文化服务活动，了解政府部门对公共文化的供给以及公共“最关心、最直接和最现实”的公共文化需求情况。2008 年 3 月，伦敦发展署公布《伦敦：一次文化大审计》的研究报告，该研究报告中选取了十大文化指标，从文化基础设施、文化产出和文化消费等视角，对伦敦文化综合竞争力进行测评，并将其与世界其他主要城市进行差异化分析。这次伦敦文化审计可以说是英国有史以来第一次文化发展实力的量化扫描与国际比较。

1933 年，美国图书馆协会颁发了公共图书馆相关的标准，并在 1943 年、1956 年及 1966 年，以大致每隔 10 年一次的频率进行了多次修订。美国在 20 世纪 70 年代也曾推行绩效管理与评估，如“美国艺术工作者联合会”（Americans for the Arts）是美国主要有关艺术的信息收集中心，近年来它们与美国商务部经济分析局合作，建立了“艺术和文化生产卫星账户”，用卫星账户的形式收集艺术和文化产业的就业、薪金、产值等相关数据，分析文化艺术对美国经济的拉动效应。根据美国商务部经济分析局和美国国家艺术基金会（NEA）联合发布的一份最新调查报告，分析了 1998~2015 年收集到的数据，经研究后得出：艺术行业每年为美国贡献了 7636 亿美元，占国内生产总值的 4.2%，超过了建筑业、交通运输和仓储业。全国范围内艺术文化相关的经济活动在 2015 年上升 4.9%，2012~2015 年平均上升 2.6%①，成为美国国民经济发展的主导产业。其实利用卫星账户核算文化活动的最初设想来自于法国国家统计与经济研究局（INSEE）的 Maryvonne Lemaire。至今编制了文化卫星账户的国家除美国、加拿大外，还有芬兰、澳大利亚、苏格兰、西班牙、捷克和一些南美国家。

1.2.2 国内研究现状

关于公共文化服务理论研究，国内主要聚集于公共文化服务的内涵与要素、供给主体、建设意义、公共文化服务体系建设实践等诸多方面。

关于公共文化服务内涵及要素的研究。苏峰（2005）认为，公共文化服

---

① 艺术行业占据美国生产总值 4.2% 平均每年达 7636 亿美元［EB/OL］. http：//news. 96hq. com/a/20180502/27005. html.

务内涵包括三层含义：一是经济性，公共文化产品的效用具有不可分割性、消费的非竞争性和受益的非排他性三个特征；二是社会性，作为非营利组织的政府，应该提供非垄断性公共产品；三是政治性，公共文化服务是政府所提供的一种公共产品。我国文化部社会图书司司长认为，公共文化服务建设至少应涵盖五个方面的内容：①政策法规的体系建设；②基础设施的建设；③现代服务手段的运用；④人才的培养和队伍的建设；⑤经费保障。

总之，国内从事公共文化服务内涵及要素研究的前期文献较多，在此就不一一介绍了，当然这种研究对于从事公共文化服务测度研究，规范其统计口径也是有必要的。

最近几年，随着我国基本公共文化均等化发展政策的实施，也有一部分学者围绕基本公共文化服务均等化内涵、标准及评判等问题进行研究。例如，边继云（2009）认为，基本公共文化服务均等化是依据公平性原则，在保障公民文化权利的基础上，所有公民能享有的相对均等的基本文化产品及服务。曹爱军（2011）认为，基本公共文化服务均等化是一定社会经济发展水平下，公民所能享用最低范围的基本公共文化服务。唐亚林和朱春（2012）认为，均等化呈现出一体两面的发展逻辑，是公共文化服务过程均等化与结果均等化的有机统一体。刘志宽、连海燕（2013）认为，基本公共文化服务均等化是指政府为公众提供的最终大致均等的公共文化产品及基本公共文化服务，并且在不同阶段，其均等化标准是不同的。

关于公共文化服务测度基础即文化统计的研究。孙宪华（2008）认为，文化统计面临许多挑战，如文化统计内容的完整性、指标的系统性和测量方法的科学性。博赫（2008）认为，目前文化统计调查的范围不够广泛、内容不够全面，还没有形成制度化、规范化的工作流程。谢伦灿（2009）就文化统计数据质量进行研究，提出从完善统计标准、确保统计经费、加强法制建设、转变数据采集方法等方面提高文化统计数据的质量。相对经济统计研究来说，我国文化统计理论研究成果较显单薄。

关于公共文化服务测度研究主要集中于其评价体系的研究。陈威（2006）研究深圳市的公共文化服务体系问题时，将公共文化服务体系的测评指标分为三类：一是公共文化服务发展规模（23 个）；二是政府对公共文化服务的投入（11 个）；三是公众对公共文化服务的社会参与度（8 个）。毛少莹（2007）创立了公共文化服务绩效评价体系，包括基本建设维度、政府成本维度、社会参与维度和公众满意维度。

2002 年，中国社会科学院倪鹏飞将文化竞争力纳入城市竞争力指标评价体系中，选取价值取向、交往操守、劳动观念、竞争意识、创新精神和兼容心理六个方面，通过主成分分析法合成中国城市文化竞争力指数。但上述文化竞争力指数构造均来自一些难以量化的主观指标，因此在实际使用中有一定的局限性。

自 2007 年开始，中国社会科学院文化研究中心和深圳市文化局每年都共同出版《中国公共文化服务发展报告》，该报告聚焦历年我国公共文化服务事业的发展，从现状、政策、管理以及公共文化发展的重大事项等多种视角对我国公共文化服务状况予以扫描，但对公共文化服务理论与测度方法的研究涉及不多。

相对比较系统地测度国内公共文化发展水平的研究成果是上海师范大学的孙逊的研究团队，他们连续多年颁布《中国公共文化服务发展指数研究》，从公共文化投入、公共文化机构、公共文化产品、公共文化活动、公共文化队伍、公共文化享受六个维度，运用多元统计分析中的主成分分析法对评价指标体系进行降维处理，编制公共文化服务综合发展指数，对全国 31 个省份公共文化服务水平及地区差异进行了综合分析。例如，2015 年的《中国公共文化服务发展报告》显示："十二五"期间，我国公共文化服务的人力、财力投入均有所提升；公共文化服务供给进一步增加，但供需矛盾依然明显，个别公共文化服务内容离国际标准尚有差距。李娟和傅利平（2017）依据"投入—过程—产出—效果"的分析思路，剖析影响公共文化服务发展水平的因素，建立了涵盖 6 个维度 30 个指标的评价体系，运用层次分析法和主成分分析法对指标进行主客观赋权，编制公共文化服务综合指数法，实现了对我国 31 个省份公共文化服务水平的综合评价，得出我国公共文化服务整体水平不高、地区公共文化服务发展水平差距较大等相关结论。

1.2.3 国内外研究的综合述评

国外对公共文化服务理论的研究主要集中在欧美国家，而且主要是 OECD 的部分成员国，如美国、英国、法国等，其研究成果起源于政府的新公共服务理论研究，新公共服务理论为公共文化服务的发展奠定了一定的理论基础。对文化与艺术的直接测算为联合国颁布《1987 年联合国教科文组织文化统计框架》（2009 年重新修订）以及美国 2013 年编制的"艺术和文化生产卫星账户"等。由于联合国教科文组织文化统计框架（FCS2009）（以下简称联合国文化统计框架）以及美国商务部经济分析局编制的"文化与艺术卫星账户"核算口径与我国公共文化测度口径并非完全一致，因此，以上研究成果对我国公共文化测度研究只能起参考作用，不能完全借鉴。

国内对公共文化服务测度的研究主要集中在高等院校和一些学术研究机

构。例如，深圳大学毛少莹（2014）所著的《公共文化服务概论》对公共文化服务的理论及公共文化服务体系建设实践等问题进行了较为全面的论述；中国社会科学院文化研究中心和深圳市文化局每年都共同出版《中国公共文化服务发展报告》，从现状、政策、管理以及公共文化发展的重大事项等多种视角对我国公共文化服务状况予以扫描；上海师范大学孙逊（2015）所著的《2015年中国公共文化服务发展指数研究》通过构建公共文化服务评价体系，运用主成分分析方法，构建了中国公共文化服务发展指数，实现了对全国31个省份公共文化服务发展水平的综合评价分析；李娟和傅利平（2017）的《公共文化服务水平综合评价研究》中的研究方法与孙逊的类似。

无疑，国内外学者这方面的研究成果是我们从事公共文化服务测度研究的基础，但现有研究成果也有一些不足。国外并没有直接的公共文化服务理论，而是散落在政府公共服务理论之中，其文化或艺术测算口径与我国的公共文化服务测算口径并非完全一致。在国内研究中，我们对于一些公共文化服务的基础性的研究问题，如何谓公共文化服务、哪些服务属于公共文化服务的范畴、公共文化服务的测度边界在哪儿、如何取得公共文化服务的基本数据、如何科学测评公共文化服务的发展水平及发展绩效等，在理论上都还没有形成一致的看法。

综观国际、国内已有研究成果，公共文化服务测度研究已经取得一定进展，但主要集中在单项研究方面，较为系统的、综合性的研究成果较少，研究成果还显零散，没有形成系统的理论体系。定性研究多、量化研究少，规范分析多、实证研究少，这种研究局面对于丰富和完善我国文化统计理论与方法来说，无疑是不利的。

1.3 研究方法、基本思路与主要内容

1.3.1 研究方法

本书以“公共文化服务”为研究对象，以公共文化服务理论及统计学与经济计量学的基本方法为基础，采用定性研究与定量分析相结合、理论研究与实证分析相统一的研究方法，依据国家统计局《文化及相关产业分类（2012）》，参照国际上一些著名国际机构（如OECD、UNESCO、BEA等）及部分学者的研究结论，全面系统地研究公共文化服务理论与测度方法体系，为我国开展公共文化服务测度提供一些可借鉴的思路与方法。具体研究方法

如下：

（1）文献研读法。通过网络、出版物等对已有中外文献的追溯，较充分地了解公共文化服务测度的研究现状、存在的问题及发展趋势，为本书的研究提供一定的参考依据。

（2）大量观察法。通过对全国范围内部分公共文化服务机构的考察，了解我国公共文化服务的发展情况及存在的问题，采集一些相关数据，为开展公共文化服务测度分析提供一些基础数据。

（3）专家访谈法。通过对部分地区文化厅的公共文化管辖单位、统计局的核算中心以及国家抽样调查队的专家访谈，了解文化统计、服务业统计及文化产业统计核算状况，为研究公共文化测度方法奠定了基础。

（4）综合统计分析法。通过查阅历年统计年鉴、文化文物统计年鉴、相关专业统计年鉴，以及对一些比较典型的公共文化机构如公共图书馆、博物馆、群众文化艺术馆的大量观察，采集与掌握我国公共文化服务发展的一些基本统计数据，并利用多种统计分析方法，对我国公共文化服务机构的发展水平、影响因素与整体绩效进行综合统计分析。

（5）计量模型法。公共文化服务测度是一个牵涉诸多因素的复杂系统，单一测评法在公共文化服务水平评价中效果并不理想，从近年来学者的研究成果来看，有相当一部分学者探索计量模型在公共文化服务评价中的应用。受一部分学者的研究启示，本书在研究中也引入了一些经典计量模型，如非参数可加回归模型、分位数回归模型、结构方程模型和空间计量分析模型等，通过多种计量模型的综合应用，实现对我国公共文化的综合测度分析。

1.3.2 基本思路

本书以我国公共文化服务为研究对象，沿着“研究背景与目标设定→理论回顾与梳理→中外比较与借鉴→测度方法评析与构建→各类公共文化服务测度→整体绩效评价→研究结论建议与展望”的研究思路，对我国公共文化服务测度的理论与实践进行研究与分析（见图 1-1）。

1.3.3 主要内容

在研究思路与方法的统领下，本书共包括 10 章研究内容。

第 1 章主要说明了选题的背景和意义，剖析了公共文化服务发展理论与测度方法的研究现状及存在的问题，介绍了本书的研究思路、方法、结构安排、主要结论等。

第 2 章是对公共文化服务测度的理论方法基础的归纳与梳理，这是从事

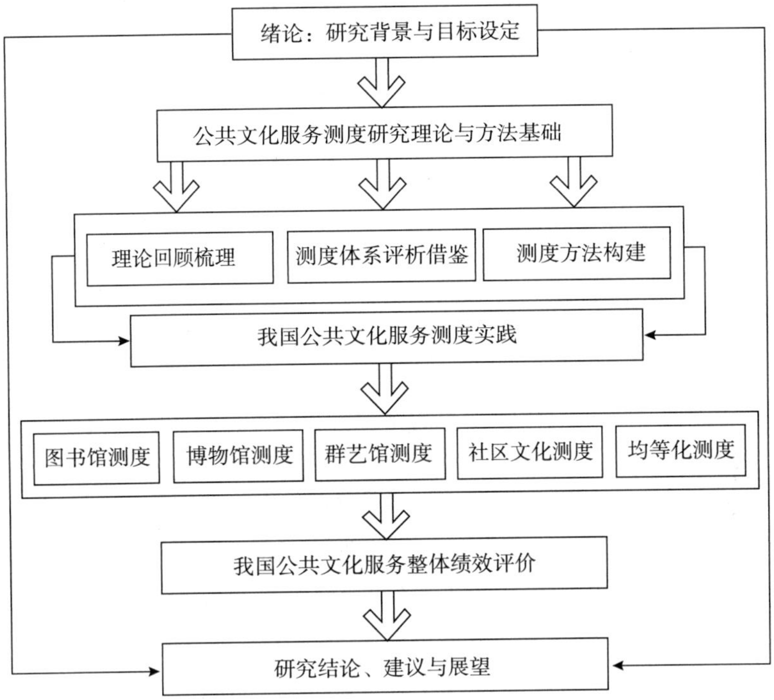

图 1-1　我国公共文化服务测度理论与实践研究框架

公共文化服务测度研究的起点和基础。本章首先对公共文化服务测度范畴和相关理论进行了回顾与梳理；其次对从事公共文化服务测度研究的主要方法进行了总结。自联合国教科文组织、欧盟统计委员会及部分 OECD 成员国率先于 20 世纪 80 年代研究文化测度问题以来，部分学者纷纷探讨统计、经济计量方法在公共文化服务测度领域中的应用。公共文化服务的发展和完善，是同公共文化服务测度方法的迅速成长分不开的。为此，我们结合公共文化服务测度研究现状，总结归纳公共文化服务测度中常用的一般方法，最终确立本书中的测度方法，如满意度调查法、多指标综合评价法、多元统计分析、非参数计量模型和空间计量模型等。

第 3 章是对公共文化服务测度基础即中外文化测度体系的比较与借鉴。现行的国民经济测度体系中并没有关于“公共文化服务”的单独测算，它散落在我国文化及相关产业统计之中。随着“知识经济化”和“文化服务化”时代的到来及我国公共文化服务发展战略的实施，对公共文化服务的科学测度已日益重要，它是正确制定公共文化服务发展方略的前提和依据。因此，本书第 3 章主要是思考公共文化服务测度的基本数据的来源问题。通过对国内外的文化统计测算体系如联合国文化统计框架、欧洲文化统计体系（ESS-net-culture（2012））、OECD 成员国的文化卫星账户体系（Cultural and Creative Activity Satellite Accounts）和我国文化及相关产业统计体系从统计口径、基本分类及变量设置等方面进行对比分析，思考如何改进我国现有文化统计现状，逐步建立我国公共文化服务测算体系，为从事公共文化服务测度提供基础数据。

第 4 章至第 8 章是关于我国公共文化服务单项内容的测度研究。对我国公共文化服务测度的理论与实践研究，至今并没有很系统的研究成果。本书在剖析公共文化服务内涵的基础上，界定公共文化服务测度边界，从执行公共文化服务的主要机构如公共图书馆、公共博物馆、群众文化艺术馆、社区文化活动中心等，对我国公共文化服务的单项内容进行测度，以大致了解我国公共文化服务发展水平、影响因素及非均等化程度。

第 9 章是我国公共文化服务整体发展绩效的测度。根据国内相关文献资料、国内公共文化服务绩效评价实践、指标项目的可测性以及数据的易得性，我们以 4E 法则和 LFA 框架为基础，在兼顾我国公共文化服务的具体测度内容的基础上，从“投入—产出—效果”三个维度，构建文化服务发展绩效评价指标体系，并在三个维度的基础上形成了 7 个二级评价目标层，共选取了可得性、可比性较强的 50 个三级指标数据，利用熵权法赋权，编制我国公共文化服务综合发展绩效指数，实现了对全国公共文化服务发展绩效的整体评价。同时，为了分析我国公共文化服务整体发展绩效在空间上的分布特征和规律，我们还依据探索性空间数据分析（ESDA）技术，对我国公共文化服务整体发展绩效进行空间测度分析。

展望未来，随着我国公共文化服务发展战略的顺利实施，尤其是党中央所推进的创新驱动新经济发展战略的逐步落实，我国公共文化服务业将迎来一个前所未有的大好发展时机。这是因为，在思想观念上，“文化是软实力”“文化是新经济增长点”的理念已经普遍被看作是实现国家经济转型、迈向新经济大门的重要举措；在政策制定方面，大力发展文化产业尤其是公共文化服务业已被放在“十三五”规划中十分突出的位置。然而，通过对我国公共文化服务的测度实践发现，我国公共文化服务这几年虽取得了长足进步，但还存在基础薄弱、文化投入与资源在总量和结构上与公众的文化需求存在落差、公共文化服务体系还不健全、公共文化服务绩效不高、对公共文化服务政策法规监管不力等问题。另外，从测度工作本身来看，尽管从国家层面而言，从事公共文化服务测度是一项十分紧迫的任务，但我国多数地区公共文化服务测评多处于自发的状态，没有相应的制度和法律保障，且缺乏必要的理论与技术指导，实践中具有盲目性。因此，本书第10章的内容是对我国公共文化服务测度研究的总结、对策建议及展望。

1.4 主要结论、特色与不足

1.4.1 主要结论

本书在理论探索、方法研究及实证分析上做了一些尝试，取得了一些有益的成果，主要包括以下几个方面：

（1）从文明与和谐发展的角度阐述了公共文化服务出现的现实必然性，得出了建立公共文化服务体系是我国迈向富强民主、文明和谐社会大门的必然政策选择的结论。

（2）以国内外学者的相关研究成果为基础，剖析了公共文化服务的内涵与外延，界定了公共文化服务的测度边界。我国公共文化服务主要存在于公共图书馆、公共博物馆、群众文化艺术馆、社区文化活动中心等公共文化服务机构之中。

（3）在国际上，较有影响的文化统计体系主要包括联合国文化统计框架、欧洲文化统计体系和以美国、澳大利亚为代表的文化卫星账户体系。但就目前的文化测度框架而言，并没有专门针对公共文化服务的测度框架，而是将其作为文化统计体系的一个有机构成。因此，对中外文化统计测度体系进行分析，可以为开展公共文化服务测度研究的数据采集与变量的选择提供启示与借鉴。

（4）我国现行文化统计同国际文化统计一样，也是依据文化活动的投入与产出的同质性来从事文化活动统计的。我国文化及相关产品现实统计中未区分公共文化和产业文化，即具有公共文化特征的服务被纳入了文化及相关产品统计范围，但未单列。因此，我国公共文化服务测度基础薄弱。目前开展公共文化服务测度研究，只能在国家现有的文化及相关产业统计的基础上，依据公共文化服务的内涵、性质以及文化活动经费来源等维度界定公共文化服务的测度统计口径，归口整理与公共文化服务有关的一些数据，实现对我国公共文化服务的初步测度分析。

（5）总体来看，公共文化服务测度常用方法有多指标综合评价法、满意度调查、多元统计分析、计量经济模型和非参数统计技术等。近年来，国外也流行一些非市场的测度方法，如条件均值方法、选择模型、享乐定价法、旅行费用法等，但对这些方法的研究主要处于介绍性或引入性阶段，目前还未付诸公共文化测度实践。

（6）尝试性地利用多指标综合评价法、满意度调查、多元统计分析、非参数统计及空间计量等方法对我国公共图书馆服务、博物馆服务、文化馆服务、群众文化艺术馆服务、社区公共文化服务、均等化及整体绩效等公共文化服务的主要方面，按照先单项测度后总体测度的思路，比较系统地对我国公共文化服务发展水平、地区差距、影响因素、整体绩效进行统计测度，实现了多种测度方法的融合运用。尽管从研究能力上我们目前还无法全面、准确地测度公共文化服务的所有方面，但对公共文化的主体部分进行测度，对促进公共文化服务测度的研究与思考是一种有益的推进。

（7）鉴于公共文化服务的复杂性和形态的多样性，在测度指标体系构造中，公共文化服务的各单项测度以及整体绩效测度体系不尽相同，但总体上都是围绕基础设施、投入与产出及影响（效果）等方面选择变量，其中分项测度是整体测度的基础。

（8）通过对我国公共文化服务主体的发展水平、影响因素、地区差距及整体发展绩效多角度的分析与观察，得出如下结论：我国公共文化服务取得快速发展，已基本上能保证公民读书看报、看电视、听广播等基本文化服务的享用权利实现。但我国的公共文化服务仍处于发展的初级阶段，公共文化服务体系还有待完善，公共文化服务供给与大众对文化的渴望、需求相比还有落差，公共文化服务建设存在着投入小、资源配置不均，文化与经济不协调，以及地区差异大等问题，公共文化服务在文化活动中的引领作用及对社会经济发展的促进作用尚未完全发挥。

（9）通过考察我国公共文化服务发展趋势及发达国家发展文化福利的经验，我们认为，合理配置公共文化资源、逐步缓解文化产品供需矛盾、加大公共文化投入以及人才建设、制定公共文化服务均等化标准缩小、地区公共文化服务享用差异，是提升我国公共文化服务水平的重要手段。

（10）在考察国外文化活动测度体系及从事我国公共文化服务测度实践研究的基础上，对我国公共文化服务的测度工作如何开展与完善提出了一些建设性意见。我们认为，提高我国公共文化服务测度科学性，应从明确测评性质和目的、规范测评对象统计范畴、完善测度体系、实施多元化测度模式及建立可靠数据源等方面入手。公共文化服务测度的数据源的建立，可以在现行文化统计体系的基础上，学习美国、澳大利亚等国的做法，用卫星账户的形式将公共文化服务或准公共文化服务单独核算，确认并从公共服务领域分离公共文化服务，增设扩展变量以补充说明公共文化服务特征变量，进而组建 SNA 框架下的公共文化服务测度体系，为从事公共文化服务测度建立可靠的基础数据。

1.4.2 研究主要特色与不足

本书在借鉴并创新前人相关研究成果的基础上，通过对已有公共文化服务理论前期成果的总结与提炼，以公共文化服务理论研究为基础，以公共文化服务的测度方法研究与实践为重点，依托统计学、计量经济学相关领域的方法和技术，对公共文化服务理论、测度方法和测度体系进行了多角度、全方位的思考与总结，对公共文化服务的发展水平、影响因素、发展差距及整体绩效等方面进行了测度实践，形成了较为全面、系统的研究成果。相对于同类研究来说，本书的特色与创新体现在以下方面：①回顾、总结、提炼及创新相结合，以提炼和创新为主；②采用理论研究、方法剖析与实证分析相结合的研究范式，力求做到研究体系的科学性和完整性；③力求统计、经济计量和空间统计等多种方法与技术的相互交融，重在方法的应用创新；④坚持单项测度与整体测度研究有机结合，旨在研究视角新颖；⑤相对于单方面的研究来说，本书较为系统、全面，初步建立了相对完整的我国公共文化服务测度理论与方法体系。

当然，由于研究水平有限，加之公共文化服务理论、测度方法的不成熟及部分数据方面的缺损，客观上限制了本书的深入研究与分析。详细地说，关于我国公共文化服务测度的研究与实践存在以下几方面的不足：

（1）对公共文化服务概念及相关理论问题在理解与界定上的模糊，给公共文化服务测度研究带来了一定难处。例如，对公共文化服务的内涵理解不一致，致使我们无法全面、准确地观察我国公共文化服务特征，把握公共文化服务的测度边界。

（2）在现行国民经济核算实践中，公共文化服务没有作为一个独立的门类，而是零星地分布在我国的文化及相关产业统计之中，这种统计局面致使本书难以直接获取反映公共文化服务发展全貌的统计数据。例如，本书很难精确、全面地测量公共文化服务的投入与产出情况。实证中，本书是根据公共文化服务的内涵、特征以及文化活动经费的投入性质，界定公共文化服务的范畴与测度边界，归并整理与公共文化服务活动有关的一些数据，有的数据还采用了一定的比例进行推算，其推算结果准确性如何涉及许多因素。另外，我国文化单位的体制改革还在进行中，有一部分文化机构其文化服务内容既有公益文化服务，也有产业文化服务内容，测算中很难精准地把二者区分开来，这也影响到公共文化服务测度的准确性。

（3）尽管采用了多指标、熵权法对公共文化服务的整体发展绩效实现综合测度，但这种方法的测度效度如何，我们还没有找到强有力的说服依据；测度结果的效度怎样，还有待在现实中加以检验。

（4）本书根据我国公共文化服务的发展历程及国际上发达国家的发展经验提出了我国公共文化服务的发展建议与完善公共文化服务测度的对策，而这些建议与对策是否有效，还有待在实践中加以检验。

第❷章

公共文化服务测度：范畴界定、基础理论与方法

公共文化服务具有形态多样性和测度复杂性的特点，在对其进行测度时总会遇到一些困难。尽管造成这些困难的原因是多方面的，但测度对象的内涵不统一、外延不清晰是重要原因之一。因为清晰的概念以及外延的界定是任何一种理论得以建立的基础，因此，开展公共文化服务测度研究必须对相关概念进行界定，并系统阐述与本书研究相关的基础理论与方法。

2.1 公共文化服务的相关概念阐释

2.1.1 公共服务与公共文化

“公共服务”（Public Service）一词有着丰富的理论渊源，最早可追溯至近代思想家洛克的自然权利说、卢梭的社会契约论、诺齐克的自由平等观、密尔的功利主义的效用平等观、罗尔斯的基本善的平等观、德沃金的平等待遇和资源平等观以及来自第三世界的基于能力的平等观等，这些来自哲学、政治学、经济学等领域的思想，都为公共服务的理论和实践发展提供了广泛的理论资源。

20 世纪六七十年代以来，新公共行政、新公共管理及新公共服务理论的兴起直接推动了西方发达国家的公共服务进步，也间接地促进了公共服务理论和实践在我国的快速发展。不同国家（或地区）对公共服务内涵的界定及其所涵盖领域的认识不完全一致。根据蒋牧宸（2014）的总结，关于“公共服务”概念及内涵目前主要有物品解释法、价值解释法、内容解释法、利益解释法、主体解释法、职能解释法等解释方法。

本书较倾向于价值解释法和利益解释法的观点。按照公共经济学的理论，

公共服务是区别于私人服务的集体消费品，具有非竞争性和非排他性两个基本特征。公共服务涵盖的领域非常广泛，它涵盖建设城乡公共设施，发展教育、科技、文化、卫生、体育等公共事业，保障社会公众参与社会、经济、政治、文化活动等权力，等等。显而易见，公共文化是公共服务的一个组成部分。

对公共文化的界定有许多不同的角度。刘俊生（2010）从公民文化权利的角度出发，认为公共文化是与“公民文化权利”紧密联系的一个概念，其概念的核心特征是“公民有权利平等地享有文化”。曹爱军和杨平（2011）从公共经济学的视角看公共文化产品，认为可以用纯公共文化产品（具有公益性特点）、准公共文化产品（具有准公益性特点）和私人文化产品（具有营利性特点）代表全部的文化产品，而公共文化包括纯公共文化产品和准公共文化产品两种。高迎刚（2013）认为，所谓“公共文化”，是指全体民众所享受的由政府提供的文化服务，是我国“公共服务”的重要组成部分。

本书认为，公共文化是指政府公共部门（或准公共部门）为了使社会公共基本文化需求得到满足，利用各种各样的公共资源，向社会公众提供的各种公益性产品和服务的总称，具有公共性和文化性的特点。公共性是指文化服务的社会性、公益性和非排他性；文化性是指服务活动本身必须具有一定的文化价值与精神含量。在现阶段，国家界定的基本文化服务范围主要包括看电视、听广播、读书看报、进行公共文化鉴赏、参与公共文化活动等方面。

2.1.2 公共文化服务与公共文化服务体系

公共文化服务（Public Culture Service），通俗地讲就是文化领域的公共服务。这一概念最早由德国政策学派在19世纪后期提出。后来，西方国家对公共文化服务的内涵、外延及模式进行了大量的探索。2005年，“公共文化服务”一词首次出现在我国中央文件中，之后众多学者围绕公共文化服务在我国语境下的内涵、构建主体、模式、均等化、指标体系及绩效评估等问题进行了深入的研究，提出了很多说法。夏国锋和吴理财（2011）认为，学术界对公共文化服务的界定最主要的争辩是围绕公共文化服务的“公共性”来展开的，有经济学和管理学两个代表性的观点。经济学式定义把公共文化服务区别于以一般市场方式提供的文化商品（产品及服务）的文化类公共产品及其相关活动；管理学式定义把公共文化服务理解为除公共文化产品或文化服务提供外，还包括文化政策服务（包括文化相关法律、法规、政策等）和文化市场监管服务。他们认为，经济学式定义容易造成误解，往往把公共文化服务简单地理解成由政府或准公共部门向社会公众提供的、免费享受的文化产品或服务；管理学式定义虽然突破了单纯地将公共文化服务具化成物质层面的认识，但却存在把政府看作是提供公共文化服务的唯一供给主体之嫌。

本书认为，公共文化服务可从广义和狭义两个角度来认识。广义的公共文化服务是指以政府部门为主的公共部门所提供的、以保障公民的基本文化生活权益为目的、向社会公众提供公共文化产品和服务的制度和系统的总称。狭义的公共文化服务是指以政府部门为主的公共部门为了保障和实现公民基本文化权益，向社会公众免费或低价提供非竞争性、非排他性的公共文化产品和服务的行为。

人类在追求文明、和谐的进程中，公共文化服务在公众日常生活及国际文化交流与竞争中的地位和作用日益显著，公共文化成为重要的政府施政领域。基于对公共文化管理的需要以及测度的可操作性，一些学者、机构及国家管理部门尝试从行业分类的角度，建立了公共文化服务的“操作性定义”。

《文化及相关产业分类（2012）》中具有公共文化属性的服务活动主要在第三大类，即文化艺术类。具体包括五个小类：①文艺创作与表演服务；②图书馆与档案馆服务；③文化遗产保护服务；④文物遗产保护服务；⑤群众文化服务。

李景源等主编的《中国公共文化服务发展报告（2007）》将我国的公共文化服务大致分成了公立博物馆、艺术馆、图书馆、公共文化信息服务、重要的高雅艺术场馆、重要艺术团体、重要艺术展览、重大艺术节庆、重要对外文化交流、传统艺术、文物古迹等文化遗产、传统节庆、中小学艺术教育与专业艺术教育 13 个类别。

王鹤云（2014）将公共文化服务概括成公共文化设施，文化遗产保护，阅览服务、展览、收听收看广播电视节目服务，免费或低价供公众欣赏的文化产品，确保人民参与文化创造而组织开展的相关文化活动，对文化创造的资助和扶持，培训服务，为弱势群体开展的保障性服务八项。

毛少莹（2014）认为，公共文化服务是由公共部门或准公共部门共同提供的，是为了满足社会成员的基本文化需求，以提高全体公众的文化素养和文化生活水平为着眼点而提供的文化环境与条件的公共文化产品和服务的总称。

由上可见，虽然研究视角各有不同，但公共文化服务所包含的内容却大同小异。本书从可操作性的角度出发，即从主要实施公共文化服务的机构角度来界定公共文化服务，主要包括以下内容：①公共图书馆；②公共博物馆；③文化馆；④群众艺术馆；⑤社区文化活动中心等。

公共文化服务体系的研究是一个理论和实践的研究课题。国外理论界没有关于公共文化服务体系的概念。这一概念在我国提出以来，相关研究日趋丰富，但还不成熟。总的来说，理论研究滞后于实践研究。研究人员有文化理论方面的学者、公共管理学者、文化行政机构和文化事业机构的管理者，他们大多受到学科和研究背景的限制，提出的观点难免片面。深圳文化局“公共文化服务体系研究”课题组（2006）把公共文化服务体系分解为公共文化设施体系、公共文化网络体系、公益性文化服务体系及公共文化管理体系。陈威（2006）认为，公共文化服务体系主要由“公共文化产品和服务、文化管理、文化政策法规、公共文化服务提供主体、公共资源配置及绩效考核制度”构成。李景源（2007）则认为，公共文化服务体系是为了满足社会公共的文化需求，向社会公众提供公共文化产品和服务的行为及制度与系统的总称。闫平（2008）认为，公共文化设施设备、文化政策法规、公共文化组织机构和人才、公共文化服务的技术手段和方法、公共资源配置及绩效管理等是公共文化服务体系的基本要素。马海涛和程岚（2009）认为，公共文化服务体系应该是“以文化机构和场所为中心，以非政府、非营利性的相关社会组织为外围的，遍布城乡的文化服务点和网络体系”。

综上所述，关于公共文化服务体系包含的内容，理论学者与实务工作者有着不同的认识，有从包含的内容角度出发的，有从管理体制角度出发的，有综合了各种因素的，可谓众说纷纭。

本书认为，公共文化服务体系是公共服务体系的有机组成部分，是政府或准公共部门为保障公民的文化权益，向社会公众提供公共文化产品和服务的行为及相关制度和系统的总称。它包括以下内容：公共文化政策体系；公共文化基础设施体系；公共文化生产与运营体系；公共文化信息服务体系；公共文化资金保障体系；公共文化人才体系；公共文化创新体系；公共文化资源配置与绩效评估体系。

公共文化服务体系是一个庞大的、有机的“系统工程”，对其子系统一个一个地进行测度有一定的学术难度，也超出了我们的研究能力。本书将重点关注公共文化服务单项内容发展水平与整体绩效的测度。

2.1.3 文化事业与文化产业

文化事业与文化产业是与公共文化有关而又内涵不同的两个概念。1949年新中国成立后，实行的是公有制体制和计划经济，所有文化生产和服务都被统称为文化事业，文化产业一词当时还未出现。对部分文化事业单位进行文化体制改革后，文化产业从文化事业单位中逐渐分离出来。追溯文化产业在我国的起源，最早出现在1985年的《关于建立第三产业统计的报告》中，该报告首次将教育、文化、广播电视事业列入第三产业。2000 年，《中共中央关于制定国民经济和社会发展第十个五年计划的建议》中提出“完善文化产业政策，加强文化市场建设和管理，推动有关文化产业发展”，这是“文化产业”的概念第一次出现在中央文件中。2002 年，党的十六大报告指出“积极发展文化事业和文化产业”，对文化事业和文化产业首次进行了区分，文化产业逐步从文化事业中分离开来。

什么是文化事业？什么是文化产业？经常可见的“公益性文化事业”和“经营性文化产业”与它们有何联系和区别？

2.1.3.1 文化事业

目前学术界对文化事业定义的角度各不相同。有的学者立足目标取向来定义，如段友君（2008）提出，“文化事业是指为满足大众休闲、健身、娱乐、求知、审美、交际等精神需要而组织的活动，并提供经费、场地、器材和各种服务的社会公益性工作”。艾菲（2004）立足于价值取向角度，定义文化事业“是指以继承和弘扬优秀传统文化，吸收和同化优秀域外文化，提高人们的审美水平、道德素养和才智能力，优化社会风气、生产秩序、行为规范与价值取向，并能给人的全面发展和社会的全面进步提供精神动力和智力支持为目的的文化建设”。有的学者从层次内容角度对其进行描述，如奚洁人（2008）认为，“广义的文化事业包括教育与科学、文学与艺术、卫生与体育、广播与影视、新闻与出版、旅游与民俗文化、网络与对外文化交流等，也包括制定文化政策、发展战略，从事各种文化形态的建设活动；狭义的文化事业指学术理论研究、思想道德建设、公共文化服务、文学艺术创作、文化创新、民族文化保护、对外文化交流、人才队伍建设、文化发展保障措施等”。

上述定义各有千秋，却都未言简意赅地把文化事业的内涵概括出来。大家普遍赞成文化事业具有公益性、非营利性、非排他性的特点，以向民众提供公共文化服务为基本目的和职能，保障社会公众的基本文化权益得以实现。

本书认为，文化事业是从事精神与文化建设，提供文化产品和服务的公益性、非营利性、非排他性的文化行业的总称，具体包括公共图书馆、公共博物馆、群众文化艺术馆和社区文化组织等。按此定义，文化事业具有公益性，无须在前面再加上“公益性”的字眼。现有文献中“公益性文化事业”总是与“经营性文化产业”成对出现，是为了将文化事业的“公益性”和文化产业的“经营性”相区分。从本书定义的角度来看，此种区分有画蛇添足之嫌。

2.1.3.2 文化产业

尽管社会对文化的经济功能和产业属性已广泛认同，但对文化产业的概念和外延仍然莫衷一是。“文化产业”的概念最早出现在法兰克福学派的霍克海默和阿多诺的《启蒙辩证法》一书中，其认为“文化产业是一种利用现代科技大规模地复制、传播和消费文化产品的工业体系”。联合国教科文组织定义“文化产业是按照工业标准，以艺术创造表达形式、遗产古迹为基础而引起的，从事生产、再生产、储存以及分配文化产品和服务的一系列活动”。在法国，文化产业是指“把文化的概念、特性及文化产品的制造与商业销售联系起来的一系列经济活动”。在英国，文化产业是指“使用同类生产和组织模式，生产、传播文化产品和文化服务社会机构”。我国文化部认为，“文化产业是从事文化产品生产和提供文化服务的经营性行业”。国家统计局在《文化及相关产业分类（2012）》中则定义“文化及相关产业是指为社会公众提供文化产品和文化相关产品的生产活动的集合”。

虽然世界各国对“什么是文化产业”没有形成定论，但有一点是公认的，即基本认同文化产业是以满足人们的文化需要为目标而进行的文化产品的创作和销售活动。关于我国对文化产业的两个定义，李正元（2012）认为，如果要给文化产业定性的话，用“非公益性”或“营利性”比“经营性”来得更准确，因为人类的一切活动都是经营活动，文化事业单位也要实行成本核算和经营管理，不排斥“经营性”，因此，经营性并不是文化事业与文化产业的本质区别，是否以盈利为目的才是它们的本质区别。

本书赞成用“非公益性”和“营利性”来描述文化产业的基本性质，并定义文化产业是指以营利性和非公益性为特点，从事文化产品生产与提供文化消费的行业的集合。

还需指出，现代文化产业不单纯地属于服务业范畴，也非独立于三次产业之外，目前来看，它可以横跨三大产业，并存在于三次产业的分类中。文化产业中的“产业”二字，并不是“国民经济产业结构”中的“产业”概念，这里是指一个相对更狭义的行业的集合，是一个“符号用语”。文化产业在不同阶段、不同时期、不同过程都将是一个不断拓展的、易变的动态概念。

2.2 公共文化服务测度研究的基础理论

公共文化服务测度的理论与实践在不同国家各有特色，但多数国家和地区都重在公共文化服务的发展绩效测度。本书在归纳总结的基础上形成我国公共文化服务测度的基本理论，主要包括公共文化服务发展的影响因素理论、公共文化服务均等化测度理论、公共文化服务绩效评估理论。

2.2.1 公共文化服务发展的影响因素理论

公共文化服务发展的影响因素理论能为构建公共文化服务测度的指标体系以及统计计量模型中的变量筛选提供理论依据。依据大多数学者的观点，一般认为影响一国公共文化服务发展水平及绩效的因素主要有以下几个：

2.2.1.1 经济发展水平

经济基础决定上层建筑，物质丰裕程度影响精神文明进程。经济的长足发展既是公共文化服务水平提升的前提，也是强有力的保证。雄厚的经济实力无疑为文化的创造、消费及输出创造了条件。经济水平的提高，促使人们越来越追求精神文化的享受，其文化消费意愿越发强烈。整体上看，经济发展水平是构成产业文化和公共文化发展的重要驱动力。我国由于长期以来的制度与政策的安排，地区之间经济发展水平差异悬殊。东部地区凭借其区位优势、城市开放与经济特区的设立，成为各种产业投资发展的首选区域，经济发展远高于中西部地区。近年来，国家对中西部地区实施了“西部大开发”战略、“东北地区等老工业基地振兴”战略、“中部崛起”战略等，中西部地区的经济得到了一定程度的发展，但与东部地区的差距并没有从根本上缩小。数据显示，2015 年，东部之最广东的地区生产总值为 72812. 55 亿元；中部之最河南的地区生产总值为 37010. 25 亿元，而西部地区生产总值最高的四川仅为 30103. 1 亿元，仅相当于广东的 41. 34%。从人均地区生产总值来看，2015 年最高的天津（17505. 73 元）是最低的甘肃（4208. 07 元）的 4. 16 倍[①]，差异巨大。此外，受各区域经济发展水平的影响，“人才东南飞”现象使中西部地区在经济发展中所需人力资源方面也与东部地区存在较大差距，进一步拉大了经济发展水平之间的差距，进而影响文化建设的成果。从文化消费来看，2015 年，我国各地区文教娱乐现金消费支出平均为 639. 64 亿元，其中东部地区平均为 1043. 05 亿元，中部地区平均为 689. 2 亿元，西部地区平均为 327. 71 亿元。东部地区依托巨大的文化消费，文化产业发展遥遥领先于中部地区和西部地区。

2.2.1.2 财政体制因素

（1）我国的公共文化建设经费主要是依靠政府财政拨款。近年来，公共文化投资的规模随着各级财政对公共文化服务体系不断加大投入而逐步扩大。但总的来说，经费短缺是困扰我国公共文化发展的重要因素之一。文化事业

① 《中国统计年鉴》（2016）。

费占财政支出的比重一直偏低甚至呈下滑态势。有一段时间，关于文化项目的申报信息比较多，似乎文化“不缺钱”了，但和国家投入的总量相比，文化方面的投入依然“不太给力”，文化依然是“弱势群体”。比如，令人关注的中央文化专项资金是国家层面唯一针对文化产业的专项资金，现在每年规模是50亿元，但在全国4.7万亿元财政评审资金的总数中只占0.1%，微乎其微；文化部发布的“2015年文化发展统计公报”的数据表明，20世纪90年代，文化事业费占财政总支出的比重为0.5%左右，1992年最高达到了0.52%，但21世纪以来已连续15年徘徊在0.38%左右，文化投入总量仍然不足。业内人士担忧，在经济下行压力增大之时，一些地方政府就只好在文化支出上打主意了，打算继续削减文化支出，文化就更要过“紧日子”了①。各地区文化事业费占财政支出的比重以浙江省为最高，但2012~2015年分别为0.86%、0.76%、0.73%、0.73%，也是出现了连年减少的趋势。

（2）科学合理的转移支付能保障不同地区的社会公众享有相似水平的公共产品和服务。转移支付通过一定的途径和形式实现财政资金的转移，能够缓解各级政府之间的财政失衡，它体现的是一种非市场性的分配关系。我国中央政府的转移支付包括税收返还、专项补助、其他补助三种。东部地区在税收返还项目上享有绝对的优势，西部地区在专项补助以及其他补助上受惠较多，中部地区在三类补助中都不具优势。根据转移支付的性质和类型，文化专项资金一般由基本补助与专项补助两部分组成。基本补助根据各地现有的资源现状，用于文化馆及图书馆购置图书经费、基层文化活动费用等项目，对公共文化设施的维建和运营起到重要的作用，能一定程度上促进基本公共文化服务均等化，它是文化资金的一般性转移支付。专项补助则被限制用于特定用途，主要为“电影下乡”以及“文化资源信息共享工程”等特定文化项目的需求而补给的运营费和设备购置费等。不论是基本补助还是专项资金，在各地的公共文化发展中都能起到一定的作用。

2.2.1.3 政府职能因素

（1）政府服务理念的转变。长期以来，我国政府一直以监督者、控制者的身份出现，其出台的制度和规范以限制性、禁止性的条款居多，服务性的条款较少，政府在公共服务方面处于“缺位”状态，服务意识淡薄。正是基于此，党的十六届六中全会强调以建设服务型政府为目标，强化政府的社会管理和公共服务职能，首次在党的文件中提出建设服务型政府的要求。在公

① 对文化的投入别扯“后腿”——从文化部“2015年统计公报”读出的信息［EB/OL］. http://info.audio.hc360.com/2016/05/130903490577.shtml.

共文化建设领域，党的十七届六中全会对公共文化的主要内容进行了概括，包括以保障人民群众读书、看报、看电视、听广播、进行公共文化鉴赏、参与公共文化活动基本文化权益为主要内容的“六大任务”。尤其是2014年以来，公共文化服务体系建设被日益重视，政府将“构建现代公共文化服务体系”作为全面深化改革的重要任务之一，明确提出要“建立公共文化服务体系建设协调机制”，“促进基本公共文化服务标准化、均等化”，出台了《关于加快构建现代公共文化服务体系的意见》《国家基本公共文化服务指导标准》等重要文件，使公共文化服务的开展更加规范、更加全面。

（2）政府绩效考评机制。长期以来，我国政府主要以经济目标为绩效目标，忽视文化的建设与发展。在这种绩效考核机制下，各级政府的支出向经济投资倾斜，文化服务由于“投入大、见效慢”，被标榜为“奢侈品”，有时甚至被束之高阁。党的十八届五中全会提出了“创新、协调、绿色、开放、共享”五大发展理念，党的十九大提出“要坚定文化自信，推动社会主义文化繁荣兴盛”。这些新的理念对政府部门的职能转换提出了新的要求，“唯GDP是英雄”的考核目标已不复存在。另外，政府绩效考核的主体应该多元化，除政府本身外，社会公众、科研院所、企业、第三方机构都可以成为政府绩效考核的参与者。政府内部自上而下的考核评价做法，使绩效评估不能有效反馈公众对政府工作效果的看法，将导致政府公共文化服务的供给效率得不到有效的提升。而由社会公众、科研院所、企业或第三方机构进行评估，其结果将更为客观、真实，更有利于真正推动公共文化服务的发展。

2.2.1.4 公众参与因素

（1）公众的需求是公共文化产品和服务供给内容与形式的决定性因素。公众的参与程度是公众对公共文化产品和服务是否满意的直接表现，一般受到当地经济水平、居民的受教育程度、公共文化设施的空间分布和公共文化的内容等因素的影响。根据马斯洛的需求层次理论，人们在低层次需求满足以后，就会追求更高层次的需求。我国居民的文化消费支出随着收入水平和消费水平的提高而不断攀升。数据显示，2015年，我国居民人均可支配收入为21966.2元，人均消费支出为15712.4元，分别比上年增长8.92%和8.43%。2015年居民人均消费支出中用于教育文化娱乐的支出为1723.1元，比上年增长12.19，增速快于人均可支配收入和人均消费支出的增速①。另据报道，2015年，我国的网上零售额为38773亿元，环比增长33.3%；文化服

①《中国统计年鉴》（2015，2016）。

务方面的消费为 0.4 万亿元，环比增长 46.4%①。但我们同时也应看到，我国居民教育文化娱乐支出在消费支出中的占比总体上还比较低，2014 年、2015 年分别只有 10.60%和 10.97%，某种程度上影响了文化消费需求的有效释放。

（2）居民的受教育程度影响着消费的取向和消费的层次，将直接影响其参加文化活动的激情。一般理论认为，受教育程度高的人对文化生活和文化品位的需求也会更高，对文化的消费能力更强。2015 年我国人口抽样调查数据显示，我国每 10 万人中具有大学（指大专以上）教育程度的人口为 12445 人，比第六次全国人口普查时增加了 3515 人②，居民的受教育程度明显提升，这将有利于促进我国现阶段公共文化的发展。我们应注意到，在居民受教育程度不断提高的同时，公民自身素质不高、相关部门与机构缺乏引导和培育、某些文化活动的参与需要具备专业知识储备与一定的鉴赏能力等因素依然制约着文化消费的发展。

（3）公共文化设施的空间分布也会影响公众的参与程度。我国的公共图书馆、公共博物馆基本上已实现对公众免费开放，但是它们在一座城市的分布往往比较分散。例如，2015 年，北京市区总面积 735 平方公里，仅有公共图书馆 24 个，可见市民要享受公共文化服务需要先穿越大半个城市，再加上拥堵的交通，很多人便望而却步。而在农村地区，文化活动大多由乡镇地文化站举办，受众主要集中于乡镇居民，普通村民很少会走乡串镇去参与公共文化活动，影响公众的参与率。

（4）文化服务的内容是影响公众参与热情的重要因素。公共文化服务是为了满足社会公众的文化需求，服务的内容应该根据公众需求，且应不断创新，否则服务内容老化，将造成人民群众参与热情不高。例如，“送书下乡”“送电影下乡”等活动所选择的图书和影片都要与时俱进，把最新的资讯及时带给服务对象。

2.2.2 公共文化服务均等化测度理论

对公共文化服务均等化的测度通常是针对基本公共文化服务进行的。均等化的思想起源于西方公平正义理论，但西方学者并没有开展公共服务均等化的研究，基本公共服务均等化是我国学术界针对我国公共文化供给现状提出的、关于我国公共文化服务建设目标的词汇。

---

① 文化消费稳步增长成为经济新亮点［EB/OL］. http：//money.163.com/15/0703/03/ATIPPEE700253B0H.html.

② 国家统计局调查显示：全国人口受教育程度提升明显［EB/OL］. http：//www.china.com.cn/education/2016-04/22/content_ 38300798.htm.

2.2.2.1 公共文化服务均等化的内涵剖析

一般而言，公平性、便利性、多元性和公益性是基本公共文化服务的主要特性。公平性是指公平分配公共文化服务的资源，也即有效配置基本公共文化服务的资源，保证每个公民享受到的基本公共文化服务水平相当；便利性指公共部门（或准公共部门）应该为公众提供及时、经常性的基本公共文化服务；多元性是指供给多元化和需求多元性，即基本公共文化服务产品和服务本身必须具备多样性，同时能满足不同年龄、不同层次和不同人群的多样化需求；公益性是指政府必须是免费或近似免费向公众提供公共文化服务。

因此，公共文化服务均等化是根据公平性的原则，在尊重公民文化权利的基础上，全体公民都能平等地享受到由政府免费（或近似免费）提供的基本文化产品和服务。本书认为，均等化的关键是机会均等，并不是简单地进行平均和无差异化分配。

公共文化服务均等化代表着不论地域、收入、受教育程度、民族、性别和其他身份的差别，所有的公民都能享受与社会经济发展水平相匹配、由公共部门（或准公共部门）提供的大致一样多的公共文化产品和服务。公共文化服务实现均等化，既能保障公民的基本文化权利，也能在公共文化服务领域体现公正、平等的价值理念，实现公平与效率的和谐统一。现阶段，我国基本公共文化服务中的非均等化问题较为突出，区域之间、城乡之间和不同群体间的差距在逐步拉大，成为建设和谐社会的焦点问题之一。

2.2.2.2 公共文化服务均等化的测度

（1）测度的目的。对公共文化服务均等化进行测度的最直接目的是要提高公共部门（或准公共部门）的服务能力，以最大程度地实现均等化。也就是说，评估不仅是手段，还是工作目标，通过与理想中的预期目标进行对照，找出目前存在的问题以及影响因素，从而为基本公共文化均等化的实现提供可能的途径与方法。由此，我们对基本公共文化服务均等化进行评估，不应该仅仅是对评估对象进行简单的对比，而应该是通过评估行为，查找各评估对象自身的现状和差异化程度，为提高公共部门（或准公共部门）的服务能力寻找依据，从而最终实现均等化。

（2）评价的标准。按照理想的状态，我们希望像联合国开发计划署的人类发展指标（HDI）一样，也有一个简单、明确的参考值来衡量基本公共文化服务的均等化程度；抑或如世界银行在经济发展与治理水平方面树立的指示性指标一样，不发达国家或地方可以方便地进行参考对照。然而，迄今为止，尚未能寻找到这样一个简单的维度来衡量文化领域内的均等化。因此，只能努力观察与测量文化服务领域内的不均等的现状与程度。

如果均等化是基本公共文化服务中一个可以成为现实的理想状态，我们认为它应该可以通过一些密切相关的因素反映出来。这一状态代表在一定时期内某个地区的公共部门排除一切不利的因素，尽其所能为本地区的社会公众提供的公共文化服务的水平与质量，我们认为这个程度的水平与质量就是适合作为该时空背景下某地区所能实现的均等化水平。然而，事实上，现阶段我国普遍未能实现基本公共文化服务的均等化，也就是说，在基本公共文化服务的供给中存在不均等现象。

目前较流行的做法是以某指标实现最好的地区或城市作为标杆，其他地区和城市的指标值和它进行比较，采用了“最美脸”的基本原理。

（3）评估的工具。目前我国学术界对公共文化服务均等化评估的主要工具是通过构建指标体系，运用一定的定量分析方法将其汇总成综合指标，而后进行评价比较。例如，陈彪（2009）根据浙江大学胡税根教授提出的编制均等化系数来测量公共文化服务的均等化程度的观点，构建了由文化与传媒支出占政府支出比重、人均文化与传媒基建投资额、人均文化与传媒支出、每千人文体娱乐人才数、每万人公共博物馆数量、每万人公共图书馆数量、人均公共图书馆藏书册数、每万人剧场/影院数量、每千人群艺馆/文化馆/文化站数量、每百户家庭电脑拥有量10个指标组成的量化分析指标体系，以此为基础计算均等化系数，系数取值为0～1，系数等于1代表完全均等，系数等于0代表极不均等。单薇（2015）选取了人均GDP、公共图书馆总流通人次、博物馆参观人次、艺术表演场馆演出场次、观看演出观众人数、人均文化消费、从业人员数、人均文化事业费等32个指标构成评估体系，最终将其汇总成综合指标以反映均等化水平。

另外，也有一些学者依据公共文化服务的核心指标如公共文化事业费，利用统计学上的一些测评差异的测度值，如公共文化事业费的标准差系数、基尼系数和泰尔指数等，从某一角度反映地区间公共文化服务的非均等化程度。

2.2.3 公共文化服务绩效评估理论

公共文化服务绩效评估理论主要包括评估理念、评估范围与内容、评估主体与模式、文化统计指标理论等内容。

2.2.3.1 评估理念：紧贴公共文化服务的本质

从对不同国家和地区已开展的公共文化服务绩效评估实践的研究和对比来看，虽然各国的评估体系与管理运作由于国情、区情、体制、机制等客观条件的影响存在不少差异，但评估理念却高度一致——紧扣公共文化服务的本质和主旨。在“新公共服务范式”下进行的公共文化服务的绩效评估中，各国基本采用民意调查这一方式来了解民众的文化权利实现程度和相关意见，大幅度地在指标体系中增加了公众满意度指标来反映质量，把提升公众的满意度当作主要目标来进行政府绩效考核，在评估主体选择上也表现出非常明显的公众参与导向。

2.2.3.2 评估范围与内容

公共文化服务绩效评估的范围由每个国家公共文化服务的供给模式与发展现状决定。在我国的公共文化服务实践中，政府扮演着责任供给主体的角色，即政府供给是我国公共文化服务供给的核心。政府公共文化服务的供给范围和标准大致决定了一国公共文化服务的内容。由于文化产品服务及文化需求的多样性，公共文化服务可以大致分为公益性产品和非公益性产品两大类别。政府能免费提供的只能是纯公共产品和准公共产品部分，其余部分只有依靠市场提供。根据我国近年来公共文化的发展现状，我国公共文化服务主要存在于以下公共文化服务机构中（见表2-1），这些机构的服务内容大致反映了现阶段我国公共文化服务的范围。

表2-1 我国公共文化服务范围与测度内容

公共文化服务机构	公共文化服务的内容（范围）	测度内容
公共图书馆	图书资源的借阅及免费开放；互联网图书资源的流通与开放情况等	机构数、总藏量、建筑面积、从业人员、总支出、政府的财政拨款、图书购置费、总流通人次、图书外借册次、共享工程服务活动等
公立博物馆	对大众免费开放及展览博物馆陈列资源；征集、保护、传播人类物质和非物质文化遗产等	机构数、馆藏量、从业人员、政府的财政拨款、各类展览活动、参访人数、开放时间、参访满意度等
群众文化艺术馆	对大众提供艺术欣赏、文化教育和文化休闲娱乐服务等	机构数、场地设备、从业人员、政府的财政投入、举办展览数、组织文艺活动及培训次数

续表

公共文化服务机构	公共文化服务的内容（范围）	测度内容
社区文化活动中心	组织社区群众读书看报、艺术鉴赏、文化活动，提供社区报刊和电子阅览室、舞蹈房、活动室等活动场所，发布与社区公共文化服务相关的各种公共信息等	机构数、场地设备、从业人员及服务质量、社区环境、政府的财政投入、社区公共文化活动次数及类型、群众满意度等
公共广播电台、电视台	向大众宣传党的路线、方针、政策，发布国家时政动态，传递民生政策，提供新闻资讯等	公共广播电台、电视台数量及覆盖率，从业人员，政府的财政投入，频道数，广播电视村村通工程数等

由表 2-1 可知，我国各类公共文化服务机构的服务方式呈多样性特征，这就使得在评估中难以用统一的指标来测度公共文化服务情况。但从各类公共文化服务机构的测度内容来看，无非是遵循“资源—投入—过程（产出）—结果”这一主线来构建的。因此，公共文化服务测评内容既包括各级各类图书馆、博物馆、群艺馆、展览馆、文化馆（站）、社区文化活动中心等各类公共文化机构的发展水平、绩效及影响因素等方面的测评，也包括以整个公共文化服务为研究对象，利用一些基本或通用指标，对全国性或者区域性公共文化服务发展水平或绩效进行综合评估。

2.2.3.3 评估主体与模式

评估主体解决的是由谁来评估的问题，即评估行为是由谁来组织和发动的。从世界各国评估实践看，公共文化绩效评估大体有三类评估主体：一是政府组织评估，英国是“政府主导式”评估的典型代表，如由英国审计署对文化传媒及体育部的审计评估、由文化传媒及体育部负责其自身及下属文化机构服务的绩效评估工作等；除此以外，还有中国香港康文署和艺术发展局每年公布的年报、浙江省文化厅在全国率先推出的农村公共文化服务评价等。二是专家机构评估，美国是“民间主导式”评估的典型代表，较好的例子是由美国康涅狄格州立中央大学主持的“全美最有文化城市”排名，已连续数年成功举行；美国兰开斯特教授（1977）的专著《图书馆服务的测量与评价》填补了图书馆学研究的空白；美国图书馆协会 1982 年出版的《公共图书馆绩效评估》成为图书馆绩效评估的指南性文献；澳大利亚相关学术协会受主管部门的委托对其进行的评估和商业咨询公司受主管部门的委托开展了公共图书馆的绩效评估；我国上海市委托第三方评估机构上海东方公共文化评估中心对社区文化活动中心绩效进行测评；等等。三是社会公众评估，如美国国家艺术基金会为了解美国的文化状况，不定期开展调查公益文化活动；新西兰文化与遗产部开展的“公民的文化参与、文化公平”等的调查；中国香港艺术发展局委托香港大学进行“公众对艺术态度”的调查（2000）以及“公共艺术研究”等。

2.2.3.4 文化统计指标理论

我们提倡发展公共文化服务，走文明、和谐发展之路。那么，我们首先要知道当今的公共文化服务水平处于什么阶段，只有科学地回答上述问题，我们所制定的公共文化发展战略才能符合我国的社会经济发展现实，社会才能真正实现文明与和谐发展。显然，回答以上问题，仅对公共文化服务本身的理论进行解释是远远不够的，必须在把握公共文化服务内涵的基础上，利用文化统计指标理论，建立公共文化服务测度指标体系，并利用综合评价方法进行综合评价与分析。由于公共文化是一国文化的重要组成，因此，文化统计指标理论是从事公共文化服务测度的重要基础。

（1）文化指标的起源。指标是对被研究现象的数量特征的总体描述，根据其应用领域不同可以分为经济指标、社会指标和文化指标等。文化指标是对各类文化机构基本情况和开展业务活动情况综合描述的数量概念，如各类文化机构数、文化及相关产业从事人数、文化产业增加值、文化事业费等都属于文化指标的范畴。文化指标既然是统计指标的一种，因此文化指标体系的构建就必须符合统计指标设置的一般原理，即文化指标体系设置要符合相关理论，含义要明确，指标的计算方法要科学，同时指标要有一定的功能导向性等；文化指标体系要有全面性，要能反映本国文化活动水平发展状况，客观描述文化产品的生产、流通和服务提供的全过程，反映文化行业的总体规模、水平、结构及对国民经济增长的贡献。

文化指标的研究，最早见于20世纪60年代，美国学者乔治格·伯纳将文化指标引入传播学研究中。对文化指标的理论研究及运用主要集中于大部分欧美国家、国际组织（如联合国教科文组织、欧盟统计委员会等）以及我国的香港和台湾地区，主要探讨文化统计指标的统计口径、分类、计算方法及国际比较问题，目的是希望通过对文化指标的研究，对各国文化的发展状况做出科学的评价，为文化发展政策的制定与监督提供量化依据。

（2）国内外文化指标体系研究现状。从国际上看，对文化统计指标研究的权威成果当属联合国教科文组织（UNESCO）颁布的文化统计框架。为了方便收集联合国各成员国的文化统计数据，并兼顾国际间文化统计数据的比较，1986年由联合国教科文组织发起，会集了欧美20几个发达国家进行讨论，于1987年制定了一个作为规范各国文化统计工作的指导性文件——文化统计框架（FCS）。根据世界文化的发展变化，分别于1993年和2009年对这一框架先后进行了两次修正。文化统计框架的内容主要包括文化统计的定义和分类、测度思路等。从“文化统计框架2009”来看，每个文化活动的领域纵向按供给到需求的角度来设计文化统计指标，用以反映文化的创作和生产、文化的传播和发布、文化的接受和消费以及各项文化活动的规模和参与情况；横向则按照文化产品的消费、教育、传统知识、档案与储蓄五个方面构建文化指标。纵横交叉形成的文化统计框架，可实现经济和社会两个维度的文化测度。文化统计框架仅仅是一个指导各国开展文化统计工作的指导性文件，并没有给出具体的测度指标，各国的文化统计可以参照文化统计框架的测度思路构建符合本国国情的文化统计指标体系。

另外，值得一提的是欧盟统计的文化统计体系。欧盟于2007年首次发布了《欧盟统计局文化统计口袋书（2007年版）》，目前已更新为欧洲文化统计体系——ESSnet-culture（2012）。与联合国文化统计框架相比，欧洲文化统计体系还包括了指标体系的构建及具体操作细则，更具完整性和全面性，可将其视作联合国文化统计框架在欧洲区域的实际操作版本。该文化统计体系围绕文化创意、文化生产/出版、文化传播/贸易以及文化保护等环节构建文化统计指标体系，实现对一国文化活动的统计描述。目前，从全球范围来看，美国、英国、法国、澳大利亚、加拿大、欧盟的文化统计实践相对比较先进。

（3）我国的文化统计指标体系。我国文化统计指标研究起步较晚，相对滞后。20世纪90年代以后，文化统计问题才真正被我国开始关注。我国的文化统计指标体系在借鉴文化统计框架的分类方法的基础上，于2004年颁布了《文化及相关产业分类》，并结合“文化统计框架2009”的变更，于2012年重新修订并颁布了《文化及相关产业分类（2012）》，2018年4月，国家统计局根据经济社会生活中的新发展、新变化对《文化及相关产业分类（2012）》进行了完善，颁布了《文化及相关产业分类（2018）》。由此可见，我国目前开展的是文化及相关产业统计，其文化指标体系的设置思路是围绕其核心指标即文化及相关产业增加值，按照财务状况、业务活动、就业人员及其他补充指标四个方面对文化及相关产业进行描述，主要包括文化产业的机构及其行业类别、从业人员数及其构成、政府及自有资金投入、各类营业收入、利税收入额以及居民文化消费支出等。

对比其他国家或组织的文化指标体系，我国的文化产业指标体系更多关注的是经济维度测度，指标体系反映的是我国文化产品和服务的生产、服务及消费等方面的情况，而文化测度体系比较健全的国家如澳大利亚、加拿大等，其文化统计既关注经济维度，也关注社会维度，更宽广也更全面。当然，由于各国的文化特性不同，每个国家文化统计侧重也就不尽相同，如英国和我国的台湾地区更多关注创意文化活动，而日本关注数字化文化产业，美国关注的是版权产业文化等，这也是为什么一些著名的文化统计框架如联合国文化统计框架只能是各国文化统计实践的指导文件，而不能对各国文化统计指标做具体规范的原因之一。

（4）文化统计指标研究面临的困境。20 世纪 80 年代中后期，世界范围内兴起了研究文化统计的高潮，经过一段时间的研究与探讨，国际国内已有不少文化统计指标体系，正因如此，不少人认为，对文化统计指标体系的研究可以告一段落，但通过对国内外现有的相关成果进行追踪研究，我们能感觉到，对文化统计指标体系的探讨仍呈百家争鸣之势，还有许多问题，如指标体系设置的科学性、指标体系的适用性、指标体系的可比性、指标体系的实证分析等问题都有待进一步研究与完善。具体到我国的文化产业指标体系，仍然存在统计口径较窄、较少关注文化社会属性的测度、指标设置难以适应新时代的变化等问题。因此，如何借鉴国际上文化统计比较完善的国家的设计思路和测度方法，构建一套既能与我国国情相符又能够反映出我国文化活动特色的指标体系是当务之急。

2.3 公共文化服务测度方法概述

公共文化服务的内涵很丰富，但从近年来的研究趋势看，对公共文化服务发展绩效的测度是公共文化测度的主要内容。所谓绩效，简单来讲就是指效益或者成绩，一般认为绩效包含经济性（Economy）、效率性（Efficiency）、有效性（Effectiveness）三个方面，即所谓的“3E”。其中，经济性是指以最小的、必需的成本来实现既定计划的目标；效率性是指以最小的投入获得一定的产出，或者以一定的投入获得最大的产出；有效性则是指行动对目标或其他预期成果的实现程度。概而言之，绩效既强调投入，也注重结果；既追求效率，也追求效益。

绩效评价起源于 20 世纪 70 年代初，英国、美国、德国、意大利等发达国家接连推行政府的行政管理改革，把市场竞争机制、绩效评估、目标管理等引入公共文化服务领域，努力提高公共文化服务水平，构建普适的公共文化服务体系，满足公众对文化的诉求。

2.3.1 传统评估方法

任何评估都离不开科学的评估方法，公共文化服务绩效评估也不例外。一般评估方法，宽泛地讲包括指标确定、权重设计、数据分析、组织实施等环节；狭义地说是指具体的某种评价方法，如多指标综合评价法、计量模型法等。研究对象的性质和特征不同，往往评估中用的具体方法是不一样的。

指标评分方法。客观指标要尽量降低复合型指标比例，可以采取换算法，简化操作；主观指标则可以以满意度调查的量级评价法为主，保证评估的效度和信度。

权数赋值方法。目前，有很多方法可以用来确定不同指标的权重，依据权重计算时数据来源的不同，可将其分为三类：客观赋权法、主观赋权法和组合赋权法。常用的客观赋权方法有变异系数法、主成分分析法、多目标规划法、熵值法等。常用的主观赋权方法有专家调查法（德尔菲法）、层次分析法（AHP）、二项系数法、模糊评价法、综合评分法等。

具体评估方法。在公共文化服务发展评估领域，目前常见的评估方法有熵值法综合评价、偏最小二乘法、层次分析法（AHP）、功效系数法、主成分组合赋权法分析法、因子分析法、数据包络分析法（DEA）、各类回归模型（半参数回归、中位数回归）等。至于哪种方法更胜一筹，暂无定论。

2.3.2 新型评估方法

公共文化设施、服务或活动是公共物品，具有非竞争性、非排他性，其经济价值难以通过传统的市场评估方法得到准确的评估。近年来，国外的相关专家提出了一些新的方法来估算这些物品所产生的成本和所带来的福利，这些方法被认为超越了传统的市场评估方法。这些新方法和技术主要有条件估值法（Contingent Valuation Method，CVM）、选择模型法（Choice Model Method，CMM）、享乐定价法（Hedonic Pricing Method，HPM）和旅行费用法（Travel Cost Method，TCM）。

条件估值法也称为权变估值法、意愿价值评估法、调查评价法等，是一种应用最广和影响最大的非市场价值估量技术，它采用典型陈述偏好价值评估方法。新古典经济学中以效用恒定为基础的福利计量理论是 CVM 的直接依据，CVM 通过建立一个假想市场，揭示社会公众对某一公共物品提供或改善的最大支付意愿（Willingness to Pay，WTP），或对该公共物品无法供给时希望得到的最小补偿意愿（Willingness to Accept，WTA）。也就是说，CVM 是要通过市场模拟引导受访者表达出其愿意支付或者获得补偿的货币量。

在公共文化领域，国外使用CVM评估的研究很多。英国主要集中在图书馆、博物馆等方面。Barlow将CVM用于评价本地足球俱乐部的价值，Tohmo等则将其用于评估芬兰的博物馆，而Hansen等则用于评价丹麦的博物馆。

选择模型法（Choice Model Method）是为了克服CVM可能出现的偏差发展而来，最早由Louviere和Hensher（1982）提出，早期主要应用于市场、通信、交通、旅游方面，后来也被用于环境资源方面。选择模型法和CVM有很多相同的地方，区别主要在于问卷评估中的情境设计。在公共文化领域，选择模型法曾被用于研究纽卡斯尔大学文化多样性和历史遗产的价值，包括博物馆和画廊布局以及博物馆和画廊所产生的文化资本。

享乐定价法（Hedonic Pricing Method）是在新消费者理论的基础上建立起来的，认为消费者对商品的需求是为了从它身上获得某种物质或服务，而不是商品本身。享乐定价法在各种耐用型消费品如房地产、汽车等的定价中有广泛应用，主要是由于这类商品的供给弹性较低，消费者的购买行为影响因素及对各个影响因素的支付意愿具有相对的稳定性。目前，享乐定价法对公共文化产品的研究还比较少，这种分析可以揭示人们愿意多付出多少来获得商品或服务的某个公共文化特征。

旅行费用法（Travel Cost Method）一般用来度量“公共产品”资源的价值，这种类型的资源没有经过市场交换，也就没有市场交易价格，如游憩地、游憩资源。旅行费用法在1947年由霍特林提出，经过几十年的发展和应用，在揭示森林、河流、海滨、国家公园等游憩资源的价值方面有成功的应用。该方法的基本思想是采集游客旅行费用来拟合需求曲线，进而利用该需求曲线计算游客的消费者剩余，则该消费者剩余就是无门票（或门票较低）的游憩资源的价值组成部分。其在公共文化领域也有不少应用，如对苏格兰博物馆和亚美尼亚文化遗产的评估都显示了其重要的价值。相似地，Fonseca采用旅行费用法对世界遗产葡萄牙的葡萄酒产区Alto Douro进行了评估。旅行费用法也被用于比较西班牙四个不同的公共文化景区（节日和古老村落）的价值。Boter比较了荷兰多个博物馆的价值，并将结果提供给政府供决策之用。

总体来看，对公共文化服务进行测度的具体方法是非常丰富的。有些方法如指标体系、满意度调查、因子分析等，由于简单易行，在国内的研究中应用得比较普遍。当然，换个角度来看，也显示出国内研究者的方法比较单一。平衡计分卡、数据包络分析法、描述偏好方法、显示偏好方法虽然引入国内的时间并不算晚，而且在其他领域也都得到了比较多的应用，但是对公共文化测度来说，几乎是空白。

我们认为，未来公共文化测度方面的研究应注重以下几个方面：一是注重新的方法在公共文化领域的应用，通过借鉴、摸索、试验、总结经验教训，逐步建立起相关的研究范式，广泛应用于公共文化的各领域，并为各级政府决策提供有效信息，扩大此领域研究的影响力。二是注重对方法本身的研究，有些方法如条件估值法还有很多改进或发展出其他变式的空间。同时，也需要发展出对这些方法的信度、效度的估计办法，以不断地对公共文化测度方法进行完善和改进。三是注重利用非市场条件下估值的方法向政府和公众显示公共文化的巨大价值，引导公共资源持续地投入，以更好地满足人民日益增长的美好生活需要。

本书将应用多指标综合评价法、满意度调查、多元统计、非参数统计及空间计量等方法对我国公共图书馆、博物馆、群众文化艺术馆、社区公共文化服务均等化以及公共文化发展的整体绩效等公共文化服务的主要方面，按照先单项测度后整体测度的思路，相对系统地对我国公共文化服务发展水平、地区差距、整体绩效进行统计测度分析，实现多种测度方法的融合运用。

2.4 本章小结

本章就与本书研究相关的概念、学科理论、方法基础进行了分析和总结。首先，对与本书研究相关的概念如公共服务与公共文化、公共文化服务与公共文化服务体系、文化产业与文化事业等进行了剖析与界定；其次，对本书研究相关的基础理论与方法进行分析与总结，具体包括公共文化服务发展的影响因素理论、文化统计指标理论、公共文化服务均等化理论、公共文化服务绩效评估理论、公共文化服务测度方法等。本章所述思想、方法为后续章节的研究展开提供了科学的理论依据。

第❸章

公共文化服务测度基础：中外文化测度体系的比较与启示

3.1 国际文化统计框架概述

迄今为止，国际上并没有专门针对公共文化服务的测度体系，而是将公共文化服务测度作为文化统计测度的其中一部分内容。在国际上，较有影响的文化统计测度体系主要包括联合国文化统计框架、欧洲文化统计体系和文化卫星账户体系。研究国际国内文化统计测度构架与体系，可以为开展公共文化服务测度提供一种思路与借鉴。

3.1.1 联合国教科文组织文化统计框架

联合国教科文组织文化统计框架（FCS2009）由联合国教科文组织的统计研究所和文化司合作编撰，是在 1986 年版本的基础上修订而成的。与 1986 年的版本相比，框架更多地兼容了发展中国家的文化发展而更具“世界性”，同时将 1986 年以来所出现的一些新的文化现象及新技术（如数字化等）对文化的影响纳入框架体系。另外，新的框架为获取和传播具有国际可比性的文化统计数据提供了概念基础和方法，因而更全面地描述了文化产业的发展变动，也成为国际上最为综合的文化测度体系。

框架首先回顾了文化统计的理论基础，其次确立了文化活动的定义与分类，并建议从经济和社会两个维度进行测度。从本质上看，框架属于概念基础，即为国际文化统计提供一套通用的定义、分类及测度思路，并未涉及具体的测度方法。

3.1.1.1 定义和分类

框架首先归纳了文化对经济社会发展的影响机理，如文化多样性推进了文化服务的流动，不仅增强了文化的活力，而且刺激了经济的发展。文化活动还促进了对外贸易，因为发达国家也需要发展中国家的文化要素，并与发达国家的文化产品相结合。因此，关注不同文化与经济增长之间的关系，测度文化活动对经济社会发展的影响，始终是文化统计的一项重要议题①。

框架认为文化是“某一社会或社会群体所具有的一整套独特的精神、物质、智力和情感特征，除了艺术和文学之外，它还包括生活方式、聚居方式、价值体系、传统和信仰”。由此可知，文化是“精神、物质、智力和情感特征”，具体表现为“艺术和文学、生活方式、聚居方式、价值体系、传统和信仰”；前者是内在本质，后者属外在表现，如不同的文化特征导致相异的生活方式、聚居方式和价值体系等。

与我国从产品入手定义文化不同，框架给出的定义较为抽象，故随之而来的问题就是如何由定义确定文化活动。框架将艺术和文学定义为无争议的文化活动，但如何定义其他文化活动却未给出相应的解释。事实上，框架将文化定义为精神层面的活动，如文化和自然遗产、表演和庆祝活动等；即便书籍与报刊等产品具有物质载体，但人们所追求的却是内嵌于载体的信息，而非载体本身。文化是一种智力活动（如艺术创新、设计与创新服务等），也可能具有情感特征（如娱乐）。更重要的是，相当部分的文化活动是以创新或娱乐为起点进而延伸的结果，如在表演与庆祝领域，所包括的活动依次为艺术创作与娱乐活动→乐器生产→音频录制及音乐发行活动、专卖店的音乐和录像的零售活动②。因此，框架由“精神、物质、智力和情感特征”入手来搜寻每一种文化活动，意味着定义和分类之间存在一一对应的关系，也说明非常抽象的文化定义最好通过分类来理解。

依据手册的诠释，文化范畴（或文化领域）由共同的经济活动和社会活动组成，前者指文化货物与服务的生产，后者具体化为文化活动的参与，两者均为纯粹的文化活动。框架将纯粹的文化活动区分为文化和自然遗产、表演和庆祝活动、视觉艺术和手工艺、书籍和报刊、音像和交互媒体以及设计和创意服

---

① UNESCO（2012）归纳指出，文化产业对经济贡献的研究受制于长期数据的缺乏、测度方法的不成熟和对文化与经济关系认识的不系统，致使20世纪60年代之前的相关研究进展迟缓。当前，许多学者将文化产业的影响分为经济与社会两个方面，而对经济的影响包括刺激经济增长和吸纳就业、激发创新和革新等，尤其在后工业化时期，经济增长与知识、创意、原创和技能之间的关系越来越密切。但在文化产业研究中也存在不少问题，如不同的定义和分类、不够综合的研究框架、不同的研究方法和量化体系等。

② 张毓强和杨晶（2010）也指出，在框架中，“文化与自然遗产”是关键领域，而“旅游”是与之对应的扩展领域；“艺术表演与节日、可视艺术和工艺品、设计和创造性服务、书籍出版、视听与互动媒体”是关键领域，而“体育与休闲”（体育、休闲、博彩、娱乐和主题公园等）是扩展领域。

务六个领域，而旅游、体育和娱乐属于“部分文化活动”，即仅包含部分的文化要素，并非纯文化活动，故被划归为两个相关领域。例如旅游业，无论是城市间客运列车运输活动、其他陆上客运活动，抑或海上及沿海水上客运活动、空中客运活动等，针对的均为观光服务，不同之处仅在于观光手段不同。若从产出的同质性来看，上述活动均为交通运输，但从目的来考量却属文化消费，体现了一种生活方式。不过在实际统计工作中，目的分类的调查实施是非常困难的，因为很难确定乘坐列车（轮船或飞机等）到底是为了上班、出差还是为了观光，这完全取决于消费者的个人意愿。此外，非物质文化遗产、教育和培训、档案与保存、装备及辅助材料被处理为四个横向领域，或所谓的“跨领域”，意味着纯粹的文化领域和相关领域都需要文化教育与培训、档案和保存等。

一旦确定了文化领域，接下来的问题就是如何进行细分。框架的指导思想是尽量利用现有的国际分类，尤其是国民经济核算（SNA2008）的分类体系，如利用“主产品分类”（CPC）和“所有经济活动的国际标准产业分类”（ISIC）界定文化活动与文化产品，通过“协调体系”（HS）和“扩大的国际收支服务分类”（EBOPS）确定文化商品与服务，借助“国际标准职业分类”（ISCO）识别文化职业；其他的分类体系还包括“政府职能分类”（COFOG）、“个人消费目的分类”（COICOP）和“为住户服务的非营利机构的目的分类”（COPNI）。令人感兴趣的是，不仅联合国文化统计框架建议采纳这些分类体系，其他文化统计框架（如欧洲文化体系、澳大利亚文化卫星账户等）也同样如此，区别仅表现在区域特点（如欧洲、澳大利亚和新西兰等）的侧重。

在上述分类体系中，每一分类描述总体文化活动的一个侧面，如 COFOG 显示政府部门的文化消费，COICOP 描述住户部门的消费特征，而 COPNI 反映为住户服务的非营利机构的消费特点，将这些分类综合在一起即可诠释文化消费的整体变化，也可测度公共文化消费的规模与构成；类似地，CPC 与 ISIC 之间也表现为一种相辅相成的补充关系（张毓强和杨晶，2010），前者按主产品分类，后者按活动分类，综合在一起展示了一种活动所对应的产品种类，如软件开发（ISIC 第四版之 5820）对应游戏机软件盒（38582）、电脑游戏软件（带包装的，47882）、线上游戏（84391，CPC）。

3.1.1.2 测度思路

框架特别强调文化活动与经济和社会发展之间的紧密联系，因为要“了解文化内涵的产生和传递方式，就必须将文化生产和分配作为重点，就必须明白如何将文化内涵融入社会和经济发展进程之中”。基于此，文化统计涉及文化活动的经济和社会两个维度，也只有将两者组合起来才能确保统计的全面性。文化的经济维度指文化创作、生产、扩散、展会与消费，即 SNA 的经济交易测度；文化的社会维度主要指文化参与，可通过参与率、时间利用和社会资本来衡量，包括SNA中的住户个人活动。由于文化参与多发生于非正式场合，没有活动记录，因而是统计上的难点。一般认为可通过时间利用调查和住户调查获取数据，如以家庭为主的活动（在家看电影、听音乐等）可采用时间利用调查获取数据，而户外活动（参观博物馆展览等）与身份构建活动（参加宗教活动和青年活动等）可通过人口抽样调查获取数据①。

值得一提的是，框架提出了“文化资产”这一概念，认为文化产业通过文化资产对经济和社会发展产生影响，并在观念上促进可持续发展，如文化旅游、手工艺品生产甚至祖传秘方等。从核算角度来看，文化资产的提出有利于研究者采取经济循环账户的方式核算文化部门的经济运行过程，即从期初文化资产存量出发，在当期文化交易流量测度的基础上过渡到期末文化资产存量。然而，文化资产的测度仍然存在一些问题。如J. Blondal（2003）指出，包括历史建筑物、纪念物、考古遗址、博物馆、画廊和档案收集等遗产资产，属于公共部门的核心资产。这些资产的价值主要表现在文化方面，与其他资产相比差异颇多：一是使用年限超长，资产价值未因磨损而消失，却由于不断维修而增加；二是获得成本一般不详，并且无法使用通行的估价方式。由于法律禁止在市场上销售，因而也不存在替代价值。此外，在历史建筑物的定义和分类方面也存在一些尚未解决的问题，如双重使用，若政府机构在历史建筑物中办公，则应归属其他构筑物还是历史建筑物？

综合来看，框架所关注的问题包括文化部门的广度、如何计量和国际比较及评估，这也是一般测度体系最为关注的三大问题。然而，框架仅就第一个问题展开了较为详细的讨论，而将其他问题处理为下一步的工作目标。

3.1.2 欧洲文化统计体系

与联合国文化统计框架相比，欧洲文化统计体系［ESSnet-culture（2012）］还包括了指标体系的构建以及具体操作细则，更具完整性和全面性，可将其视作联合国文化统计框架在欧洲区域的实际操作版本。

欧洲文化统计体系特别强调文化统计在欧洲范围内的可比性，其中既有文化本身的原因，也有实际统计方面的困难。动态来看，文化领域呈不断变化演进之势，并且各国对文化领域的理解也不完全相同，故在统计范围上很

① 张毓强和杨晶（2010）认为，文化遗产的价值取决于人们愿意支出多少来维护或观看，尽管这一思路很难测量，但可通过参观次数予以间接显示。因此，对无形非物质文化遗产的数量与质量进行测度的一种替代方式是所谓的结果度量：若非物质文化遗产表现为音乐、故事和舞蹈等形式，可用参与人数或参与率来测度；若为身份构建活动，可通过宗教或文化节日的参与人数或参与率来展现。

难达成一致。此外，各个国家的文化统计水平参差不齐，在数据收集方法、周期、范围和样本容量等方面存在一定的差异，而且实施文化统计的部门既可能是负责文化管理的部委，也可能是国家统计部门，甚至是两者的结合。基于此，欧洲统计局组建了四个工作组进行专题研究：第一组，文化统计和定义框架（框架与定义，TF1）；第二组，文化资助与支出（资助与支出，TF2）；第三组，文化产业（供给与就业，TF3）；第四组，文化实践与文化的社会方面（文化参与，TF4）。

从经济维度来看，第一组至第三组的研究具有特别的意义。第一组的工作重点是联合国文化统计框架在欧洲的具体化，即基于欧洲区域的概念基础。第二组侧重于文化活动的需求统计，包括公共文化支出与住户文化支出两个分量。第三组的研究重点是文化供给，主体是文化产业，辅之于文化就业，形成一套较为完整的测算架构。至于第四组的研究内容则相对复杂一些，因为同一文化参与可能既包括供给，也涉及需求，且相当一部分活动属于 SNA 的住户个人活动，很难以价值指标的形式展现，故可作为一个补充或者附录。综合来看，欧洲文化统计体系的主线是文化活动的供给与需求统计。

3.1.2.1 框架与定义（TF1）

总体来看，TF1 是从文化领域（Cultural Domain）、功能（Function）和维度（Dimension）入手以建立文化统计框架的。文化领域指一组相同（似）的投入产出活动，包括该领域的文化参与。功能中的一部分可理解为文化周期，依次为创意→生产/出版、传播/贸易→保护、教育和管理/规制。其中，“创意”是中心，至“传播/贸易”为止形成完整的文化周期；“保护”特别针对文化遗产，也部分包含图书馆和档案馆等领域，可视作上述领域的生产活动；而“教育和管理/规制”属于辅助或支持活动，贯穿于整个文化周期。至于维度，指的是特征表现，尤指数量特征，包括经济维度和社会维度，如就业、消费、资助、实践和社会参与等。可以形象地将“领域”看作 X 轴，“功能”为 Y 轴，两轴的交汇点即为文化统计的构成，如统计“电影”领域的创意、生产和传播等活动。

但在确定文化领域之前首先应给出文化的定义，问题是“文化部门”包括多个领域，横跨了许多产业，因而无法从投入与产出的相似性入手予以统一界定。基于此，TF1 对现有的一些文化定义进行了归纳，力求从中找寻关键特征，如创造力（Creativity）、知识产权（Intellectual Property）、生产方法（Method of Production）和使用价值（Use Value）。

TF1 指出，将文化部门定义为具有创造力的产业集合是不合适的，因为任何产业均有创造力；类似地，将文化部门视作具有知识产权的产业组合也是不恰当的，因为知识产权包括工业产权和著作版权，而受知识产权保护的产业并非都是文化产业[①]。相对而言，从生产方法入手确认文化产业是一种最理想的识别方式，但无法从成本结构、投入产出等方面针对众多产业规定一个统一的合理标准。也有观点认为，货物与服务既具有技术价值（Technical Value），又包含本质的或符号价值（Intrinsic or Symbolic Value），后者体现了不同的文化，描述了不同人群的身份和价值观等，因而又被称为文化价值。因此，文化活动是产生文化价值的活动，一般表现为美学、艺术表现和智力创造的相互交融。

基于此，TF1 认为文化活动的主要特征是与文化表现相关，通过符号进行创造与交流，通常涉及著作版权。此外，文化领域还被认为具有六项功能，尤其前三项功能不仅可理解为文化活动的循环周期，也可从中分辨出与其他产业活动的不同之处。

（1）创意（Creation）。创意是指文化活动的构思或设想，类似于“原创”。有学者认为遗产、图书和档案等领域几乎没有创造功能，但也有观点认为不同的领域具有不同形式的创意，如针对遗产的创意表现为如何展示。

（2）生产/出版（Production/Publishing）。生产/出版是指将设想付诸实施，其中“生产”针对的是不可复写的产品，或“原件”的生产；“出版”指可复写的产品（如印刷，包括纸质版和电子版），因此不同于平常含义的“生产”或“制造”（Manufacturing）。事实上，“出版”并未包含文化价值，本质上属于“制造”，但由于大规模复制文化内容而被看作非核心的文化活动。与此类似，诸如乐器、视听和光学等设备的生产活动也被纳入文化统计框架。尽管如此，TF1 还是坚持认为可以包括也可以剔除这些活动。

（3）传播/贸易（Dissemination/Trade）。传播/贸易是指由生产向消费的过渡，相当于流通。其中，“传播”指交流和宣传活动（如展览和画廊等），“贸易”指转卖活动。

（4）“保护”（Preservation）。保护是指对文化遗产的保存、恢复和维持。

（5）“教育”（Education）。教育是指与文化活动相关的正式与非正式的教育活动。

（6）“管理/规制”（Managent/Reyulation）。管理/规制是指公共或私人组织的管理和支持活动，如创造有利的环境和提供版权保护等。从某种角度来看，TF1 增加“管理/规制”这一功能的一个重要目的就是描述公共机构的活动，如对文化活动的资助、规制和技术支持等，针对的是公共文化服务。值

① 还有一点需注意的是，如果过于强调创造力或者知识产权，可能会将文化活动与研发活动混为一谈。

得一提的是，国民核算体系将经济循环划分为生产、收入分配和使用、积累三个阶段，但文化周期的起点是创意，没有包括消费；尽管文化参与包括了文化消费，但未纳入文化周期，同时还遗漏了积累。

TF1 在确定文化领域时，思路新颖且方法简练有效，表现在更多地考虑了科技进步对文化活动的影响：科技进步是否导致新的文化业态的出现？文化功能有何变化？应如何调整当前的文化统计体系（LEG-culture①）？研究表明，科技进步并未增加或者减少文化功能，只是在功能组合、生产成本、进入门槛和生产手段等方面发生了一些变化。例如，网络的出现将“创意”和“生产”融合在一起，使出版的门槛降低、成本下降（如博客）。因此，仅需将新的文化业态（如博客、播客等）纳入统计体系，并且 LEG-culture 所确认的文化领域仍然有效，可作为改进的起点②，即在此基础上进行增删，同时与联合国文化统计框架保持兼容。由此可见，TF1 既密切追踪了文化领域的发展变动，又确保了统计体系的延续性，的确是一种实用主义的做法。

基于以上分析，TF1 从文化价值与文化功能入手确定了十个文化领域，包括遗产（博物馆、历史古迹、遗址、非物质文化遗产）、档案馆、图书馆、书籍与出版、视觉艺术（造型艺术、摄影、设计）、表演艺术（音乐、舞蹈、戏剧、综合艺术和其他现场表演）、视听与多媒体（电影、广播、电视、录像、录音、多媒体作品、电视游戏）、建筑艺术、广告和工艺美术品（Arts Crafts）。观察可知，这一领域区分具有如下特点：

一是各领域一律平等。即未采取“科层级”的分类结构，意味着各领域互不隶属，有利于容纳投入与产出差异较大的各种文化活动，便于吸纳新的文化业态。尽管如此，视觉艺术和表演艺术仍处于核心地位，并以此为中心展开。

二是采取“最低限度但最坚实和现实的方法”。“最坚实和现实的方法”是指将文化领域的组建与分类建立在主流经济分类（如 ISIC、NACE 等）的

① ESSnet-culture（2012）是在 LEG-culture 的基础上发展而来的。1999~2000 年，欧洲文化统计试点小组（Pilot Group，或 Leadership Group Culture）进行了文化统计的试点研究，其研究主题包括方法、文化就业、文化资助和文化实践四个方面。Essnet 创立于 2009 年 9 月，持续期限为两年，其工作目标包括：重启欧洲国家间的统计合作，修订 LEG-culture 所创立的文化统计框架；改进现行方法以开发新的欧盟文化统计；定义文化统计指标，使之能更好地描述复杂的文化部门；提供国家经验，促进更宽泛与更先进的数据分析。

② LEG-culture 认为，“文化活动是基于文化价值和/或艺术表现的任何活动，包括市场或非市场导向的活动，无论是否商业经营，可被任何组织实施（如个人、企业、团体、机构、业余人士或专业人士等）”。从统计核算的角度来看，这一定义更具完整性，如包括了公共文化服务，涉及所有文化生产主体，以文化价值或艺术表现为基点进行延伸等，形成一套开放、统一且特别针对文化和艺术活动的统计框架。类似地，LEG-culture 也由领域和功能的交叉来确定文化类别，说明 ESSnet-culture（2012）和 LEG-culture 之间是一种传承关系。

基础上，“最低限度”意味着用最少的领域数目阐述文化部门的特征。例如，与 LEG-culture 相比，欧洲文化统计体系增加了广告和工艺美术品两个领域，因为广告活动中的广告设计是文化活动，工艺美术品与非物质文化遗产有关；与 FCS（2009）相比，欧洲文化统计体系排除了自然遗产、一般工艺品（Craft in General）、软件产业和电信活动、一般的印刷活动、装备和支持材料、旅游、体育与娱乐等活动，原因在于文化价值：一般的系统软件或应用软件不具有文化价值，一般的研究更贴近研究而非文化；文化旅游本质上是旅游者所体验的各种文化活动的组合，如遗产、表演艺术和文化参与（访问博物馆和文化景观，参与表演等）应该与其他领域归并；等等。由此可见，TF1 的文化领域范围比 LEG-culture 要大，但比 FCS（2009）要小，目的在于避免“文化泛化”。

3.1.2.2 文化活动的供需统计

文化活动的需求统计由“文化资助与文化支出”（TF2）小组负责，该小组由捷克国家统计局牵头，重点研究文化活动的公共支出（文化资助）以及住户部门的文化消费支出（文化支出）。归纳可知，TF2 所做的工作主要包括两个部分，即指标确定与类别细分。

（1）需求指标。一般来说，由支出入手测度需求是一种简便易行的方法。其中，公共文化支出包括直接支出和转移支出两个分量，公共部门的界定与 SNA2008 相同，涉及一般政府部门与非金融公司和金融公司部门中的公营公司。住户部门文化消费支出的指标设置稍微复杂一些，除住户文化消费支出之外，TF2 还设置了一些分析指标：按全部五分位数分组的住户可支配收入，最重要的是第一五分位数与第四五分位数；根据住户成员的工作状态将其划分为至少有一人是工作人口的“有工作人口的住户”和“没有工作人口的住户”；按照参照人的年龄将住户划分为 0~29 岁、30~64 岁和 65 岁以上三组；依据参照人的最高教育水平和《国际标准教育分类》（ISCED）将住户划分为小学与初中教育（ISCED 1 和 ISCED 2）、高中和专科教育（ISCED 3 和 ISCED 4）以及高等教育（ISCED 5 和 ISCED 6）三类；基于家庭规模、住户中的孩子人数将住户划分为单人家庭、有孩子的成人家庭、有孩子的两人（夫妇）家庭、无孩子的两人（夫妇）家庭与其他家庭类型。利用上述分类可分析不同收入、家庭类型、年龄、工作状态和文化程度等因素对文化消费支出的影响，还可计算人均或结构指标以方便国际比较。

（2）分类体系。公共文化支出的数据来源于行政管理系统。尽管 TF1 已经确立了文化领域，但其他小组会从实际出发，对其进行微调或重新组合，如 TF2 在 TF1 的基础上重新划定了领域重点（见表 3-1）：一是将文化遗产、档案馆和图书馆合并处理；二是将管理、教育和培训综合在第 9 组，因为每个领域都涉及这些活动。从实践来看，文化类公共支出多集中于前 5 个领域，因此对其进行了细分。

住户文化消费支出的数据来源于“住户预算调查”（Household Budget Surveys，HBS）。该调查对住户的定义与 SNA2008 完全相同，采取 COICOP-HBS 分类体系，主要包括设备和维修、服务以及书报与材料等。有学者认为可从收入方入手进行调查，如入场费收入、文化货物与服务的销售收入、个人赠与和捐献收入、电视或广播的许可证收入等，但实践表明这一思路非常复杂，如收入来源非常宽泛，涉及常住住户、外国游客、法人等许多单位类型。因此，住户预算调查仍然是一种较好的办法。

表 3-1　公共文化支出与住户文化支出的分类

公共文化支出	住户文化支出
（1）文化遗产、档案馆和图书馆 包括：遗产（博物馆、画廊收集和服务等）、图书馆服务、档案馆服务、其他	（1）声音的接收、记录和复制设备
（2）书籍与出版 包括：书籍、出版、其他	（2）电视机、视频播放器和录像机
（3）视觉艺术 包括：原件及服务、摄影、设计、其他	（3）摄影与电影设备
（4）表演艺术 包括：表演艺术设计、舞蹈与音乐学校、其他	（4）信息处理设备
（5）视听/多媒体 包括：电影、广播、电视、音像、录音、多媒体、其他	（5）图像与声音的记录媒介
（6）建筑艺术	（6）视听、摄影和信息处理设备的维修
（7）广告	（7）乐器
（8）艺术工艺品	（8）电影院、戏院、音乐会
（9）跨领域（Inter-disciplinary）	（9）博物馆、动物园等
（10）其他文化活动	（10）电视和广播税以及设备的租用
	（11）其他服务
	（12）书籍
	（13）报纸
	（14）文具和绘画材料
	（15）其他文化活动

资料来源：ESSnet-culture（2012），第 92-93 页。

文化活动的供给统计由“文化产业”（TF3）小组负责，该小组由爱沙尼亚国家统计局牵头，主要测度文化产业与文化就业。TF3 的思路是：首先确定文化部门的产业构成，以此为基础统计供给总量；但还有一些非文化产业也涉及文化活动，因而仅从文化产业入手会出现低估的情况，可通过非文化产业中的文化就业进行估算和弥补。

必须注意的是，尽管 TF1 确定了 10 个文化领域，但未明确各领域所包括的产业类别。观察可知，文化产业主要集中在“欧洲共同体内部经济活动一般产业分类”［NACE（第 2 版）］之 J 类（信息与通信）和 R 类（艺术、娱乐和休闲）之中，当然还零星分布于其他产业。因此，TF3 以 J 类和 R 类为基础确立文化产业的构成，即将 NACE（第 2 版）中的与文化相关的分类划分为“单一的文化类”“多种文化活动的组合类”和“文化与非文化活动的混合类”，然后进行重组以形成文化部门，类似于 FCS（2009）对 ISIC 的处理。总的来看，TF3 的文化部门来自 NACE（第 2 版）的 29 个四位数分类（Class），其中 22 个完整纳入，7 个部分纳入（见表 3-2）。

表 3-2　纳入文化部门的 29 个产业类别

NACE（第 2 版）之四位数水平	类（Class）
58.11	书籍出版
58.13	报纸出版
58.14	杂志与期刊的出版
58.21	电脑游戏的出版
59.11	电影、视频和电视节目的生产
59.12	电影、视频和电视节目的后期制作
59.13	电影、视频和电视节目的分配
59.14	电影放映
59.20	录音和音乐出版
60.10	无线电广播
60.20	电视设计和播出
63.91	新闻机构的活动
71.11	建筑设计活动

续表

NACE（第2版）之四位数水平	类（Class）
74.10	专门设计活动
85.52	文化教育
90.01	表演艺术
90.02	表演艺术的支持活动
90.03	艺术创造
90.04	艺术设施的运作
91.01	图书馆和档案馆活动
91.02	博物馆活动
91.03	历史遗迹和建筑物以及相似旅游景区的运作
47.61	专卖店书籍的零售
47.62	专卖店报纸和文具的零售
47.63	专卖店音乐和录像的零售
73.11	广告机构
74.20	摄影活动
74.30	翻译与诠释活动
77.22	录像带和磁带的租赁

资料来源：ESSnet-culture（2012），第142-143页。其中47.61~77.22为部分纳入。

对表3-2稍作整理，即可得到TF1所设定的文化领域，如“遗产”领域对应的是博物馆活动（91.02）、历史遗迹和建筑物以及相似旅游景区的运作（91.03）；“书籍与出版”领域对应书籍出版（58.11）、报纸出版（58.13）和杂志与期刊出版（58.14）三个产业；等等。但是，还有一些领域分项（如造型艺术）和领域（如工艺美术品）在NACE中没有对应，这就需要通过文化就业来弥补。

在文化就业方面，TF3延续了法国文化和交流部（French Ministry of Culture and Communication）的做法，即按“国际标准职业分类”（ISCO-08）将文化就业区分为三种类型：在文化部门从事文化职业的人口、在非文化部门从事文化职业的人口和在文化部门从事非文化职业的人口①。上述三种就业类型事实上是部门（活动）与职业的组合（见表 3-3），其中 A 和 B 是最重要的，因为都是文化就业人员，C 是保证文化部门的正常运作所必需的。由此可见，文化就业统计原则上要求“文化部门的完整性”和“文化职业的完整性”，意味着整个文化就业等于 A+B+C，各类所占份额被称为文化系数（Cultural Coefficients）。

表 3-3 按部门与职业组合的就业类型

	文化部门（活动）	非文化部门（活动）
文化职业	A	B
非文化职业	C	

资料来源：ESSnet-culture（2012），第 141 页。

TF3 认为，文化职业的判定存在一定的难度，原因在于国家间的差异性、职业类别的宽泛性和新职业的不断出现等。因此，TF3 从文化功能入手，认为文化职业涉及与文化创意、生产、传播和贸易、保护、教育、管理与规制相关的职业。基于此，TF3 以 ISCO-08 为基准，将其中的 32 个单位组（Units Group）完全纳入，14 个单位组部分纳入②。由于 14 个单位组包含了文化与非文化职业，若无法从中分离出文化职业，或者需要五位数的分类水平，或者采取近似的处理方法，即对那些既包括文化职业也包括非文化职业的混合分类采取 50%准则，将当中的一半划归文化职业。

3.1.2.3 文化实践与社会方面（TF4）

该小组由荷兰教育、文化和科学部牵头，目标是文化参与和社会生活之间的关系分析，如文化参与和住户家庭的关系、文化参与和公民社会之间的

---

① 目前，这一分类方式在文化统计中非常流行。例如，澳大利亚文化与创意活动卫星账户既按产业又按职位对文化就业进行分类：在文化与创意产业从事文化与创意工作的人员被称为“专家”（Specialist），如果从事其他工作被称为“支持者”（Support），在非文化与创意产业从事文化与创意工作的人员被称为“嵌入者”（Embedded）。卫星账户依据“澳大利亚和新西兰标准职位分类”（ANZSCO）识别文化与创意就业，其中 132 个职位被确认。

② 例如，“房屋建筑师”（2161）、“园林建筑师”（2162）、“产品和服装设计师”（2163）、“图表和多媒体设计者”（2166）属于文化就业；但在“其他未另分类的专业服务管理者”（1349）中，只有档案管理者、艺术画廊管理者、图书馆管理者、博物馆管理者、文化企业或机构管理者属于文化职位；在“社会学家、人类学家和相关专业人士”（2632）中，只有与文化遗产相关的研究者（如考古学家等）属于文化职位；等等。

联结等。文化参与在整个文化活动中居于十分重要的地位，因为没有文化参与就没有文化活动。此外，文化参与统计有利于文化政策实施效果的研究，以减少文化参与中不公平现象的出现。

TF4 特别关注视觉艺术、广告、表演艺术、视听活动、书籍与出版、遗产、建筑艺术、艺术品和工艺品领域的文化参与；相对档案馆、图书馆和博物馆等领域而言，前述八个领域更具参与性，但各个领域之间的参与程度也不尽相同，并且科技进步对文化参与有着显著的影响，如广播电影的兴起改变了戏剧表演的地位，年轻人日渐趋向于通过网络而非电视看电影等。

在文化参与统计中，最需关注的问题是哪些活动属于文化参与。TF4 从运作角度出发将文化参与分为三个维度：

（1）业余实践（Amateur Practices），即作为业余活动的文化实践和艺术休闲。如在“书籍和出版”领域，业余实践指利用闲暇时间写作小说与非小说作品，无论以纸质或电子媒介方式（如博客）；又如在“摄影”领域，业余实践指作为一种个人艺术爱好的摄影活动；等等。

（2）出席/接收（Attending/Receiving），即观看文化表演或访问文化场所。如在“书籍和出版”领域，包括闲暇时间的阅读，无论是书籍、新闻还是杂志，也不管是纸质或电子媒介形式；又如在“摄影”领域，指参观摄影展览、博物馆和画廊等，不论是实物展出还是网上展示。

（3）社会参与/志愿活动（Social Participation/Volunteering），即成为一个文化团体或协会的成员，或为文化机构做志愿工作等。如在“档案馆”领域，成为一个历史协会、团体或俱乐部（如当地历史、宗谱血统等）的成员，为其做志愿工作或提供捐赠；又如在“戏剧”领域，指成为俱乐部或团体的成员，或在展览会或网络上展示自己的作品。

从上述三个分项来看，业余实践属于生产活动，出席/接收属于消费活动，而社会参与/志愿活动不仅包括生产活动，还涉及转移。总体来看，应将三个分项分别归入文化活动的供给、需求之中，但由于估算困难，尤其是业余实践，因此事实上是作为一个附录处理。此外，尽管 TF4 欲包括所有的文化参与，但也有一些不多见或不易分离的文化实践，如并非每个人都能设计自己的住宅，又如从“作为一种艺术爱好的录像制作”中分离出“作为一种艺术爱好的电影制作”基本上是不可能的①。

---

① 文化参与调查的目的在于考察一国人口的生活质量与社会福利，大致五年一次为宜。TF4 不赞同使用来自行政管理的数据，因为缺乏详细的结构资料，如通过电影票或博物馆门票无法识别参与者的性别、年龄和国籍等，也无法知晓谁参与文化活动，参与何种活动，有多少外国人，以及为什么参与，等等。

在数据搜集中，TF4 特别关注以下问题：一是人口的年龄范围应尽可能宽泛，如此可了解不同年龄段人口的文化参与范式（如青年文化与老年文化等），TF4 建议下限应低于 15 岁，或者 15~75 岁的人口范围，但不包括机构住户。二是参照期（Reference Period）应尽量长一些，一般以 12 个月为准。尽管较短的参照期有利于回应者的回忆，但回应者可能在这一较短的时期内没有参与文化活动，又容易受季节变动的影响。当然，对于那些较为频繁的文化活动（如看电视或听收音机等）可以将参照期定得短一些。三是在数据搜集方法方面，TF4 特别要求在确定样本容量时应考虑多目标的特性，如年龄、性别、受教育程度、就业状态和城市化水平等，重点考察上述标志对文化参与的影响。同时要求采取面对面访谈的方式，以解决可能出现的复杂问题，也有利于减小调查误差。

3.1.3 卫星账户体系

利用卫星账户核算文化活动这一设想最初来自于法国国家统计与经济研究局（INSEE）的 Maryvonne Lemaire。到目前为止，已有加拿大、芬兰、澳大利亚、苏格兰、西班牙、捷克和一些南美国家编制了文化卫星账户。

由于没有统一的规定，各国文化卫星账户在设置上存在一些差异。例如，加拿大卫星账户设置了三组变量，包括文化生产者（企业、消费者/雇员、公共部门、资助和第三部门）、文化活动机制（传播机制、供应价值链、需求）以及经济和社会影响，目的是文化产业的供给与需求测度。捷克编撰文化卫星账户的目的在于确认文化资源、文化生产的产量分解以及单个文化产业的生产率和效率测度，其编制思路类似于旅游卫星账户，即通过投入产出表分离文化活动。尽管对文化的定义和分类直接来自于联合国教科文组织，但捷克文化卫星账户在创意链方面的表述略有不同，包括创意和生产、传播与宣传、接收和消费、保护与注册以及参与，并在生产范围方面进行了微调，增加了住户生产、自然资源的增长和志愿工作，认为这些活动对文化与体育非常重要。不过，捷克文化卫星账户在变量设置上比较简单，仅包括产出、增加值和中间消耗等。至于芬兰文化卫星账户，其编制服务于文化的经济效应测度。芬兰卫星账户首先区分“完整的”文化产业和“部分的”文化产业，尔后通过“两分法”确定后者文化部分所占的份额（产出或雇员报酬），在此基础上将那些与文化相关的志愿活动纳入进来，因为文化部门中的志愿活动相当显著（如实习生等）。但是，芬兰文化卫星账户没有考虑文化参与核算，其核算范围小于澳大利亚、大于西班牙。尽管各国的文化卫星账户各有千秋，但均以国民核算体系为基础。

综合来看，澳大利亚“文化和创意活动卫星账户”（Cultural and Creative Activity Satellite Accounts for Australia）更有特色，尤其是变量和账户体系设计。与其他国家不同的是，澳大利亚卫星账户更接近非营利机构卫星账户，由于许多文化活动具有非市场性，因此相对旅游卫星账户而言更有借鉴价值。

3.1.3.1 编制目的

澳大利亚卫星账户由客户需求入手编制[①]，即依据客户需求确定卫星账户的框架、变量和账户体系，因而针对性更强，且思路清晰简捷，这也是澳大利亚文化统计的最大特色。通过调查，澳大利亚统计局发现客户最为关注的问题如下：

（1）文化与创意活动能够带来多少经济价值，是否值得投资？政府应如何制定政策？因此，文化与创意活动的经济价值是卫星账户的首要内容，既包括产出、增加值和志愿工作价值等价值指标，也涉及就业人数、志愿者人数和志愿工作小时等实物指标。

（2）该产业的生存能力与国际竞争力，对志愿者和政府资助的依赖程度，应如何设定产业开发目标和发展策略？这意味着文化与创意产业的收支流量与资产负债存量是卫星账户的次要内容，其价值指标包括收入（销售收入、转移和投资收入等）、支出（劳动、研发、广告和税收等）、资产负债，实物指标包括文化与创意产业的实体数。

（3）文化与创意产业对其他产业的影响。因此，需测算文化与创意产业与其他产业的供给需求，或者说与经济体其他部门的联结，特别是对教育、保健、社会服务和旅游等产业的推动作用，其指标包括文化与创意产业所购买的其他产业的产出以及文化与创意产业对其他产业的销售。

3.1.3.2 框架结构

澳大利亚卫星账户认为文化传递象征含义（如信仰、价值观和传统），需要创造力作为投入，因而潜在地包含知识产权，而文化领域则是同类活动的聚合。澳大利亚卫星账户以一种“同心圆”的方式划分文化与创意产业，具体包括：第一层：音乐、文献、表演艺术和视觉艺术；第二层：博物馆、画廊、图书馆、电影、摄影和档案馆；第三层：电视、广播、录音、电视游戏、动物园和出版；第四层：广告、建筑艺术、设计、珠宝和手工艺品、计算机系统和时装。在这一分层中，层数越低所包含的文化性越强。不过，卫星账

---

① 尽管澳大利亚统计局已出版了《澳大利亚的艺术和文化：统计概览》（*Arts and Culture in Australia：A Statistics Overview*），但澳大利亚政府和学术界想深入了解文化与创意产业对经济总体的贡献情况，这也是编制卫星账户的一个重要原因。

户对文化与创意产业供应链（Cultural and Creative Industry Supply Chains）的理解与欧洲文化统计体系略有不同。例如，创造（Creation）、生产（Production）、制造（Manufacture）、分配（Distribution）分别指从事原创设想、转化为产品、成批复制和流通的产业，而支持活动（Supporting Activities）是那些对文化与创意活动有直接显著支持作用的产业，如教育与培训等。与欧洲文化统计体系的文化功能不同，澳大利亚的产业供应链特指“产业”而非“活动”，更接近文化周期，也更合适账户处理。但其中的“生产”类似于国民核算的存量变动（如原件），“制造”才是一般意义上的“生产”。澳大利亚卫星账户与欧洲文化统计体系之间也存在一些相同之处，如同样遵循数据需求“最小化原则”，甚至更加严格。例如，属于支持产业的“高等教育”既包括文化与创意，也涉及其他教育活动，如果能够分离则最理想，否则全部剔除以免高估。

在核算内容上，澳大利亚卫星账户分为四个模块：文化与创意产业供应链（模块 1）、非文化产业中的文化与创意职位（模块 2）、文化与创意产业的志愿服务（模块 3）和文化与创意产业中的市场生产者的非市场产出（模块 4）。令人感兴趣的是，大多数国家的卫星账户仅包括模块 1，但澳大利亚卫星账户的构成非常丰富，其中模块 1 和模块 2 是核心，模块 3 与模块 4 是扩展，超出了 SNA 的生产范围并与非营利机构卫星账户非常接近，但与芬兰卫星账户一样没有考虑文化参与。

（1）文化与创意产业供应链核算（模块 1）。数据来源是澳大利亚投入产出表，采取自上而下的方法（Top-down Approach）对总量进行分解。

澳大利亚投入产出表包括 111 个投入产出产业组（Input-Output Industry Groups，IOIGs），是澳大利亚与新西兰标准产业分类（ANZSIC）之“类”（Class，四位数水平）一级水平的汇总，由于许多“类”包括较为显著的非文化与创意部分，因此需要分解。对 IOIGs 进行分解需借助投入产出附表（Input-output Suite）中的产品明细表（Product Details Tables）。该表包括 1284 种产品，能够被映射到 ANZSIC 的“类”中。将映射到 ANZSIC“类”的产品价值除以更宽泛的 IOIG 的价值得到一个支点份额（Benchmark Share），然后利用这一份额对 IOIG 进行分解，如对 IOIG 的总增加值进行分解，即可得到文化与创意“类”的总增加值。

这种估算方法假定同一 IOIG 生产出来的产品具有相同的生产函数，并且希望通过向上综合以抵消误差。至于那些无法分解的类别可以采取补充的办法，如利用旅游卫星账户获取文化服务的产出和增加值，通过遗产、创意和表演艺术的支出估算产出，或者利用职位进行推断。

（2）非文化产业中的文化与创意职位估算（模块2）。这一部分的数据资料同样来自于投入产出表，即首先计算非文化产业中文化与创意职位的雇员报酬份额，其次通过“人口与居住普查”的就业与工资总额或者专项调查进行推断。也有学者认为应该将总营业盈余和混合总收入包括进来，但难度太大。还应注意的是，由于在文化与创意产业中有许多就业者从事多项工作，故建议考虑主要工作与第二份工作。

（3）文化与创意产业的志愿工作核算（模块3）。卫星账户将志愿者定义为向文化与创意组织提供无酬帮助的人员。志愿工作的价值通过为“艺术/遗产”组织的志愿工作小时乘以相称的小时工资率估算（替代成本法），与非营利机构卫星账户相同。在澳大利亚，周期性的一般社会调查（General Social Survey，GSS）包括三个调查项目：向什么组织提供志愿劳动、未付酬工作小时以及所从事的工作类型，如果是向艺术、遗产类文化组织提供志愿劳动，则纳入卫星账户。

（4）文化与创意产业中的市场生产者的非市场产出核算（模块4）。如果不估算市场生产者的非市场产出，则可能低估文化与创意产业的生产和使用总量。具体测算方法同样来自于非营利机构卫星账户：当市场生产者按成本计算的产出超过了销售收入，则“成本—市场销售收入”的差额作为市场生产者的非市场产出；若销售收入超过成本，则非市场产出为0。

3.1.3.3 账户体系

与其他国家相比，澳大利亚卫星账户的一大优势就是给出了详细完整的账户体系（见表3-4）。在账户设计上，以客户需求为主线，具体可分为三个部分：

表3-4 澳大利亚文化与创意卫星账户的构成①

	账户构成
第一部分：经济价值	国内生产总值的份额（表1）
第二部分：竞争能力	按领域划分的文化与创意产业供应链（表2） 非文化与创意产业中的文化就业和雇员报酬（ANZSIC，表3） 志愿服务的虚拟价值（表4） 文化与创意就业（主要工作，ANZSIC，表5）

① 澳大利亚文化与创意卫星账户体系中共有14张表格，限于篇幅，本书末一一列出，感兴趣的读者可以参阅 *Cultural and Creative Activity Satellite Accounts for Australia*。

续表

	账户构成
第二部分：竞争能力	分领域的收入来源（表6） 分领域的收入类型（表7） 分领域的收入使用（表8） 分领域的资本账户（表9） 分领域的资产负债表（表10） 分领域的研究与开发支出（表11） 分领域的实体数（表12） 分领域的进出口（表13）
第三部分：产业关联	文化与创意产业的供给使用表（基本价格，表14）

第一部分描述了文化与创意活动所创造的经济价值（表1）。表1从投入产出表的总增加值（SNA基础）入手，通过增加其他产业中的文化与创意职位的雇员报酬以补充文化与创意产业的总增加值，在此基础上进一步将志愿服务、市场生产者的非市场产出包括进来，最终得到完整的文化与创意活动的总增加值。表1的处理既可看作核算范围的扩展，又可视为变量类型的转换，由于全面考虑了所有的文化与创意活动，因而更加完整地描述了文化与创意活动的经济贡献。

第二部分侧重反映文化与创意产业的竞争能力（表2至表13）。如果将表1视作总表，则第二部分就是围绕总表的详尽描述，如各领域的产业、雇员报酬、营业盈余（混合收入）、生产税净额和总增加值，还包括市场生产者的非市场产出（表2）；分产业的文化就业（表3、表5）和志愿者（表4）；分领域的收入来源、收入类型和收入使用（表6至表8）；分领域的资本账户和资产负债存量（表9至表10）；分领域的研发支出（表11）、进出口（表12）和文化与创意产业的实体数目（表13）。总的来看，第二部分展示了各文化领域的经济运行过程，据此可评判文化部门的生存状况和国际竞争能力。

第三部分重点探讨了文化创意产业与其他产业之间的关联（表14）。表14一方面提供了文化创意产业对其他产业的产出销售，另一方面描述了其他产业向文化创意产业的产出购买，当然也呈现了文化创意产业间的技术经济联系。综合来看，表14反映了文化创意产业对经济总体的影响。

3.2 国际公共文化服务测度模式比较

就所检测的文献而言，并未发现专门针对公共文化服务的测度框架，而是将其作为文化统计体系的一个有机构成。

联合国文化统计框架指出，数字化技术导致部分文化产品的生产成本下降，通过市场就能够维持生存或发展壮大；但那些不具有这一特征的文化领域仍然需要政府资助，即公共文化投入，这一认识影响着文化政策的制定，并对公共文化统计提出了新的要求。正如框架所建议的，文化统计应该描述“商业与非商业、传统与现代以及国际与本地文化之间的博弈”。

从某种角度来看，框架是从管理模式入手来区分公共文化服务的，即文化统计包括公共与私人部门的文化活动，主要体现在资金来源方面的差异，如公共部门投入、私人来源（如来自于市场）和非营利机构来源。在统计中，公共文化投入的统计测度存在一些问题，如不同国家在公共财政方面的差异较大，而且大多数国家没有测度志愿活动。此外，框架的总体思路不利于公共文化测度，因为框架倾向于一种综合的测度方式，即将公共与非公共文化机构混在一起，仅从产业或职业角度而未从机构部门入手分离公共文化部门，没有考虑工作人员是支薪雇员还是志愿者，也无论其在公营或私营岗位上工作。尽管在分类体系方面，框架建议除 CPC、ISIC 和 ISCO 之外，还应增添政府职能分类（COFOG）、个人消费支出的目的分类（COICOP）和为住户服务的非营利机构的目的分类（COPNI），但就公共文化服务测度而言，COFOG 还是太粗略了，没有欧洲文化统计体系详细。由表 3-5 可知，欧洲文化统计体系对公共文化支出的分类相当于对 COFOG 之“娱乐、文化和宗教”的细分，尤其是前五个文化领域。

表 3-5 欧洲文化统计体系之公共文化支出分类与联合国之 COFOG 分类

欧洲文化统计体系之公共文化支出分类	联合国之 COFOG 分类
（1）文化遗产、档案馆和图书馆	（1）一般公共服务
（2）书籍与出版	（2）国防
（3）视觉艺术	（3）公共秩序与安全
（4）表演艺术	（4）经济事务
（5）视听/多媒体	（5）环境保护

续表

欧洲文化统计体系之公共文化支出分类	联合国之 COFOG 分类
(6) 建筑艺术	(6) 住户和社区设施
(7) 广告	(7) 卫生
(8) 艺术工艺品	(8) 娱乐、文化和宗教
(9) 跨领域	(9) 教育
(10) 其他文化活动	(10) 社会保障

资料来源：ESSnet-culture（2012），第 92-93 页；SNA（2008），第 595 页。

与此不同的是，欧洲文化统计体系专门成立了“文化资助与文化支出”（TF2）研究小组，重点研究文化活动的公共支出（文化资助）。在欧洲文化统计体系中，公共部门包括一般政府（S. 13）及其亚部门、“非金融公营公司”（S. 11001）、“中央银行”（S. 121）、“其他公共货币金融机构”（S. 12201）、“除保险公司与养老基金之外的其他公共金融中介”（S. 12301）、“公共金融辅助机构”（S. 12401）和“公共保险公司与养老基金”（S12501），与国民核算体系的公共部门无论在定义上还是在组成上完全相同，涉及一般政府、非金融与金融公司部门。值得关注的是，非营利机构如公共部门，不包括非金融与金融公司部门中的市场非营利机构，以及为住户服务的非市场非营利机构部门（NPISH）。然而，欧洲文化统计体系特别指出，尽管公共文化支出主要来自一般政府，但也应该包括如公民协会、基金会、捐赠基金、公司协会和志愿组织等非营利机构，同时也应包括一般政府部门中的非市场非营利机构。不过，出现在公共文化支出的非营利机构并非支出方，而是接收方。

围绕着公共文化服务，欧洲文化统计体系设计的指标是公共文化支出，被分解为直接支出和转移支出两个分量。

按照支出主体的不同，直接支出可分为政府支出和其他公共支出，其中政府支出进一步划分为中央、省和地方三个层级，其他公共支出由政府部门以外的实体实施，尤其是公营公司中的金融机构；无论是政府支出还是其他公共支出均为实际支出，并非预算数据。与直接支出对应的是间接支出（Indirect Expenditure），包括对文化部门的税收豁免和税收优惠等[①]。尽管欧洲文化统计体系将税收豁免看作是一种公共部门的间接支出，但从本质上看更类

① 至于收入来源的转移（Transfers of Resources of the Tevenues），如广播与电视许可证收费，不是政府部门的支出，而属于住户支出，这与 SNA 的规定是相同的。

似于转移。

直接支出又可区分为现期支出与资本支出。直接现期支出（Direct Current Expenditure）包括公共部门的中间消耗和雇员报酬等，构成了公共文化服务的运作成本；直接资本支出（Direct Capital Expenditure）导致资产存量的增加，如建筑物的构筑、设备的获取等。事实上，直接现期支出就是公共部门所生产的公共文化服务产出，而直接资本支出反映了公共文化部门的资产存量变动。

转移包括三个分量：一是政府内部转移（Transfers to Other Organizational Levels of Governments），发生在政府各个层级之间；二是未指明的层级转移（Unspecified Inter-level Transfers），如股份收益（Shares in Yields）、补偿性资助或者上级政府与下级政府之间的税收分配；三是其他转移（Other Transfers），如第三方转移，目的是支持文化机构（公共或者私人机构）及其活动，如政府向非营利机构提供支付，由非营利机构负责购买以获得文化资源。在欧洲，较常见的情形是国家资助非营利性质的戏院或博物馆，接收方通过这些资助支付员工薪金或者购买用于文化活动的货物与服务等，类似于直接支出。类似地，转移也可进一步区分为经常转移与资本转移。

在欧洲，转移的流向包括：①欧洲委员会（European Commission，S21）→中央政府→省政府→地方政府，即国际组织与政府间的流量；②中央政府→其他公共机构（S11、S12），即政府与公营公司之间的流量；③省政府、地方政府→非营利机构（S15），即政府与为住户服务的非营利机构之间的流量。由此可见，尽管欧洲文化统计体系将非营利机构纳入公共文化支出的核算范畴，但仅作为接收方而非支出方，即非营利机构（NPISH）不是支出主体。

除了支出之外，欧洲文化统计体系还设计了直接收入（Direct Receipts）指标，即公共部门文化活动的收入，其他部门的支出，如来自住户（S14）和其他私人实体（公司，S11 和 S12）的收入，包括交换式交易的收入（如戏院、电影院和博物馆的门票收入），也包括捐赠收入。严格来说，此处的公共部门或者是公营公司，也可能是政府控制的非市场非营利机构，如政府控制的戏院、电影院和博物馆等。

按照欧洲文化统计体系的界定，上述指标之间的关系表现为：

总支出=现期支出+资本支出=直接支出（现期+资本）+转移（现期+资本）

直接支出=总支出-转移

净支出=直接支出-直接收入

在上述指标中，使用最多也最有价值的指标是净支出，因为净支出是公共部门对文化活动的实际支出额。至于澳大利亚卫星账户，尽管没有直接测度公共文化服务，但也能从中归纳出一些有用的信息。

在卫星账户中，“分领域的收入来源”（见表3-6）列示了博物馆、档案馆等文化领域所获得的来自公司和政府部门的收入，但一方面未对收入进行分类，另一方面没有区分公司部门中的公营公司，因而无法提炼公共文化支出，只可判定公共文化支出的上限。

表3-6　分领域的收入来源

	博物馆	环境遗产	……	支持活动	合计
来自政府					
来自非营利机构					
来自企业/组织					
来自住户					
来自其他来源					
合计					

值得一提的是，“分领域的收入类型”（见表3-7）列示了“基于政府资助的量”，即政府部门对各文化领域的资助数额；同时，该表还展示了各文化领域接收的来自政府部门的转移，包括现期转移和资本转移。与表3-7相对应的是，“分领域的资本账户”包括了各文化领域接收的来自政府部门的资本转移，“分领域的研究与开发支出”（见表3-8）记录了联邦政府、州政府和公司部门在各文化领域的研究与发展支出，只是无法区分这一支出到底是公共部门的直接支出还是资本转移。

表3-7　分领域的收入类型

	博物馆	环境遗产	……	支持活动	合计
货物销售					
来自服务提供的收入					
服务销售					
租金、租赁和租用					
基于政府资助的量					
赞助					
会费					
来自服务提供的总收入					
转移					

续表

	博物馆	环境遗产	……	支持活动	合计
来自政府的现期转移					
来自政府的资本转移					
来自相关居民或附属企业					
来自相关非居民或附属企业					
来自住户的捐赠或遗赠					
来自企业的捐赠					
来自慈善信托/基金会的捐赠					
总转移收入					
投资收入					
利息					
股息					
其他投资收入					
投资总收入					
版税收入					
其他收入					
总收入					

表 3-8　分领域的研究与开发支出

	博物馆	环境遗产	……	支持活动	合计
企业					
联邦政府					
州政府					
高等教育					
私人非营利机构					
合计					

令人遗憾的是，通过上述账户无法区分各文化领域中的公共部门构成，因此无法归纳公共部门的直接收入，也无法计算净支出。尽管卫星账户测算了各文化与创意领域的志愿服务，但没有说明这些志愿服务的提供对象，即到底是政府部门的非市场非营利机构还是为住户服务的非市场非营利机构，因此无法将志愿活动纳入公共文化支出。总的来看，澳大利亚卫星账户的设计包括了公共文化服务，只需对机构部门进行细分即可分离出令人满意的结果。

3.3 我国文化及公共文化测度现状

在我国文化统计中，研究重点包括定义、分类与指标体系构建三个方面，尤以定义与分类研究为核心。

3.3.1 定义与分类

陈晓声（2003）认为，文化是一种“意识、观念及创造的物质与精神财富”；杨绪忠等（2005）指出，文化产品的使用价值具有两种形态：一类具有物质外壳（如书画、音响、影视和工艺品等），另一类则不具有（如艺术表演、娱乐活动等），但均以人类语言、声音和肢体动作等方式表达某种思想、精神、观点和内心情感，以启发和感染受众，说明文化产品以其精神属性满足消费者。

方宝璋（2006）的研究思路较为独特：首先澄清“文化”与“产业”的内涵并组合之，其次通过比较文化与非文化产业、现代文化产业与以往文化交易、文化产业与文化事业之间的区别以界定文化产业。文化产业的主要特征是精神产品的生产，如人们购买唱片的目的是音乐而非唱片本身，故即使高精尖的产品，若提供的不是精神产品也不能归入文化产业。文化产业古已有之，但多属零星、个别和小规模的交易行为，而现在发展为产业链的方式运作，具有规范化与规模化的特征。因此，文化产业按照工业标准生产文化产品或文化服务，是营利性的法人企业的集合。

王义君（2003）、殷国俊（2004）、杨新洪（2009）等认为，文化产业是“为满足人们健康的文化消费需求（如益智、娱乐、休闲和消遣等）而进行的文化产品的生产、流通和提供文化服务的经营性活动的总称”。值得一提的是，我国学者多将文化产业与文化事业联系起来，认为发展文化产业是手段，促进文化事业才是目标。例如，王义君（2003）认为，文化产业是从“生产”角度定义的，而文化事业是从“消费”角度定义的，因为前者是营利性的生产活动，而后者的运作经费来自于国家预算，意味着文化产业附属于文化事业，成为后者资金筹措的重要渠道。张玉玲（2011）进一步指出，2004 年我国的文化产业统计指标体系借鉴了联合国教科文组织的文化统计标准，更注重我国国情，如国际分类没有设置文化事业，因而在国际比较时，我国的文化产业统计标准就按“行业”区分，既包括了事业也包括了产业，即执行财务企业制度的是经营性的，而执行行政事业单位制度的为公益性的。然而，文化产业与文化事业并不存在前后衔接的因果关系，两者均为文化活动单位，政府资助的一个重要原因在于所从事活动的公益性。

夏国锋和吴理财（2011）归纳了公共文化服务的概念研究，指出我国学术界主要有两种界定方式：一是由经济学入手，将公共文化服务看作非市场性服务。例如，公共文化服务由公共部门或准公共部门共同提供，不以盈利为目的，属于非竞争性非排他性的资源配置活动。二是从管理学出发，认为公共文化部门除提供公共文化产品之外，还包括文化政策服务（如文化相关法律、法规和政策制定等）以及文化市场监管服务。与上述定义相关的理论基础包括若干“失灵”理论，如“市场失灵”意味着应该由政府提供公共文化服务（国家化路径）；若“政府失灵”则应通过市场化的方式来提供（市场化路径）；但若同时出现两类“失灵”，则应由政府与非营利机构合作提供，即政府负责资助而非营利机构负责生产（第三条路径）。

在定义及分类方面最为权威的是文化产业分类（2012），将文化产业定义为“提供文化产品和文化相关产品的生产活动的集合”。尽管这一定义没有说明什么是文化，但将文化及相关产业划分为四个层次：文化产品、辅助生产活动、实物载体或制作工具以及专用设备（见表3–9）。其中最为关键的是文化产品的确定，因为其他层次均从属于文化产品，并且四个层次的划分也昭示了我国文化统计的完整性。

表3–9　我国文化与相关产业分类（2012）的部分与类别

部分	类别
文化产品	新闻出版发行服务；广播电视电影服务；文化艺术服务；文化信息传输服务；文化创意和设计服务；文化休闲娱乐服务；工艺美术品的生产
辅助生产活动	版权服务；印刷复制服务；文化经纪代理服务；文化贸易代理与拍卖服务；文化出租服务；会展服务；其他文化辅助生产
文化用品	办公用品的制造（文具、笔、墨水、墨汁）；乐器制造；玩具制造；游艺器材及娱乐用品的制造；视听设备的制造；焰火、鞭炮产品的制造；文化用纸制造；文化用油墨颜料的制造；文化用化学品的制造；其他文化用品的制造；文具乐器照相器材的销售；文化用家电的销售；其他文化用品的销售
专用设备	印刷专用设备的制造；广播电视电影专用设备的制造；其他文化专用设备的制造；广播电视电影专用设备的批发；舞台照明设备的批发

综合来看，我国文化与相关产业分类具有如下特点：

第一，未采用科层级分类。由文献梳理可知，我国相当一部分学者倾向于科层级的设置。例如，方宝璋（2006）将文化产业划分为艺术娱乐业、媒介业、文化旅游业、体育业和其他五大类；王义君（2003）认为，当前我国的文化产业统计不够系统，散见于各个行业统计之中，故应进行重组，可将文化产业划分为文化产品制造业、文化产品批发零售业和文化服务业三大类，即文化产品的载体、批发零售以及各类文化服务。然而，作为一种产业分类，其分类基点应该是投入、产出的相似性，由于文化产业的跨度较大、异质性较强，包含的产业活动种类较多，因此很难形成科层级的类别划分，或者“其他”这一类别中可能包含较多不同质的产业；反之，若采用平铺式的分类结构，反而能更好地体现投入、产出的差异，包容新的文化业态，也有利于类别重组，体现分类体系的效能与价值。

此外，王义君（2003）认为文化产业的主体包括行业管理系统（政府部门、行业协会、管理咨询机构等）、文化生产系统（科学家、记者、作家、艺术家及演员、编辑、计算机软件制作人员、节目制作人员、印刷机构等）和推销系统（发行机构、推销处、专业商店、文化经纪人、广告公司、代理机构等），既包括产业单位又涉及文化就业，并将两者混在了一起。相对而言，我国文化与相关产业分类（2012）的结构合理，主体界定清晰，但我国文化统计没有包括文化就业显然是一种缺憾。还需注意的是，文化辅助生产活动并非国民核算体系中的“辅助活动”，特指促进文化活动的版权、印刷等服务，其产出对外使用；一些活动分类还体现了我国的文化特色，如焰火、鞭炮产品的制造。

第二，未包括文化实践。陈晓声（2003）认为，生产是一种投入产出活动，须面向市场，因此自娱自乐（如个人作品和表演等）不属于文化生产，意味着文化实践被排除在外。相对欧洲与联合国体系，我国的文化统计范围较小，没有包含文化实践。也有学者（李波等，2010）将我国文化及相关产业分类（2004）、北美产业分类体系（NAICS）、英国创意产业分类、我国香港和台湾地区创意产业分类和澳大利亚文化与休闲产业分类（ACLC）进行类别对比，以凸显差异及各国特点。例如，只有我国和英国将新闻行业处理为文化产业，澳大利亚文化与创意产业不包括网络文化服务，北美和澳大利亚均将运动和休闲纳入文化产业（如观赏体育业），但澳大利亚未包括广告设计。在文物与文化保护方面，我国较关注其社会属性，而国外更关注其自然属性。又如，我国和澳大利亚均包括了群众文化服务，但北美与英国分类体系没有涉及。

陈晓声同时对中外文化产业分类体系的差异进行了原因分析，认为欧美文化产业以文化为主体，而我国主要以产业发展为主线；各国在文化背景、政策制定、经济发展等方面存在差异以及研究者对文化产业的性质、功能等认识方面的不同，导致文化产业在分类方面出现差别。但陈晓声认为，中外对文化产业内涵的理解差异导致文化分类方面的不同，原因在于我国文化产业分类来源于《国民经济行业分类》中的不同小类，是派生分类，而欧美国家是作为国民经济的独立分类，这一分析结论比较勉强，无论是中外分类存在哪些差异，但从本质上看，均来自于国际标准产业分类（ISIC），并不存在本质上的差异。

第三，文化用品与专用设备的归属。陈晓声（2003）指出，影片、报刊和文化娱乐服务等属于文化产品，但所使用的摄影器材、印刷装备和娱乐设备属于文化投入，并且是工业生产活动的产出；尽管报纸杂志的印刷是一种工业生产活动，但纸张是文化实物产品的载体，故应视作文化产出的一部分。这意味着如果文化活动的中间投入形成文化产品的载体，则应列入文化统计的范畴；如果是固定资产投入，则属于其他产业的产出而不予考虑。显然，这一分类方式不够全面，因为中间投入与固定资产均影响着文化产业的规模与发展，因此我国文化与相关产业分类仍然将文化专用设备纳入文化统计体系。

第四，避免文化泛化。杨绪忠等（2005）认为，文化具有意识形态属性，需与经济结合才能形成文化产业。也有一些学者不赞成过度结合，如陈晓声（2003）认为，所谓的“酒文化”“茶文化”，其实是一种文化泛化现象。所谓“酒文化”“茶文化”，实质上是文化的渗透，或者说“经济文化化”的表现，即通过文化注入以增加产品的附加值。因此，文化产业统计要有文化，而不能被泛化（张玉玲，2011）。我国文化与相关产业分类（2012）严格遵循了稳妥谨慎的原则，如把握不准的活动不纳入，部分与文化有关但已形成自身完整体系的生产活动不纳入，以免削弱分类的文化特征。

3.3.2 测度方法

在现有文化统计方面，部分学者（博赫，2008；蒋萍和王勇，2011）指出了当前体系的一些缺陷，主要表现在以下两个方面：

一是体系设置不够完整。如仅依据投入产出的同质性划分文化产业，未同时区分其市场与非市场属性，不利于公共文化服务的测度；缺乏对文化周期全过程的统计描述，如偏重生产测度，即建立在基层单位基础上的文化产出与增加值核算，未同时进行机构部门核算，因而无法描述文化部门的收入分配、收入使用和积累等经济活动，也无法从中分离公共部门的详尽信息。

二是关注实物量指标，缺少价值量指标。现行文化事业统计多关注单位数、人员数、演出场次、图书册数等实物量指标（见表 3-10），如电影事业的指标为拍摄和译制影片的数量、放映场次和观众人次数等，即使增加经费支出或总支出等指标，也并非核算角度的严格意义上的文化产出和增加值。尽管国家统计局已将文化产业纳入国家统计系统，并已实施了具体测算，但仅仅显示了文化产品、文化制造业等分项的增加值。

表 3-10　现行文化事业与文化产业的统计指标体系

类型	范围	指标体系
文化事业	艺术、文物、图书馆、群众文化、艺术教育、其他文化事业等相对传统的、公益性的文化活动	单位数、从业人员数、举办文化活动和接受文化活动（服务）等
文化产业	如歌舞厅、电子游艺厅、综合娱乐场所等营利性文化单位	除上述指标之外，加上营业收入、主营业务利润等

正因为文化产业统计指标体系的不完整，一些学者在研究中只好选择替代变量。例如，蒋萍和王勇（2011）在研究我国文化产业投入产出的效率时，由于数据全面性欠缺而无法描述整体状态，选择文化产业实收资本替代存量，以文化产业营业收入替代产出，选择文化体育与传媒拨款占全部财政支出比重作为政府支持因素，但文化体育与传媒并不等于文化产业，由于类似数据无法分离或者得不到细节信息只能如此处理；类似地，选择专利申请授权数作为科技因素，也是无法得到理想的文化产业方面的专利授权数而做出的无奈选择。

在文化产业测度体系的构建方面，诸多学者提出了自己的看法，较为系统的观点如王义君（2003）和殷国俊（2004）等。王义君（2003）认为，我国文化统计应以价值核算为基础，以增加值核算为核心，将文化产业作为一个独立系统，对其投入产出及最终成果进行完整的核算，以获得文化产业发展现状的全部价值信息。为描述文化产业与文化事业之间的区别，可增加事业经费自给率等描述性指标，如杨新洪（2009）提出的文化事业单位经费自给率指标①。

在核算方法上，王文的观点与国民核算体系保持一致，如营利性文化事

① 文化事业单位经费自给率=（事业收入+经营收入+下级单位缴款+其他收入）/（事业支出+经营支出）。

业单位按营业收入总额计算产出，非营利性文化事业单位按业务支出替代产出，即经常性业务支出加虚拟折旧，不计算营业盈余。辅助指标侧重于主要文化用品的消费量和价值量，以及文化娱乐消费支出占消费支出的比重等；而文化分析研究指标包括资产运营状况及效率指标、偿债能力和发展前景指标以及效益状况指标，如资产周转率、资产负债率、资本积累率、利润增长率、资产收益率和资产增值率等。

殷国俊（2004）认为，文化产业指标体系的设置应重点考虑我国文化产业的发展需要，尤其是公益性和事业性的文化产业，促使其走向市场参与竞争；同时要密切结合现行统计和财务体制，方便数据收集和调查实施①。因此，应以增加值为中心，包括文化产业分行业的核算指标、文化产业单位（行业）统计分析指标（经营条件、效益状况、资产运营、偿债能力和发展前景）、文化产业单位的基础指标（第一类执行工业企业会计制度，第二类执行商业企业会计制度，第三类执行行政事业会计制度）和文化产业相关辅助指标。

相当一部分学者从层次性角度设计指标体系。例如，陈晓声（2003）将文化统计指标分为微观与宏观两个层次，前者描述文化企业的基本情况，后者反映文化产业的发展态势，这也是我国学者所采取的较为普遍的测算方式，多偏重于文化产业的综合评价，公共文化服务方面的测度研究较少，或在综合评价时部分涉及。赵彦云等（2006）在研究我国文化产业竞争力评价与分析时设计了公共文化消费竞争力指标，包括图书馆服务（图书馆平均解答咨询人次、平均代检索课题人次、平均总流通人次、平均为读者兴办活动人次）、公共文艺服务（文化馆平均举办展览个数、平均组织文艺活动次数、平均举办训练班结业人次）和公共文化活动（人均文化俱乐部个数、人均群众业余演出团队个数、人均农村集镇文化中心个数）三个方面；在政府文化竞争力方面设计了文化艺术（艺术表演团体平均财政与上级补助、艺术表演场所平均财政与上级补助）、群众文化（图书馆平均财政与上级补助收入、群众文化艺术馆平均财政与上级补助）和科研教育（文化文物科研单位平均财政与上级补助、文化部门教育机构平均财政与上级补助）三个方面的指标。

---

① 杨新洪（2009）提出的指标体系构建原则较有意义。如“与时俱进原则”考虑了文化新业态的介入；“统一设计原则”确保指标之间相互兼容避免重复；“分工协作原则”将涉及文化活动的宣传、统计、文化、广电、体育、信息和旅游等部门组合起来以确保相互配合。

3.4 国外经验与启示

从国际文化统计实践来看，欧洲文化统计体系和澳大利亚文化与创意活动卫星账户最具借鉴价值。

3.4.1 欧洲文化统计体系

从统计目的来看，欧洲文化统计体系着眼于文化活动的供需平衡，便于宏观经济分析以及产业政策的制定。从测度范围来看，欧洲文化统计体系最为全面，包括并区分了营利与非营利文化产业，在内容上涉及定义与分类、资助和支出、文化产业及文化实践，既与联合国文化统计框架保持衔接，又将其测度思路具体化，使之具备可操作性。然而，欧洲文化统计体系也存在一些不足，如文化活动的经济循环测度不够全面、存量核算基本未涉及等。

3.4.2 澳大利亚卫星账户

澳大利亚卫星账户的编撰目的是明确文化与创意领域是否值得投资，其生存与国际竞争能力如何，以及与经济体其他部分的联系。卫星账户从生产领域入手，通过增加志愿劳动投入和市场生产者的非市场生产活动以扩展核算范围，以文化活动的经济循环核算为主线，同时兼顾存量核算。尽管卫星账户部分涉及了公共文化服务，但在公共部门的确认以及流量分类方面逊于欧洲文化统计体系，也没有测度文化参与。

我国文化与相关产业分类（2012）借鉴了联合国教科文组织的 FCS（2009），已经解决了概念与分类问题，至于如何进一步完善文化统计框架，关键在于构建目的：如果聚焦于文化产业的促进与发展，则澳大利亚卫星账户模式是一种较好的选择。编撰初期可不考虑志愿活动与市场非营利机构的非市场生产，仅从投入产出表入手，测算我国文化产业所创造的经济价值，分析其生存状况和国际竞争能力，更重要的是了解文化产业与其他产业之间的关联，探讨文化产业对其他产业乃至经济总体的推进作用。反之，若统计目的主要服务于宏观经济分析，则可参照欧洲文化统计体系，初期可不考虑文化参与测度，仅从文化产业、文化就业和文化资助、文化消费支出入手估算我国文化活动的供给与需求，从宏观经济的角度制定文化产业政策。

综合来看，选择卫星账户模式更有利于我国文化统计框架的完善，其优点主要表现在以下三个方面：

一是成本效益更高。若以卫星账户测度文化活动，可充分利用现有的核算体系，并配有经验丰富的核算人员，有利于解决实践中出现的问题。此外，在SNA2008的框架内组建文化卫星账户，不仅工作量较小，而且编撰的难度也不大，如仅从文化与相关产业分类（2012）入手，枚举出纯文化分类，通过“两分法”对那些既包括文化活动又包括非文化活动的类别进行分解，即可编撰基于SNA2008的初始卫星账户，并且类似的成功案例也不少，如旅游卫星账户和非营利机构卫星账户等。值得一提的是，文化卫星账户与旅游卫星账户和非营利机构卫星账户之间存在一些交集，如非营利机构卫星账户中的志愿活动核算、市场非营利机构的非市场产出核算以及非营利机构的文化活动核算等，意味着在初始文化卫星账户的扩展核算时，可直接引用非营利机构卫星账户的相关数据，以节省人力和物力投入。当然，最理想的编制步骤是旅游和非营利机构卫星账户在前，文化卫星账户在后。反之，如果撇开国民核算体系而“另起炉灶”，则意味着重新组建一套文化统计体系（如欧洲文化统计体系），既需配备人员，又需大量投入，在成本效益方面显然不如卫星账户模式。

二是更适合我国国情。欧盟统计局实施LEG-culture和ESSnet-culture项目研究的主要目的是协调各成员国的文化统计体系，消除在定义、分类、测度方法和变量设置方面的异质性，确保欧洲范围内文化统计数据的可比性。显然，我国文化统计不存在这一问题，而且澳大利亚卫星账户的适用范围也仅局限于澳大利亚一国，至多包括新西兰，因而更具借鉴价值。此外，澳大利亚卫星账户的长处表现在流量与存量核算很完整，无论定义、分类、变量设置还是账户体系设置，其编撰意图均非常单纯，即如何刺激文化产业的发展，如何更有效地影响经济总体，因而更适宜正处于发展上升进程中的我国文化产业。巧合的是，澳大利亚卫星账户的测度思路与我国学者的主流观点也基本吻合，如和王义君（2003）、殷国俊（2004）等的“以增加值为中心”的核算观点一脉相承。

三是发展潜力更大。与欧洲文化统计体系相比，卫星账户模式也存在一些不足，如公共文化服务测度不够全面，但这一不足并非不可解决，仅需将非金融公司与金融公司部门中的公营公司分离出来，并与一般政府合并即可导出公共部门。目前，国家统计局公布的文化及相关产业增加值不仅包括公共部门，也涉及私人部门，因此，首先应将文化产品的生产（新闻出版发行、广播电视电影、文化艺术、文化信息传输、文化创意和设计、文化休闲娱乐与工艺美术品）和文化相关产品的生产（文化产品生产的辅助生产、文化用品与文化专用设备）单位区分为公共文化服务生产单位与私人文化服务生产单位，其次分离出公共文化服务的产出和增加值，最后可进一步测度公共文化部门的雇员报酬、生产税净额、固定资本消耗和营业盈余，以此为基础展开收入分配核算；同时可通过各年度《全国一般公共预算支出决算表》汇总政府对公共文化部门的各项支出，以获取公共文化服务的消费支出和资本支出，构成公共文化服务部门的使用核算。此外，将卫星账户中的生产总量核算与收入使用核算综合起来，可以进行供需平衡统计，并且由于包含了志愿劳动投入与市场非营利机构的非市场产出，因此公共文化活动的供需平衡分析更加全面；如果建立了公共文化参与和文化实践调查体系，就可将其融入卫星账户体系，进而完整地描述公共文化活动的运行周期，并且这一模块的“嵌入”不致影响账户体系的逻辑结构。

目前，我国文化统计在定义、分类与生产总量核算方面已趋于完善，接下来的工作包括完善机构部门核算，由生产总量核算扩展至文化周期核算，同时启动文化就业核算，以弥补生产总量核算的不足。尚需注意的是，文化统计不同于文化活动的评价，其主要任务是搜集与展示文化运行的基础信息，即描述而非评价，而我国文化统计的不足也主要表现为基础信息的匮乏和不完整。

3.5 本章小结

公共文化测度属于文化统计测度的重要内容之一，但迄今为止，国际上并没有专门针对公共文化测度的体系。目前国际上较有影响的文化统计体系主要包括联合国文化统计框架、欧洲文化统计体系和文化卫星账户体系。联合国文化统计框架为国际文化统计提供了一套通用的定义、分类及测度思路，并未涉及具体的测度方法；欧洲文化统计体系包括了指标体系的构建以及具体操作细则，更具完整性和全面性，可将其视为联合国文化统计框架在欧洲区域的实际操作版本。利用卫星账户核算文化活动这一设想最初来自于法国国家统计与经济研究局，至今已有加拿大、芬兰、澳大利亚、苏格兰、西班牙、捷克和一些南美国家编制了文化卫星账户。其中，澳大利亚“文化和创意活动卫星账户”（Cultural and Creative Activity Satellite Accounts for Australia）更有特色，其卫星账户更接近非营利机构卫星账户。国内最为权威的是文化产业分类（2012），它借鉴了联合国教科文组织的 FCS（2009），已经解决了概念与分类问题，但测度体系与方法还有待完善。

本书认为，研究国际文化统计测度体系只能为我国开展公共文化服务测度提供一种思路和借鉴，选择卫星账户模式可能更有利于我国文化统计框架的完善，同时为开展公共文化服务测度提供一些数据基础。

第④章

公共图书馆发展水平测度

4.1 导言

开展公共文化服务活动离不开公共图书馆的支持，它是开展公共文化服务的重要机构，是居民看书读报的重要场所，在知识传播和文化传承上发挥重要作用。公共图书馆的服务水平如何，在一定程度上决定了公共文化服务的水平，因此，研究公共文化服务测度自然离不开对公共图书馆的测度研究。

对图书馆的测度发源于20世纪60年代的美国图书馆，以克莱伯（提出馆藏定量评价方法）、兰开斯特（提出图书馆服务的评价方法）、阮冈纳赞（提出图书馆服务绩效评估的实质是以用户为中心、以满足用户需求作为评价图书馆服务绩效和质量的标准）为代表提出了利用定量方法评价图书馆馆藏与服务的观点。国际上从20世纪70年代开始，就开始进行图书馆服务质量评估的研究与实践，如何科学有效地对图书馆的服务质量和效益进行全面评估成为国际图书馆界关注的话题。而且从研究发展趋势看，图书馆评估重点从理论研究逐渐转向实际应用，其显著的标志就是由国际标准化组织（ISO）颁布的关于图书馆绩效评价国际标准（Information and Documentation Library Performance Indicators）的制定，从ISO11620：1998到最新的ISO11620：2014，几经修订，该评价指标体系成为国际上对图书馆进行绩效评价的重要依据。目前，研究重点转向了对数字图书馆及电子资源服务的绩效评估，如欧盟委员会建立的图书馆与信息管理研究中心开展的“欧洲图书馆绩效评估与质量系统”项目等。

一般来说，对图书馆的测度分为三种类型：流程、产出和结果。流程测度即对图书馆工作流程和服务流程进行测度。流程的完善程度直接影响产出（信息产品、信息服务的数量和质量）的好坏，最终决定图书馆为用户提供服务的质量优劣。对图书馆为用户所生产、提供的信息产品、信息服务的数量和质量进行评估即为对图书馆服务产出的测度。20世纪90年代以来，对服务质量（结果）的评估成为图书馆绩效测度的重点，测度对象由对内部工作流程、产出的评价转为对用户满意程度的评估。与评价流程和产出相比，对结果的测度更困难。其中，时间是很重要的因素，时间短不易发现效果。而且，随着互联网的普及，信息来源日益多样，很难从各种信息源中区分出图书馆对读者的影响。

国内的相关研究几乎是从20世纪90年代才开始的，1992~2002年，图书馆绩效评估方面的论文不足10篇；2003年、2004年数量开始增加，2005年后，论文数量急速增加，2015年达到了20年来的研究最高峰。总的来看，国内对图书馆绩效评估的研究主要集中在评估理论和模型、实际经验、评估方法、影响因子、指标体系、改善对策和馆员绩效评估等方面，其中，大量是关于图书馆绩效评估影响因子和指标体系的研究。其中，模糊综合评价法、平衡计分卡、层次分析、标杆分析、因子分析法、数据包络分析法（Data Envelopment Analysis，DEA）、6Sigma等是目前常用的绩效评估研究方法。

4.2 公共图书馆测评体系研究

4.2.1 国际公共图书馆评价经验与体系

4.2.1.1 公共图书馆评价国际经验

美国第一个公共图书馆建于1883年的新罕布什尔州东北部的彼得伯勒市，是第一个向社区所有成员以免费形式开放为目的而建立的图书馆。美国也是国际上最早对图书馆进行系统评价的国家，其发展历程既引人注目又具一定的启发性，其历史经验及发展历程有助于我们认识到立足本国国情、反映时代变革对图书馆评估的重要性。根据日本学者川崎良孝的梳理，美国图书馆协会于1933年首次发布了公共图书馆的全国标准，并以大概十年一次的频率（分别于1943年、1956年和1966年）进行修订。

1933年的《公共图书馆标准》列举了职员、藏书、财政以及图书馆利用的评估四个重要方面，还规定平均拨款额为每居民1美元，若拨款额不能维持图书馆充分服务，则提高拨款额度或者限制服务。

1943年的《战后公共图书馆标准》包含服务、经营管理、规模和区域、财政、建筑、藏书、职员及整理技术八个方面的规定。这些规定会根据人口的因素进行调整，例如，在图书外借方面，服务人口少的市镇需达到成人 10 册，而纽约这样的大城市成人 3 册即可；在拨款方面，提出最低服务为一个居民 1 美元，合适且优良服务则需 1.5 美元，而优质服务则需 2 美元。

1956 年的《公共图书馆服务》在结构和行政、服务、图书与非图书资料、职员、资料的组织、设施和设备六个方面列出 191 条标准和约 70 项指导原则。1956 年的标准废除了之前标准中“服务人口不同则标准不同”的部分，相比量化标准，更强调优质服务的原则和思想。

1966 年的《公共图书馆的最低标准》强调图书馆系统的总馆及各州图书馆机构的作用，并在附录中规定了开馆时间、资料数量、薪水数额等量化标准。此后，美国图书馆协会中止了强调数据信息的全国标准的制定，并且把重点从投入转向产出、从统一的标准转向视社区情况提供最佳服务上来，其标准制定方向也转为制作与服务计划相应的手册。

严格来说，1979 年的《公共图书馆使命宣言》和 1980 年的《公共图书馆服务计划》不是标准，而是制定标准的依据。前者考虑了美国社会的快速变化、记录载体的迅速增加、完全的平等主义和自然资源的枯竭后，提出了 10 项图书馆服务项目；后者提供了各图书馆基于社区的需求制定目标并实现的方法。

在 1986 年开始的公共图书馆发展计划中，1987 年印行的《公共图书馆产出评估》第二版介绍了评价指标、数据的收集、分析和解释方法。1988 年开始每年均连续出版《公共图书馆数据和服务》提供全国性的图书馆数据统计资料（见表 4-1）。

表 4-1 美国《公共图书馆数据和服务》提供的图书馆指标

分类	指标
投入	藏书量、职员数以及经费等
产出	外借册数、外借密度、咨询次数以及活动参加者人数等
图书馆的描述	图书馆的任务
社区	社区人口（按年龄、收入、学历分别统计）

需要注意的是，1956 年标准的重点从单个图书馆转向图书馆系统，1972 年以后的标准则反转了这个趋势，1980 年出版的《公共图书馆服务计划》介绍了如何根据社区需要制定目标并将其实现的方法，这种变化反映了美国图书馆和社会状况的变化。20 世纪 50 年代，美国尚有 2500 万人口没有获得图

书馆服务，5000万人口没有获得充分的图书馆服务，通过建立统一标准并进行评价促进了图书馆的建设和发展。但是，到全部社区都有标准图书馆的时候，人们认识到其没有普遍适用的目标，图书馆必须基于所处社区的需要来设定目标，能满足需要的图书馆才是社区居民最想要的。

4.2.1.2 公共图书馆国际评价体系剖析

目前，国际上影响比较大的几个公共图书馆评价体系是卡尔弗特—丘伦指标体系、英国文化部的图书馆绩效评价指标体系、ISO11620图书馆绩效评价指标标准和美国公共图书馆等级评价/排名系统（Hennen's American Public Library Ratings，HAPLR）。

卡尔弗特—丘伦指标体系脱胎于奇尔德斯—凡郝斯指标体系，应用于新西兰公共图书馆评价后进行了修正，增加了一些新的指标，经过图书馆馆员、政府官员和用户的测试，发现一些基本的因素相对稳定，于是提出了一个由10类54个指标构成的评价指标体系（见表4-2）。

表4-2 卡尔弗特—丘伦指标体系

分类	序号	指标
输入输出类	指标1	人均年度经费
	指标2	人均馆藏
	指标3	人员保持率
	指标4	利用率
管理类	指标5	长期计划制定过程的质量
	指标6	短期计划制定过程的质量
	指标7	对计划实施情况进行检查的经常性
	指标8	馆领导的领导能力
	指标9	图书馆对外界变化的反应能力
	指标10	对馆舍及设备进行评价的经常性
	指标11	对馆藏进行评价的经常性
	指标12	图书馆完成长期规划目标的程度
	指标13	图书馆完成年度工作计划的程度
	指标14	图书馆成文政策的多少
	指标15	图书馆成文政策的质量
	指标16	馆内政策向读者公开的程度

续表

分类	序号	指标
管理类	指标 17	图书馆目标与读者需求的匹配程度
	指标 18	读者参与图书馆决策的程度
	指标 19	工作人员的精神面貌
	指标 20	工作人员培训项目的多少
	指标 21	工作人员培训项目的质量
	指标 22	领导采用新计算机系统的自愿程度
物理环境类	指标 23	图书馆建筑的美观性
	指标 24	建筑设计适用于图书馆服务的程度
	指标 25	建筑物的易进入性（如轮椅用坡道）
	指标 26	建筑物外观的可识别性
	指标 27	馆内指示与导引标志的多少
	指标 28	图书馆地理位置的方便性
服务范围与深度类	指标 29	网上提供国内数据库的程度
	指标 30	网上提供国外数据库的程度
	指标 31	实行开架借阅的文献的比例
	指标 32	开馆时间与本地需求的匹配程度
	指标 33	为本地领导提供服务的水平
	指标 34	为专业人员提供服务的水平
	指标 35	为企业用户提供服务的水平
	指标 36	图书馆文献载体的多样性
	指标 37	对国内其他图书馆馆藏信息的了解程度
	指标 38	本馆馆藏参考书的质量
	指标 39	对用户需求进行调研的经常性
	指标 40	为社会各界提供会议/活动场所的经常性
用户使用率	指标 41	读者对图书馆服务的了解程度
文献指标	指标 42	图书、期刊及其他文献的新颖性
	指标 43	图书、期刊及其他文献的修补情况
	指标 44	书刊上架的速度

续表

分类	序号	指标
可获取性服务类指标	指标 45	本馆业务自动化程度
	指标 46	卡片目录/机读目录放置位置的方便性
	指标 47	机读目录的易用性
	指标 48	回答电话咨询的经常性
参考资讯类指标	指标 49	图书馆提供的咨询服务的深度
	指标 50	参考咨询人员的水平
用户关爱类指标	指标 51	赔偿制度及其他规章的灵活性
	指标 52	无偿服务占图书馆所有服务的比例
	指标 53	工作人员的服务态度
关系类指标	指标 54	图书馆管理者与上级领导业务联系的经常性

2001 年 4 月，英国文化部图书信息档案司发布了《全面高效的现代化公共图书馆——标准与评估》（*Comprehensive, Efficient and Modern Public Libraries—Standards and Assessment*），共计 8 大目标 19 项指标。该标准针对的是某行政区域内图书馆系统的服务，力求推动公共图书馆整体水平的提升，几乎所有指标都是以图书馆所辐射的居民人均情况来计算的，体现了图书馆“以人为本”的理念（见表 4–3）。

表 4–3　英国文化部图书馆绩效评价指标体系

分类	序号	指标
图书馆管理机构应确保读者能方便到达	指标 1	特定图书馆一定距离范围内的家庭覆盖率
	指标 2	图书馆服务点计划不对外开放时间比例
图书馆管理机构应为读者提供充足的图书馆开放时间	指标 3	所有图书馆平均每千人拥有的累计开放时间
	指标 4	每周开放时间超过 45 小时的大型图书馆所占比例
图书馆管理机构必须确保读者能够使用电子资源	指标 5	每周开放时间超过 10 小时、能够进行联机书目查询的图书馆所占的比例
	指标 6	平均每千人拥有的能够对读者开放的电子工作站的个数
图书馆管理机构必须确保提供满意的图书借阅与后续服务	指标 7	图书馆管理机构常规的图书借阅时间
	指标 8	借阅者一次最多能借阅的图书册数
	指标 9	图书预约的可获时间

续表

分类	序号	指标
图书馆管理机构应鼓励人们充分利用图书馆的服务	指标 10	平均每千人访问图书馆主页的次数
	指标 11	平均每千人到馆人次
图书馆管理机构应确保读者对图书馆服务的满意度	指标 12	反映能顺利获得指定图书的读者所占比例
	指标 13	检索或查询后反映能顺利获得所需信息的读者所占比例
	指标 14	反映工作人员的知识“好”或“很好”的读者所占比例
	指标 15	反映工作人员的帮助“好”或“很好”的读者所占比例
图书馆管理机构应为读者提供多样性的图书资料	指标 16	馆藏质量，主要指馆藏文献结构
	指标 17	平均每千人年新购置馆藏量
	指标 18	外借馆藏翻新所需时间，即指按照当年新增馆藏的量要填满整个外借馆藏量所需年数
图书馆管理机构应提供相当水平的员工服务	指标 19	平均每千人拥有的具有相当的信息管理能力和信息通信技术能力的员工

1998 年，国际标准化组织信息与文献技术委员会统计与业绩评估分委员会征集了大量使用的业绩指标，并综合相关研究成果，制定并公布了图书馆业绩指标评估标准 ISO11620：1998《信息和文献工作——图书馆绩效指标》。2003 年的修订版本 ISO11620：2003，补充了情报服务、用户教育、电子媒体等新指标（见表 4-4）。

表 4-4　ISO11620 图书馆绩效评价指标标准

分类	序号	指标
读者感知类	指标 1	读者满意度
读者服务类	指标 2	图书馆使用率
	指标 3	服务每位读者的平均成本
	指标 4	每位读者每年进馆次数
	指标 5	服务每位到馆读者的平均成本
	指标 6	图书资料可获得性
	指标 7	读者所需图书资料的可获得性
	指标 8	读者所需图书资料占馆藏的比例

续表

分类	序号	指标
读者服务类	指标 9	读者所需图书资料的延伸可获得性
	指标 10	每人每年图书资料馆内使用量
	指标 11	馆藏利用率
	指标 12	闭架式馆藏查寻所需平均时间
	指标 13	开架式馆藏查寻所需平均时间
	指标 14	馆藏平均流通次数
	指标 15	每人每年图书资料借阅量
	指标 16	特定时间内每人平均图书资料借阅量
	指标 17	每次图书资料流通的平均成本
	指标 18	每位馆员年平均流通处理量
	指标 19	馆际互借处理速度
	指标 20	参考问题回答正确率
	指标 21	书刊名检索的成功率
	指标 22	主题检索的成功率
	指标 23	设备的可使用性
	指标 24	设备利用率
	指标 25	阅览座位利用率
	指标 26	自动化系统的可使用性
技术服务类	指标 27	图书资料采购进馆的平均时间
	指标 28	图书数据处理的平均时间
	指标 29	每一笔书目编目的平均成本

ISO11620 没有直接使用图书馆业务的统计数值，而是将其与其他数值结合后加以比率化，注重相对值而非绝对值的比较，注重公共文化资源的均等化。此外，电子资源指标较多、基于数据和事实的评价也是其比较突出的特色。

1999 年，Thomas J. Hennen Jr. 开发出美国公共图书馆等级评价/排名系统并开始发布统计排名。HAPLR 根据美国联邦博物馆及图书馆服务总署每年收集的数据（如流通量、咨询服务和筹资水平等）对各种类型的公共图书馆进行评价（见表 4-5）。HAPLR 是按照服务人口的多少对公共图书馆进行分类的，类内各指标权重相同，类别间则不同，所以排名是分类进行的，仅在同类图书馆间进行比较。

表 4-5　美国公共图书馆等级评价/排名系统

分类	序号	指标
输入	指标 1	人均支出
	指标 2	资料经费占总预算比例
	指标 3	人均资料经费支出
	指标 4	每千人口全日制员工数
	指标 5	每千居民期刊数
	指标 6	人均藏量
产出	指标 7	每次流通成本
	指标 8	人均访问次数
	指标 9	馆藏周转率
	指标 10	全日制员工每小时流通量
	指标 11	人均流通量
	指标 12	人均参考咨询量
	指标 13	每小时流通量
	指标 14	每小时访问人次
	指标 15	每次访问流通量

国内学者曾利用《中国图书馆年鉴》（2011）所提供的原始数据，根据 HAPLR 的方法计算人均支出、资料经费占总预算比例、人均资料经费支出、人均藏量、每次流通成本、人均访问次数、人均流通量、每次访问流通量八项指标，并利用 HAPLR 的指标权重和计算方法对我国 31 个省份的公共图书馆进行排序评价。

4.2.2　四大国际公共图书馆评价体系的指标编码及启示

扎根理论起源于哥伦比亚大学的 Anselm Strauss 和 Barney Glaser 的研究，它是一种针对某一现象来发展并归纳式地引导出扎根理论的研究方法，是一种质的研究方式。研究者从实际观察入手，首先对原始资料进行经验概括；其次上升到理论构建，即在系统收集资料的基础上寻找反映现象的核心概念；

最后通过概念之间的联系建构相关的理论，从下往上地建立实质理论。扎根理论的编码过程主要包括三个分析步骤，即开放性编码、主轴编码与选择性编码。通过开放性编码将指标打散，以从中获得确定的概念与范畴。在主轴编码阶段，通过不断地比较，发现范畴或概念之间的关系，对范畴进行重新整合，并找出核心范畴，即在理论中与其他所有范畴都相关的某一范畴。选择性编码则是围绕核心范畴，建立核心范畴与其他范畴之间的相关关系进行矩阵编码。

基于扎根理论对卡尔弗特—丘伦指标体系、英国文化部的图书馆绩效评价指标体系、ISO11620图书馆绩效评价指标标准和美国公共图书馆等级评价/排名系统进行编码，发现这四个指标体系涉及馆藏、读者、成本、经费、员工、服务、管理制度、计划、设施、社区和馆舍位置十一个范畴。如图4-1所示，共同关注度比较高的是馆藏、读者、员工和服务四个范畴。卡尔弗特—丘伦指标体系关注的方面最为广泛，涵盖了十一个范畴的八个方面信息，但是没有成本和社区覆盖的相关指标。英国文化部的指标体系涉及十一个范畴的六个方面，非常看重服务，服务在其指标体系的作用占了40%多的信息，剩下的不到60%集中在馆藏、员工、读者、设施和社区范畴上。ISO11620也涉及十一个范畴的六个方面，不过其指标分配比较平均，重点仍在于馆藏。HAPLR涉及的范畴最少，只有馆藏、读者、成本、经费和员工，馆藏仍然是重中之重，1/3的指标都和馆藏有关。

馆藏方面的指标涉及20余个范畴，分布也较分散，显示各指标体系关注重点不同，就共同的方面来看，有两个以上指标体系关注的范畴是流通、可获得性和利用率。卡尔弗特—丘伦指标体系涉及的最多，分布于参考书、国内外数据库、开架和闭架书、利用率、完好度、新颖性、载体多样性等11个范畴。英国文化部的指标体系依旧重点突出，非常重视新增藏书，40%的馆藏指标都与之有关，其他的指标则只和可获得性、预约时间、馆藏质量三个有关。ISO11620则关注馆藏书目和服务人群的匹配度，近1/3的指标与之有关，其他指标则与可获得性、利用率、使用和延伸度有关。HAPLR则主要集中在流通、期刊和周转三个范畴上，分别是40%、20%和20%。

和馆藏类似，各指标体系在读者方面涉及的范畴差异也很大，两个以上指标体系涉及的范畴只有流通（和馆藏方面的流通不同，此处的流通主要与读者有关，如人均流通量、每次访问流通量、每小时访问次数）和频率（读者人均访问次数）。在员工方面，两个以上指标体系涉及的是信息化水平和知识两个范畴，显示员工的知识结构，尤其是与互联网相关的信息化水平的重要性。在服务方面，两个以上指标体系涉及的是检索和开馆时间两个范畴，

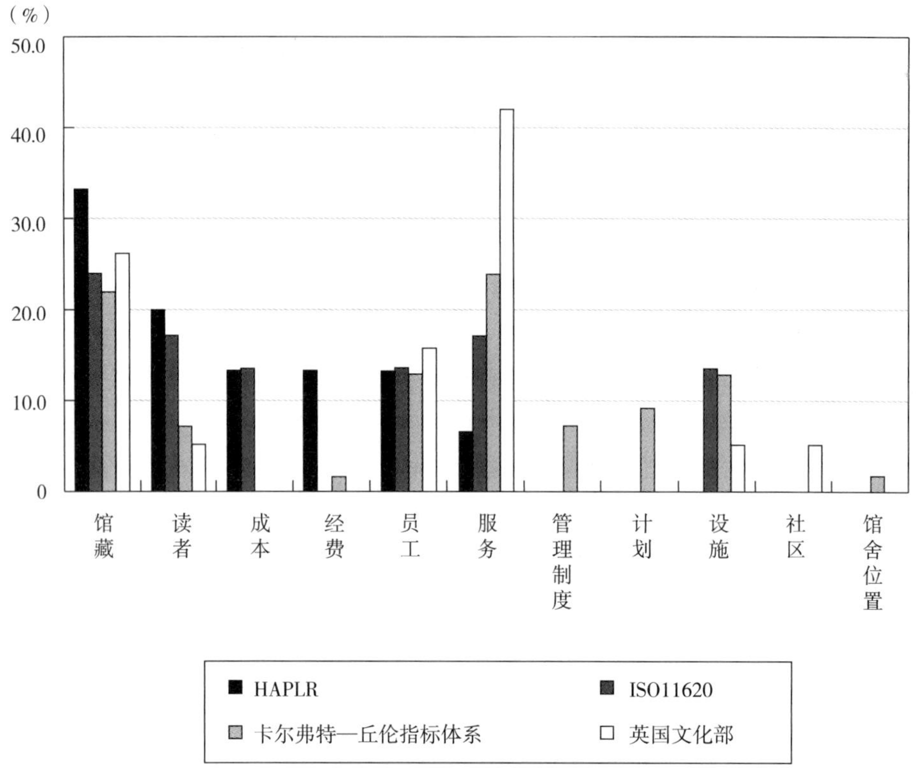

图 4-1　四大体系在 11 个范畴上的比较

英国文化部指标体系中开馆时间的指标占服务类指标的 62.5%；ISO11620 则极端重视图书馆的检索系统，80%的指标都与之有关。

值得一提的是，除了卡尔弗特—丘伦指标体系只有 3.7%属于人均类指标外，其他三个指标体系都相当重视人均类指标，占比都超过 20%，尤其是 HAPLR，人均类指标高达 86.7%，类型也最多样，如人均、每千人、每次、每小时等，ISO11620 和英国文化部的人均类指标占比则分别是 27.6% 和 21.1%。这说明国际上公共图书馆评价特别强调指标体系内指标的可比性及公平性问题。

通过对国际四大图书馆评价体系的分析研究，我们发现，馆藏、读者、员工和服务是各大图书馆评价指标体系都非常关注的信息（见表 4-6）。在馆藏方面，重要的是流通、可获得性和利用率；在读者方面，则是流通和频率；员工中比较重要的是员工的信息化水平和知识；在服务方面，则是检索和开馆时间。而且，为保证图书馆建设和发展的方向以使每个公民能公平地享用政府提供的公共文化资源，平均类指标应在 1/3 左右。因此，从事我国公共图书馆绩效的测评分析，所构建的测评体系同样应该包括以上信息，这样所得评价结果才有一定的国际可比性。

表 4-6　四大指标体系在馆藏、读者、员工、服务方面涵盖内容的比较

单位:%

范畴	子范畴	HAPLR	ISO11620	卡尔弗特—丘伦体系	英国文化部
馆藏	流通	40.0	14.3	0.0	0.0
	期刊	20.0	0.0	0.0	0.0
	周转	20.0	0.0	0.0	0.0
	参考书	0.0	0.0	8.3	0.0
	国内数据库	0.0	0.0	8.3	0.0
	国外数据库	0.0	0.0	8.3	0.0
	开架	0.0	0.0	8.3	0.0
	可获得性	0.0	14.3	0.0	20.0
	利用率	0.0	14.3	8.3	0.0
	匹配度	0.0	28.6	0.0	0.0
	评估	0.0	0.0	8.3	0.0
	其他图书馆	0.0	0.0	8.3	0.0
	上架	0.0	0.0	8.3	0.0
	时间	0.0	0.0	0.0	20.0
	使用	0.0	14.3	0.0	0.0
	完好度	0.0	0.0	8.3	0.0
	新颖性	0.0	0.0	8.3	0.0
	新增	0.0	0.0	0.0	40.0
	延伸度	0.0	14.3	0.0	0.0
	载体	0.0	0.0	8.3	0.0
	质量	0.0	0.0	0.0	20.0

续表

范畴	子范畴	HAPLR	ISO11620	卡尔弗特—丘伦体系	英国文化部
读者	流通	66.7	0.0	0.0	100.0
	频率	33.3	20.0	0.0	0.0
	参与度	0.0	0.0	25.0	0.0
	借阅	0.0	40.0	0.0	0.0
	了解度	0.0	0.0	25.0	0.0
	满意度	0.0	20.0	0.0	0.0
	目标人群	0.0	20.0	0.0	0.0
	匹配度	0.0	0.0	25.0	0.0
	需求	0.	0.0	25.0	0.0
员工	数量	50.0	0.0	0.0	0.0
	保持率	0.0	0.0	14.3	0.0
	精神	0.0	0.0	14.3	0.0
	领导力	0.0	0.0	14.3	0.0
	流通	0.0	25.0	0.0	0.0
	培训	0.0	0.0	28.6	0.0
	数据处理	0.0	25.0	0.0	0.0
	态度	0.0	0.0	0.0	33.3
	新增资料	0.0	25.0	0.0	0.0
	信息化	0.0	0.0	14.3	33.3
	应变力	0.0	0.0	14.3	0.0
	知识	0.0	25.0	0.0	33.3
服务	咨询	100.0	0.0	0.0	0.0
	电话咨询	0.0	0.0	15.4	0.0
	馆际互借	0.0	20.0	0.0	0.0
	会议	0.0	0.0	7.7	0.0
	检索	0.0	80.0	0.0	12.5
	接受指导	0.0	0.0	7.7	0.0
	开馆时间	0.0	0.0	7.7	62.5

续表

范畴	子范畴	HAPLR	ISO11620	卡尔弗特—丘伦体系	英国文化部
服务	目录	0.0	0.0	15.4	0.0
	人群	0.0	0.0	23.1	0.0
	人员	0.0	0.0	15.4	0.0
	最多外借册数	0.0	0.0	0.0	12.5
	无偿	0.0	0.0	7.7	0.0
	信息化	0.0	0.0	0.0	12.5

4.2.3 我国公共图书馆测度体系研究

改革开放以来，特别是进入21世纪以来，随着我国公共文化发展政策的实施，国家和地方政府对公共图书馆建设投入力度加大，我国公共图书馆事业得到较快的发展，无论是全国各级公共图书馆的总指标（如图书阅览室和书库面积、图书总藏量、图书购买经费等），还是反映图书馆工作业绩的指标如公共图书馆总流通人次、各类书刊外借人次与册次等，都有了显著增长，越来越多的读者走进公共图书馆享受文化大餐，极大地丰富了人们的文化与精神生活。对图书馆的发展水平、绩效等测评问题的研究，也日益引起学者的关注，成为目前学者们关注的热点问题之一。国内一些学者相继提出了一些衡量图书馆发展水平的评价标准，但迄今为止，国内尚未形成一套权威、完整、科学的图书馆发展水平评价体系。

我国公共图书馆的测评始于20世纪五六十年代，当时评价重点在于公共图书馆输入资源的测评，如馆藏、馆舍、设备及人员等；到了七八十年代侧重于服务质量评价，涉及的变量主要有开放时间、服务项目、服务人数、图书流通速率等；进入90年代后，图书馆评价更为全面，不仅关注图书馆投入及产出情况，而且关注其服务绩效。为了与国际公共图书馆评价接轨，2000年6月，我国文献标准化委员会第八分会起草了国家图书馆绩效评价标准，根据评估与发展目标一致的原则，按照投入—运行—产出的模式，在充分考虑指标的可测性、可操作性、实用性和客观性的基础上，于2001年着手建立了比较有特色的我国国家图书馆绩效评估体系（见表4 7）。该指标体系由五个部分组成，具体包括三十余个一级指标，一级指标下可细分到五级指标。我国第一次全国范围内的公共图书馆规范性评估始于1994年，文化部社图司制定的《全国公共图书馆评估标准》作为评估的纲领和依据，并相继于1998年、2004年、2009年、2013年开展了多次公共图书馆评估。从前后五次评估标准体系的指标及权重分值变化看（见表4-8），公共图书馆评估内容越来越全面，评估的重心由原来注重资源、投入因素转向服务水平与绩效，尤其是第五次公共图书馆绩效评估，其评估体系有较大的变化，其中一项新的评估内容是首次关注重点文化工程建设方面的内容。

表4-7　我国国家图书馆绩效评估体系

分类	指标
办馆条件（资源类）	馆舍面积、人力资源、设备、经费、馆藏
基础业务建设	采选、文献资源加工、数据库建设、网上资料采集整理、专题资料库建设、典藏管理
读者服务工作	服务条件、读者情况、文献流通、文献宣传、咨询服务、读者信息反馈、读者培训、综合评价指标
业务研究辅导和协作协调	业务交流、研究项目、科研成果、馆办刊物、学术论文、学术专著、参加学术会议、组织学术会议
管理	党务建设、行政管理、业务机构、企业管理
表彰奖励	各类国家、省部级奖励
共享工程	免费共享延伸服务情况电子阅览室终端 互联网访问

表4-8　历次公共图书馆评价体系及权重构成

项目权重 次序	办馆条件	基础业务建设	读者服务工作	业务研究辅导和协作协调	管理	表彰奖励	共享工程	总分值
第一次	205	255	225	135	100	50	—	1000
第二次	230	290	265	110	90	15	—	1000
第三次	210	260	280	135	95	20	—	1000
第四次	180	250	270	120	80	20	80	1000
第五次	设施设备	经费人员	文献资源	协作协调	服务工作	管理表彰	重点文化工程	总分值
	100	150	150	130	220	90	160	1000

国家图书馆绩效评估体系是针对公共图书馆的，我国图书馆学会和国家

图书馆还发布以地区（省、市、自治区）为单位的评价指标。最新的统计数据发布在2015年和2016年的《中国图书馆年鉴》中。其中，公共图书馆部分中有14个按年份记录的地区（省、市、自治区）指标（见表4-9），记录的年份从1995年开始到2015年，但是中间并不连续，共有1995年、2000年、2005年、2006年、2009年、2010年、2011年、2014年、2015年九年的数据。其中，重庆、西藏的部分数据存在缺失。针对年鉴中的数据进行归类整理，其大致是从资源、投入、产出等方面描述我国公共图书馆的发展情况。

表4-9 《中国图书馆年鉴》中公共图书馆的部分指标

指标类型	指标描述
资源类	各地区公共图书馆机构数 各地区图书馆总藏量 各地区公共图书馆从业人员 各地区公共图书馆建筑面积 各地区公共图书馆座席数 各地区人均拥有公共图书馆藏量 各地区每万人公共图书馆建筑面积
投入类	按年份各地公共图书馆总支出 按年份各地公共图书馆财政拨款 各地区公共图书馆新增藏量购置费 按年份各地区公共图书馆人均购书费 各地区公共图书馆购书费支出占总支出的比重
产出类	各地区公共图书馆总流通人次 各地区公共图书馆新购图书册数 各地区公共图书馆书外借册次 组织各类读者活动 共享工程服务活动（提供远程服务比例）

目前尚未见到具体以每个图书馆为单位的统计数据的发布，故在我国公共图书馆发展水平的综合评价的实证分析中以《中国图书馆年鉴》（2015）、《中国图书馆年鉴》（2016）中发布的地区数据为对象，并借鉴奇尔德斯—凡郝斯指标体系和卡尔弗特—丘伦指标体系的办法，以因子分析确定指标是否保留进而判断指标权重。鉴于上述数据属于面板数据，同一地区的年度间观测指标有相关性，违反因子分析中观测值独立的假设，我们采取按地区合并各年份数据（计算平均值）的办法消除指标间的年度相关性，然后进行因子分析。

4.3 我国公共图书馆发展水平的现状分析

公共图书馆是公共文化服务体系的重要机构之一，对促进我国公共文化服务的发展有着不可替代的作用，其包括国家图书馆，省级图书馆，地级图书馆，县级图书馆，街道、乡镇级公共图书馆以及社区、乡村和社会力量办的各类公共图书馆基层服务点等。“十二五”以来，随着我国经济社会的快速发展，人民群众精神文化需要日益增长，我国公共图书馆事业得到了较快的发展，已经成为人们日常享受公共文化服务的重要场所。所以，剖析我国公共图书馆的发展现状，理清现有的图书资源，认清公共图书馆自身发展的综合实力，明确优势与不足，是我国政府管理部门制定科学的公共文化服务发展政策与战略的重要参考依据。结合近年来我国公共图书馆的发展情况，发现我国公共图书馆的发展呈现如下特征：

4.3.1 图书馆资源总量逐年递增，但人均指标增长缓慢

“十二五”以来，全国公共图书馆各类图书资源总量增长较快。2011 年，全国只有公共图书馆 2952 个，到 2015 年增加到 3139 个，五年共增加了 187 个（见表 4-10）。目前有国家级图书馆 1 个，省级图书馆 40 个，市级图书馆 363 个，县级图书馆 2734 个，公共图书馆中 87%以上是县级图书馆，按照全国行政区划，公共图书机构已基本实现全覆盖，极大地便利了民众对读书方面的公共文化服务需求。

表 4-10 我国公共图书馆各类资源总量情况

年份	公共图书馆数量（个）	从业人员（人）	馆藏量（万册）	建筑面积（万平方米）	座席数（万个）
2011	2952	54475	63896	994. 9	68. 1
2012	3076	54997	68827	1058. 4	73. 5
2013	3112	56320	74896	1158. 5	81. 0
2014	3117	56071	79092	1231. 6	85. 6
2015	3139	56422	83844	1301. 5	91. 1

从从业人员来看，全国公共图书馆从业人员数量稳中有升，从业人员总量由 2010 年的 54475 人上升为 2015 年的 56422 人，2015 年比 2011 年增加

1947 人。在从业人员逐年提升的同时，公共图书馆从业人员的整体素质进一步提高，2011 年全国图书馆从业人员中具有高级职称的人数占比为 7.90%，而 2015 年上升为 10.18%。各类图书馆藏量从 2011 年的 63896 万册增加到 2015 年的 83844 万册。2011~2015 年，图书馆建筑面积增加了 306.6 万平方米，座席数增加了 23 万个。

但是，在各类图书资源总量增长的同时，我们应该看到许多人均图书资源指标并不理想（见表 4-11 和图 4-2），如我国人均公共图书馆机构拥有量自 2011~2015 年以来一直在 0.022（个/万人）左右徘徊，每个公共图书机构的从业人员由 2011 年的 18.45 人下降为 2015 年的 17.98 人，下降了 0.47 人。每万人拥有的图书馆从业人员数、藏书量、图书建设面积和座席数等指标增长缓慢，而且相对份额偏低，与我国人口规模接近 14 亿、经济总量位居世界第二的大国身份极不相称。从世界发达国家来看，如 2015 年 9 月，美国《图书馆杂志》发布了“2015 美国公共图书馆电子书使用调查”报告，全美约有各类图书馆 12 万个，其中公共图书馆约 1.65 万个，平均每万人拥有公共图书馆 0.59 个，这个数字是我国的 25.65 倍，因此我国的公共图书馆拥有量与美国相比存在巨大的数字鸿沟。

表 4-11　我国公共图书馆各类资源人均指标情况

年份	图书馆机构（个/万人）	每个公共图书馆拥有的从业人员（人）	从业人员（人/万人）
2011	0.022	18.45	4043
2012	0.022	17.88	4062
2013	0.023	18.10	4139
2014	0.023	17.99	4099
2015	0.023	17.98	4105

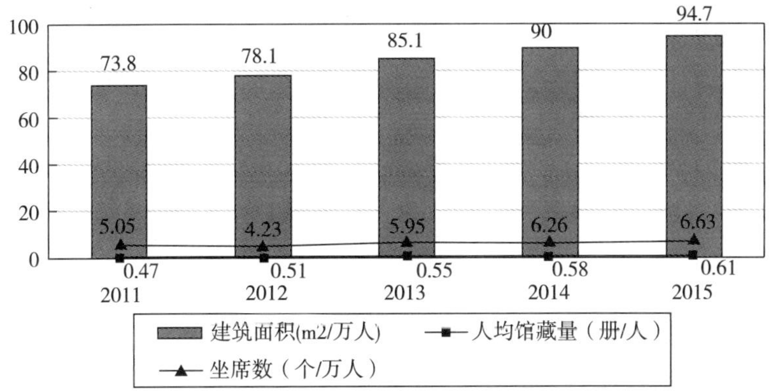

图 4-2　各类公共图书资源拥有量

4.3.2 公共图书馆投入状况喜忧参半

公共图书馆的投入是制约公共图书馆事业发展的重要因素，也正因如此，我国各级政府在公共文化服务的建设中特别重视对公共图书馆的投入问题。从2011~2015年的公共图书馆的相关投入指标看（见表4-12），绝对量指标增长较快，而且从各自的平均增长速度看，“十二五”期间，公共图书馆的总支出年平均增长15.80%，财政拨款平均增长16.83%，新增藏量购置费平均增长12.19%，而同期全部财政支出的平均增长率只有14.37%，总体上看，在公共图书馆的投入力度大于全国财政支出，这说明国家对公共文化建设的投入是很重视的。但从另外一些相对指标和人均指标看（见图4-3），如公共图书馆财政拨款占全国财政支出的比重、人均购书费和购书费占总支出的比重等指标的发展趋势看，又显示出我国在公共图书馆的投资上后劲不足，有的指标甚至呈现下降趋势，如购书费占总支出的比重。因此，我国在公共图书馆的投入上是有喜有忧的。

表4-12 我国公共图书馆投入指标情况 单位：万元

年份	总支出	财政拨款	新增藏量购置费
2011	794778	756357	141477
2012	977556	934890	147785
2013	1130035	1070575	165959
2014	1163583	1137210	170133
2015	1340481	1270354	197468

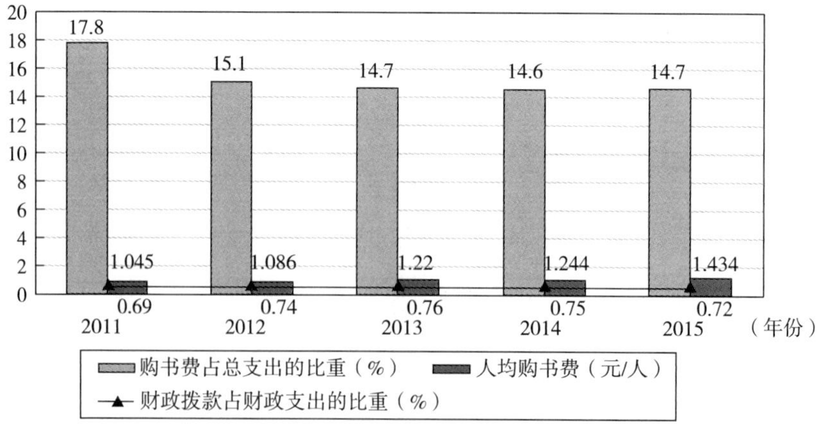

图4-3 2011~2015年公共图书投入相对指标

4.3.3 公共图书馆服务能力提升，服务方式多样化

我国公共图书馆服务产出情况可以通过以下几个主要指标反映，即各地区公共图书馆总流通人次、各地区公共图书馆书外借册次、外借人次、组织各类读者活动、供读者使用的电子阅览终端数和网站访问量等指标。

“十二五”期间，我国公共图书馆为读者的服务能力是逐年提升的，服务方式发生了根本性的改变，为读者的服务方式呈多样化趋势发展，如借阅、培训、参观和讲座等，丰富了读者的精神需要。尤其是随着2011年国家数字图书馆推广工程启动，全国公共图书馆除开展正常的借阅工作外，充分利用网络技术，积极丰富服务手段。全国电子阅览终端从2011年的9.27万台扩展为2015年的12.67万台，年平均增长8.12%，网站访问量由2011年的13.91亿页次发展为2015年的22.82亿页次，年平均增长13.17%（见表4-13）。

表4-13　全国公共图书馆的服务产出指标

年份	总流通人次（万人）	外借册次（万册）	外借人次（万人）	各类活动人次（万人）	电子阅览终端（万台）	网点访问量（亿页次）
2011	37423	28452	15316	68251	9.27	13.91
2012	43437	33191	17402	81890	10.14	15.68
2013	49232	40868	20552	91520	11.63	18.38
2014	53036	46734	22737	103586	12.16	19.54
2015	58892	50896	23085	114544	12.67	22.82

4.3.4 地区差异明显，呈东强、西弱、中下陷的格局

为了从整体上反映我国公共图书馆区域的发展差异，明确公共图书馆区域发展差异的原因，了解各区域公共图书馆区域发展的优势和劣势，为政府制定和完善文化产业发展政策提供合理的参考建议，我们运用描述统计方法，从资源、投入及产出三个角度对我国公共图书馆东、中、西三大区域①发展水平的差异现状及其特征进行多角度分析。

① 根据国家统计局相关文件，本书的东部地区包括北京市、天津市、河北省、辽宁省、上海市、江苏省、浙江省、福建省、山东省、广东省、海南省；中部地区包括山西省、吉林省、黑龙江省、安徽省、江西省、河南省、湖北省、湖南省、内蒙古自治区；西部地区包括四川省、重庆市、贵州省、云南省、甘肃省、陕西省、青海省、宁夏回族自治区、新疆维吾尔自治区、广西壮族自治区。

首先，在资源类指标上，东部地区领跑，中部地区、西部地区呈阶梯排列格局。综观三个区域2015年公共图书馆资源类八项基础指标：公共图书馆数量、从业人员、馆藏量、建筑面积、座席数、每万人拥有的图书馆机构数、每个公共图书馆拥有的从业人员和每万人拥有的从业人员数，可以清晰地反映出我国三大区域公共图书馆发展水平的特征（见表4-14），东部地区绝大多数指标占据明显优势，各项指标处于领跑水平；中部地区发展条件尚可，各项指标处于跟进水平；西部地区发展基础薄弱，各项指标处于落后水平。东、中、西部总体上呈现出阶梯状排列格局。但是，随着国家这几年公共文化政策向西部区域的倾斜，加之人口相对稀少，西部的许多强度指标如每万人拥有图书馆机构、每万人中从业人员数在三大区域中排名相对较好。

表4-14　2015年三大区域公共图书馆资源类相关指标

区域	机构数占比（%）	从业人员数占比（%）	馆藏量占比（%）	建筑面积占比（%）
东部地区	31.86	43.51	54.51	49.87
中部地区	33.74	30.09	22.40	27.68
西部地区	34.40	26.40	23.09	22.45

区域	座席数占比（%）	每万人拥有图书馆机构（个）	每个公共图书馆拥有的从业人员（人）	每万人中从业人员（人）
东部地区	45.66	0.018	24.55	4447
中部地区	29.75	0.023	14.07	3256
西部地区	24.59	0.030	13.79	4081

其次，在投入类指标上，东部占据半壁江山，中部呈下陷趋势。分析“十二五”期间我国公共图书馆三大投入指标的变动趋势可知：东部三大指标基本占比在50%以上，西部投入好于中部，中部投入呈现下陷趋势。从全国总人口分布看，占全国总人口40%左右的东部拥有50%以上的投入；中部人口占全国总人口接近35%，而各项投入指标最高的都不及23%；占全国总人口25%的西部占有的投入指标基本上在25%以上（见表4-15）。国家提倡公共文化服务均等化发展，因此，从地区分布角度也要求东、中、西部三大区域投入资源大致均等，目前中部地区的投入现状难以满足公共文化均等化建设的要求，保障不了中部人民群众读书看报、进行公共文化鉴赏基本权利的实现。

表 4-15　东、中、西部区域三大投入指标构成变动趋势

年份	总支出（%）			财政拨款（%）			新增藏量购置费（%）		
	东部	中部	西部	东部	中部	西部	东部	中部	西部
2011	52.36	20.52	27.12	52.82	20.66	26.52	60.20	12.51	27.29
2012	51.02	22.63	26.35	50.28	22.82	26.90	60.77	14.81	24.42
2013	52.46	20.54	27.00	49.79	21.50	28.71	58.79	16.08	24.53
2014	51.73	21.31	26.96	50.66	22.18	27.16	59.39	17.11	23.50
2015	51.40	21.56	27.04	52.14	21.99	25.87	58.18	18.28	23.54

最后，在服务产出指标上，其分布格局与投入指标相类似。在图书馆基本服务方式上，即总流通人次占比、外借册次占比、外借人次占比指标上，东部地区具有绝对优势，中西部地区紧随其后（见表 4-16）；在互联网图书服务方式上，三大区域差距有缩小化趋势，但从网站访问量占比的指标上看，拥有全国总人口数近 35%、经济总量占全国近 30%的中部地区，在 2015 年的图书网站访问量占比不到 10%（见图 4-4），又呈下陷态势，与其人口及经济发展水平极不相符。

表 4-16　2015 年三大区域公共图书馆服务产出指标　　单位：%

区域	总流通人次占比	外借册次占比	外借人次占比	各类活动人次占比
东部	62.57	65.35	57.93	49.25
中部	20.34	20.02	25.04	26.42
西部	17.09	14.63	17.03	24.33

4.3.5　我国公共图书馆“十二五”规划达标情况测度分析

文化部于 2013 年 3 月发布了《全国公共图书馆事业发展“十二五”规划》，要求到“十二五”末期，逐步建立覆盖城乡、功能健全、结构合理、实用高效的服务网络，带动全国图书馆事业发展，使公共图书馆成为人民群众读书、看报，实现基本文化需求的重要阵地，在公共文化服务体系和公共数字文化建设中发挥主体作用。经过五年的建设，我国公共图书馆的达标情况如何呢?

公共图书馆事业发展“十二五”规划中共涉及 10 项指标，这 10 项指标

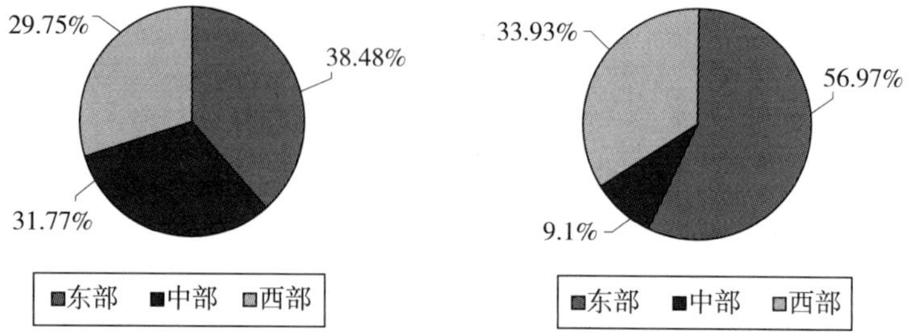

（a）电子阅鉴终端占比　　（b）网站访问量占比

图 4-4　2015 年公共图书互联网服务指标

涉及公共图书馆基础资源、人员经费投入、服务能力及图书馆互联网建设 4 个方面，10 项指标中有 9 个指标是按全国层面考核，而人均公共图书藏书量考核是按全国及东、中、西部区域多种标准考核，人均公共图书藏书量和提供远程访问服务的公共图书馆比例按省、地市和县三级行政级别考核。将“十二五”末期即 2015 年的目标值与实现值进行对比分析，可见规划中各项指标的完成及达标情况（见表 4-17）。

表 4-17　“十二五”时期公共图书馆主要指标的达标情况

指标	地区	2015 年目标值	2015 年实际值	达标率（%）
公共图书馆覆盖率（%）	地市	100	138. 83	138. 83
	县	100	95. 93	95. 93
人均公共图书藏书量（册）	全国	0. 70	0. 61	87. 14
	东部	1. 0	0. 83	83. 00
	中部	0. 5	0. 45	90. 00
	西部	0. 5	0. 48	90. 00
公共图书馆年新增藏量（册/人）	全国	0. 05	0. 04	80. 00
人均公共图书馆购书经费（元）	全国	1. 65	1. 43	86. 67
国家数字图书馆资源总量（TB）	全国	1000	1323. 35	132
有效读者总人数（万人）	全国	5050	5721	113. 29
文献外借册次（亿册次）	全国	4	5	125. 00
总流通人次（亿人次）	全国	4. 5	5. 9	131. 11

续表

指标		地区	2015年 目标值	2015年 实际值	达标率 （%）
提供远程访问服务的公共图书馆比例（%）		省	100	100	100
		地市	90	100	111.11
		县	50	-40	80
图书馆专业技术人员比例（%）	高级职称	全国	10.66	10.18	95.50
	中级职称	全国	36.29	32.74	90.22

由表4-17可知，我国公共图书馆“十二五”规划指标完成情况较好，10个一级指标中，完成和超额完成的指标有四个，即国家数字图书馆资源总量、有效读者总人数、文献外借册次、总流通人次，主要是反映公共图书馆服务能力的指标。可见，尽管有些指标没有达到“十二五”规划水平，但就公共图书馆的服务能力来说，成绩还是喜人的。基本完成的指标如公共图书馆覆盖率、提供远程访问服务的公共图书馆比例，从地市层面看是超额完成规划指标，但从县级图书馆看离规划指标还有距离，这说明进一步加大县级和县级以下基层图书馆（室）设施建设力度，积极实施数字图书馆推广工程非常有必要。而人均公共图书藏书量、公共图书馆年新增藏量、人均公共图书馆购书经费和图书馆专业技术人员比例均没有完成规划水平，它们均是反映公共图书馆资源及投入的指标，尤其是人均公共图书藏书量指标，无论是从全国还是从东、中、西部三大区域看，都与规划指标有差距，这说明在公共图书馆资源投入上，各级政府的力度还不够。公共图书馆作为向公民提供基本公共文化服务的公益性机构，经费及资源保障是其有效运行的基础。因此，加大文献资源建设经费投入，确保文献资源达到一定规模并持续更新，是确保公共图书馆服务能力可持续发展的重要保障。

4.4 我国公共图书馆综合发展水平测度

4.4.1 测度方法选用及指标的筛选

探索性因子分析（Exploratory Factor Analysis，EFA）是因子分析的一种。基于均值的探索性因子分析的目的在于对原有比较复杂的评价指标体系，通过因子分析实现降维处理。一般研究者所构建的评价体系，变量之间通常会存在大量重复信息，如果直接用原有评价体系做评价分析，就会产生严重的共线性问题，当存在共线性问题时，模型误差增大。因此，当面对的是一个含有变量过多的评价体系时，通常的处理方法是降维，即设法将原来众多具有一定相关性的变量，重新组合成一组新的互相无关的综合变量，但这些综合变量要尽可能多地反映原有变量的相关信息。降维的方法有很多，其中因子分析是最常用的一种。利用 EFA 法，可通过以下步骤实现对我国公共图书馆测度体系（见表 4-9）中指标的筛选：

（1）分析中发现有的指标和其他指标相关系数接近 1，如总支出和财政拨款（$r=0.996$，$p<0.01$），可能造成相关矩阵非正定（Not Positive Definite）。

（2）在基于方差最大正交旋转的初步探索中，有三个因子的特征根大于 1，但第三个因子上只有人均购书费一个指标，作为一个单独因子，仅仅负载一个指标显然是不够的，没有其他信息的情况下放弃这个因子及其指标。

（3）公共图书馆机构数出现在第二个因子上，但是它和其他指标在因子上的负载方向相反。换言之，在第二个因子上，因子分越高，则公共图书馆机构数则越低，而人均拥有馆藏量、每万人公共图书馆建筑面积、购书费支出占总支出的比例则越高。这是很难理解的，一般来说，公共图书馆机构越多，每万人公共图书馆建筑面积和人均拥有馆藏量也应越多。由于缺少合理的解释，遂放弃公共图书馆机构数指标。

（4）公共图书馆新增藏量购置费出现在第二个因子上。不过，它在第一个因子和第二个因子上的负荷非常接近，显示两个因子对它的作用在伯仲之间。这样的指标对于我们试图通过方差最大法发现相互独立的因子来说几乎没有什么帮助，所以放弃公共图书馆新增藏量购置费这一指标。

（5）经过以上多个步骤的 EFA，表 4-9 中指标被保留下来并抽取出两个因子，人均拥有公共图书馆藏量、每万人公共图书馆建筑面积和购书费支出和占总支出比重三个指标落在第二个因子上。前两个指标都是和人均享有公共图书馆资源有关，第三个指标则反映拨款中用于购书的比重和用于维持机构运行或进行其他建设的比重，其含义给因子命名带来困难。在可解释的因子与数据驱动的因子之间，我们更倾向于获得清晰、明确的因子含义，所以，在第二个因子上只保留前两个指标。

基于九个指标进行的 EFA 仍适合进行因子分析（$KMO=0.767$，Bartleltt's Test of Sphericity $=436.807$，$p<0.01$）。特征根大于 1 的因子有两个，累计解释 89.742%的方差。正交旋转前后两个因子的解释比变化不大，第一个因子的解释比仅由 68.31%减少到 65.09%。相应地，第二个因子从 21.43%

增加到 24.65%，显示两因子原本独立性就较强。

外借册次、总流通人次、阅览室座席数、新购图书册数、从业人员、财政拨款、总藏量七个指标位于第一个因子上，其中，外借册次和总流通人次反映图书馆资源实际利用的情况，后五个指标反映图书馆的投入情况，故将第一个因子命名为投入产出总量。人均拥有公共图书馆藏量和每万人公共图书馆建筑面积位于第二个因子上，将其命名为资源均量（见表 4-18）。

表 4-18　基于探索性因子分析的公共图书馆指标的因子负荷

指标	投入产出总量	资源均量
总流通人次	0.958	—
外借册次	0.948	0.218
阅览室座席数	0.946	-0.215
新购图书册数	0.917	0.182
从业人员	0.903	—
财政拨款	0.871	0.441
总藏量	0.844	0.431
人均拥有公共图书馆藏量	0.14	0.934
每万人公共图书馆建筑面积	—	0.911

注：“—”表示因子负荷小于 0.1。

4.4.2　基于均值的验证性因子分析

利用 EFA 进行因子分析存在一定的局限性，如不能自由设定因子和指标间的关系、不能进行因子结构间比较、因子间相关程度不能自由估计等。因此，研究中我们应用验证性因子分析（Certification Factor Analysis，CFA）方法检验指标和题目间关系的多种可能，并根据 EFA 结果和对指标含义的解读，确定了三种可能的因子模型：单因子、双因子和三因子模型。单因子模型将所有的指标都置于一个因子之下；双因子模型则是探索性因素分子得到结构在 CFA 里的再现；三因子模型脱胎于双因子模型，但将原模型中在第一个因子上反映图书馆资源利用情况的指标外借册次和总流通人次单独列为第三个因子（见表 4-19）。

表 4-19 基于验证性因子分析的三种模型结构

指标	单因子模型	双因子模型		三因子模型		
		投入产出总量	资源均量	资源总量	资源均量	资源利用
外借册次	√	√				
总流通人次	√	√				
阅览室座席数	√	√		√		
新购图书册数	√	√		√		
从业人员	√	√		√		
财政拨款	√	√		√		
总藏量	√	√		√		
人均拥有公共图书馆藏量	√		√			√
每万人公共图书馆建筑面积	√		√			√

注："√"表示模型中包含的指标。

以 LISREL8.7 为 CFA 的分析软件，得到三个模型的各项拟合度指数。考虑到有限的样本数，虽然拟合度指标都不太好（见表 4-20），但仍可以在三个模型间进行比较。总的来看，三因子模型最好，但是和双因子模型比较没有显著差异，$\triangle\chi^2=9.54$，$\triangle df=2$，平均每减少一个自由度，χ^2 减少 4.77，小于 $\alpha=0.05$ 时 χ^2 的临界值 5.99。双因子模型显著好于单因子模型，$\triangle\chi^2=21.57$，$\triangle df=1$，大于 $\alpha=0.01$ 时 χ^2 的临界值 6.63，两因子间相关系数仅为 0.29（$p>0.05$），显示其反映的是公共图书馆的不同方面。综上，在三个模型间选择双因子模型（仍和 EFA 结果保持一致），即九个指标分别负载在投入产出总量和资源均量两个因子上（见图 4-5）。如表 4-21 所示，因子负荷的估计值均达到显著水平；独立性显示，两个因子对指标的解释力非常高，独立性最高的指标——每万人公共图书馆建筑面积也被解释了 49%。

表 4-20 公共图书馆指标的验证性因子分析比较

模型	χ^2	df	RMSEA	GFI	NNFI	CFI	PNFI
单因子	201.72	27	0.4	0.46	0.49	0.62	0.44
双因子	180.15	26	0.36	0.52	0.53	0.66	0.46
三因子	170.61	24	0.36	0.54	0.52	0.68	0.44

注：χ^2/df 越接近 1 越好；RMSEA 越接近 0 越好，0.05 以内表示较好。GFI、NNFI、CFI、PNFI 这些指标越接近 1，拟合性越好。

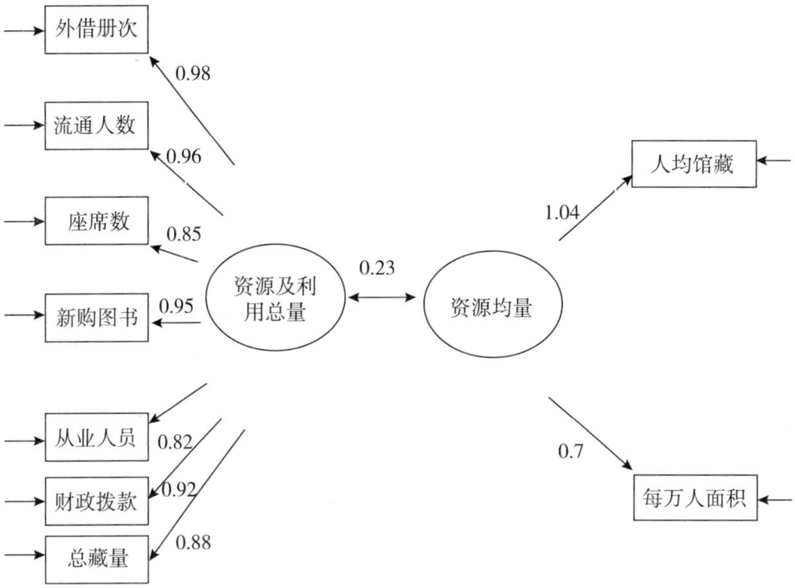

图 4-5 公共图书馆指标基于验证性因子分析的结构

表 4-21 公共图书馆指标双因子模型的因子负荷、SE 及独立性

指标	投入产出总量		资源均量		独立性（非标准化）
	因子负荷（非标准化）	SE	因子负荷（非标准化）	SE	
外借册次	0. 98	0. 13	—	—	0. 04
总流通人次	0. 96	0. 13	—	—	0. 08
阅览室座席数	0. 85	0. 15	—	—	0. 27
新购图书册数	0. 95	0. 14	—	—	0. 09
从业人员	0. 82	0. 15	—	—	0. 33
财政拨款	0. 92	0. 14	—	—	0. 15
总藏量	0. 88	0. 14	—	—	0. 22
人均拥有公共图书馆藏量	—	—	1. 04	0. 33	0
每万人公共图书馆建筑面积	—	—	0. 7	0. 26	0. 51

注：“—”表示没有估计相应参数。

4.4.3 我国公共图书馆发展水平指数的构建

EFA 和 CFA 的分析结果基本类似，都得到投入产出总量和资源均量两个因子。前者反映我国公共图书馆业在藏书、经费和流通方面迅速发展的趋势，后者反映人均享有的公共图书馆藏书和场馆面积增加乏力，人均享有的公共文化服务仍有限。

就投入产出总量而言，由于图书馆日益成为人们学习、交流乃至休闲的重要场所，外借册次和流通人数逐年上升，在不新建场馆的情况下，图书馆也可通过调整布局的方式增加座席数。总藏量、新购图书、从业人员则和财政拨款四个指标间关系密切，随着我国经济社会的快速发展，地方政府的财政收入日渐增加，在公共文化上的投资也逐年增加，增加藏书量和工作人员自然是题中之意。

对资源均量来说，一方面，虽然我国人口增长率逐年递减，但是人口总量仍在逐年增加；另一方面，由于历史原因，我国公共图书馆建设“欠账”较多，馆藏总量和场馆面积都较小。就人均馆藏而言，虽然每年的总藏量都在增加，但是人口基数大，人均馆藏的变化并不明显。每万人图书馆面积指标还受制于飞速的城市化进程，逐年高企的征地成本令新建图书馆的蓝图束之高阁，有的地区还由于城市拆迁等原因出现指标下滑的情况。

由于 EFA 和 CFA 的结果基本类似，为方便起见，我们采用 EFA 估计旋转后的因子负荷来计算资源及利用和资源均量两个指数，并以投入产出总量和资源均量的方差解释量为权重计算公共图书馆发展水平的总指数。

第一，1995~2015 年总体发展水平。按地区合并各年份数据并对其标准化后进行计算，在资源及利用指数上，排名前五位的是广东、江苏、浙江、上海和山东，这五个省份均处于我国东部地区，社会经济发展为公共文化服务建设提供了较好的先决条件；在均量指数上，排名前五位的是上海、天津、宁夏、北京和浙江，值得注意的是，西部省份的宁夏地区挤进前五强；以投入产出总量和资源均量的方差解释量为权重计算公共图书馆的总指数，排名前五位的是上海、广东、浙江、江苏和辽宁，与资源及利用指数排前五位的地区大致相同，主要是因为资源及利用指数权重较大，在公共图书馆平均发展指数评价中占主导地位（见表 4-22）。

表 4-22 各地公共图书馆平均发展水平指数

地区	资源及利用指数	资源均量指数	总指数
北京	-0.07	0.72	0.13

续表

地区	资源及利用指数	资源均量指数	总指数
天津	-0.47	1.34	0.02
河北	-0.21	-0.48	-0.25
山西	-0.55	-0.32	-0.44
内蒙古	-0.39	-0.02	-0.26
辽宁	0.86	0.42	0.67
吉林	-0.37	-0.24	-0.30
黑龙江	-0.29	-0.31	-0.27
上海	1.49	4.60	2.10
江苏	1.92	0.09	1.27
浙江	1.92	0.52	1.38
安徽	-0.25	-0.93	-0.39
福建	0.06	0.04	0.05
江西	-0.33	-0.40	-0.31
山东	0.91	-0.51	0.47
河南	0.21	-0.91	-0.09
湖北	0.38	-0.34	0.16
湖南	0.14	-0.61	-0.06
广东	3.00	0.08	1.97
广西	-0.10	-0.44	-0.17
海南	-1.19	-0.19	-0.82
重庆	-0.51	-0.34	-0.41
四川	0.43	-0.68	0.11
贵州	-0.81	-0.75	-0.71
云南	-0.15	-0.32	-0.18
西藏	-1.41	-0.23	-0.97
陕西	-0.48	-0.56	-0.45
甘肃	-0.67	-0.37	-0.52
青海	-1.25	0.26	-0.75
宁夏	-1.08	0.97	-0.47
新疆	-0.74	-0.13	-0.51

第二，1995~2015年两个因子的发展水平。考虑各年份的情况，在年份内部对数据进行标准化后，按上述的因子负荷分别计算因子分，得到1995~2015年各省份的投入产出总量和均量指数。从投入产出总量指数随时间变化的趋势来看，发展势头比较好的省份是广东、浙江、江苏、上海和辽宁（见表4-23）。广东省不但每年投入产出总量都是全国第一，处于遥遥领先的地位，而且一直保持着稳步上升的趋势。同样处于全国前列且保持上升趋势的省份还有浙江和江苏；上海虽然投入一直在减少，但2015年迅速上升到全国第四位。

表4-23　全国各地公共图书馆资源总量及利用发展指数

省份\年份	1995	2000	2005	2006	2009	2010	2011	2014	2015
北京	-0.71	-0.19	0.13	0.24	0.12	-0.02	-0.12	-0.18	-0.17
天津	-0.75	-0.62	-0.45	-0.34	-0.39	-0.49	-0.42	-0.52	-0.50
河北	0.05	0.06	-0.14	-0.13	-0.19	-0.41	-0.27	-0.21	-0.24
山西	-0.70	-0.65	-0.60	-0.50	-0.56	-0.60	-0.56	-0.50	-0.53
内蒙古	-0.46	-0.57	-0.57	-0.50	-0.48	-0.46	-0.38	-0.26	-0.34
辽宁	1.58	1.50	0.95	0.90	0.96	0.89	0.66	0.71	0.47
吉林	-0.28	-0.35	-0.21	-0.33	-0.39	-0.50	-0.26	-0.44	-0.52
黑龙江	0.24	-0.16	-0.18	-0.21	-0.26	-0.31	-0.37	-0.39	-0.40
上海	1.09	2.41	1.63	1.27	1.47	1.39	1.24	1.15	1.69
江苏	1.70	1.51	1.40	1.64	1.69	1.85	2.00	2.30	1.92
浙江	0.50	1.02	1.26	1.42	2.22	2.19	2.22	2.21	1.95
安徽	-0.53	-0.52	-0.61	-0.45	-0.39	-0.45	-0.34	-0.03	0.04
福建	-0.05	0.01	-0.06	-0.19	0.00	0.00	0.01	0.18	0.12
江西	-0.19	-0.22	-0.26	-0.35	-0.38	-0.37	-0.38	-0.34	-0.33
山东	0.67	0.69	1.10	0.92	1.01	0.89	0.89	0.72	1.03
河南	0.30	0.26	0.09	0.10	0.15	0.11	0.36	0.21	0.26
湖北	0.57	0.47	0.43	0.45	0.33	0.54	0.24	0.24	0.27
湖南	0.54	0.44	0.20	0.17	0.06	0.09	0.09	0.11	0.00
广东	2.49	2.47	3.36	3.57	2.94	2.91	3.02	2.87	3.01
广西	0.37	0.24	-0.06	0.04	-0.10	-0.12	-0.24	-0.20	-0.24
海南	-1.51	-1.40	-1.35	-1.17	-1.12	-1.20	-1.12	-1.13	-1.11
重庆	—	-0.72	-0.69	-0.64	-0.57	-0.61	-0.60	-0.42	-0.54
四川	1.27	0.15	0.19	0.29	0.41	0.18	0.53	0.39	0.47

续表

年份 省份	1995	2000	2005	2006	2009	2010	2011	2014	2015
贵州	-0. 84	-0. 89	-0. 90	-0. 77	-0. 82	-0. 87	-0. 73	-0. 83	-0. 76
云南	0. 27	0. 15	-0. 07	-0. 08	-0. 16	-0. 27	-0. 17	-0. 25	-0. 24
西藏	—	—	—	-1. 32	-1. 35	—	-1. 35	-1. 37	-1. 36
陕西	-0. 74	-0. 69	-0. 55	-0. 48	-0. 54	-0. 53	-0. 45	-0. 39	-0. 41
甘肃	-0. 89	-0. 91	-0. 73	-0. 62	-0. 66	-0. 70	-0. 62	-0. 64	-0. 58
青海	-1. 52	-1. 41	-1. 31	-1. 18	-1. 18	-1. 27	-1. 20	-1. 22	-1. 22
宁夏	-1. 35	-1. 16	-1. 13	-1. 05	-1. 06	-1. 09	-1. 01	-1. 09	-1. 07
新疆	-1. 14	-0. 93	-0. 85	-0. 74	-0. 75	-0. 76	-0. 63	-0. 67	-0. 67

从均量指数来看，天津、宁夏的均量指数居于全国前列（见表 4-24），浙江和江苏随时间的推移上升趋势较明显，广东则近乎是一条直线（见图 4-6）。

表 4-24　全国各地公共图书馆资源均量发展指数

年份 省份	1995	2000	2005	2006	2009	2010	2011	2014	2015
北京	0. 90	0. 46	0. 78	0. 88	0. 75	0. 63	0. 60	0. 78	0. 77
天津	1. 83	1. 07	1. 59	1. 29	0. 91	0. 96	1. 09	1. 58	1. 34
河北	1. 06	-0. 55	-0. 59	-0. 67	-0. 81	-0. 90	-0. 87	-0. 87	-0. 91
山西	-0. 51	-0. 41	-0. 39	-0. 40	0. 00	-0. 35	-0. 32	-0. 32	-0. 15
内蒙古	-0. 28	-0. 15	-0. 14	-0. 15	0. 02	-0. 04	0. 00	0. 03	0. 28
辽宁	0. 47	0. 18	0. 34	0. 51	0. 45	0. 51	0. 46	0. 47	0. 34
吉林	-0. 01	-0. 19	-0. 14	-0. 18	-0. 28	-0. 28	-0. 23	-0. 21	-0. 25
黑龙江	-0. 26	-0. 31	-0. 29	-0. 17	-0. 26	-0. 25	-0. 28	-0. 31	-0. 39
上海	3. 47	4. 76	4. 64	4. 73	4. 65	4. 53	4. 48	4. 34	4. 37
江苏	-0. 13	-0. 27	-0. 07	0. 02	0. 14	0. 14	0. 18	0. 37	0. 38
浙江	-0. 05	0. 01	0. 27	0. 44	0. 62	0. 59	0. 67	0. 79	0. 93
安徽	-1. 11	-0. 80	-0. 82	-0. 91	-0. 87	-0. 89	-0. 93	-0. 89	-0. 81
福建	-0. 27	-0. 23	-0. 07	-0. 04	0. 03	0. 37	0. 24	0. 01	0. 08
江西	-0. 38	-0. 33	-0. 35	-0. 38	-0. 32	-0. 43	-0. 43	-0. 45	-0. 41
山东	-0. 76	-0. 55	-0. 41	-0. 45	-0. 47	-0. 50	-0. 30	-0. 53	-0. 42
河南	-1. 09	-0. 68	-0. 77	-0. 84	-0. 89	-0. 93	-0. 86	-0. 90	-0. 90
湖北	-0. 45	-0. 33	-0. 27	-0. 32	-0. 38	-0. 37	-0. 39	-0. 23	-0. 26

续表

年份/省份	1995	2000	2005	2006	2009	2010	2011	2014	2015
湖南	-0.62	-0.39	-0.49	-0.54	-0.61	-0.56	-0.60	-0.68	-0.75
广东	-0.42	0.77	-0.18	0.17	0.01	-0.06	0.05	0.01	0.05
广西	-0.34	-0.22	-0.35	-0.37	-0.49	-0.38	-0.47	-0.48	-0.56
海南	-0.68	-0.40	-0.39	0.03	0.05	-0.03	-0.11	-0.10	-0.29
重庆	—	-0.37	-0.44	-0.43	-0.39	-0.29	-0.33	-0.31	-0.41
四川	-0.72	-0.56	-0.57	-0.65	-0.67	-0.67	-0.64	-0.62	-0.66
贵州	-0.83	-0.44	-0.61	-0.69	-0.77	-0.77	-0.76	-0.81	-0.73
云南	-0.25	-0.20	0.00	-0.21	-0.36	-0.38	-0.38	-0.46	-0.53
西藏	—	—	—	-0.09	-0.21	—	-0.54	-0.50	-0.15
陕西	-0.63	-0.46	-0.37	-0.44	-0.58	-0.57	-0.56	-0.55	-0.63
甘肃	-0.38	-0.26	-0.38	-0.42	-0.40	-0.30	-0.28	-0.30	-0.38
青海	1.09	0.44	0.26	0.07	0.35	0.21	0.20	0.22	-0.05
宁夏	1.56	0.67	0.31	0.34	0.95	0.95	1.41	1.06	1.16
新疆	-0.22	-0.24	-0.13	-0.11	-0.19	0.05	-0.12	-0.15	-0.10

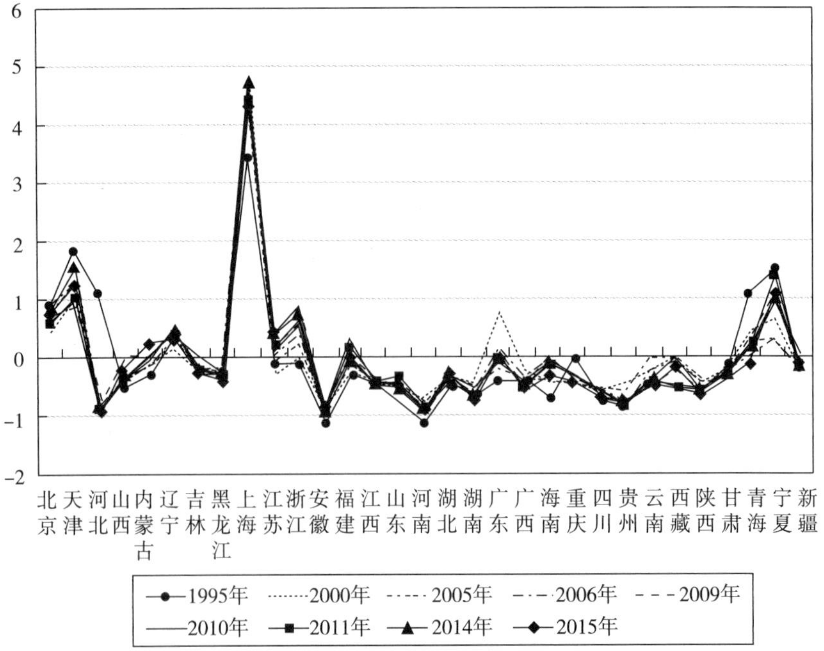

图 4-6 全国各地区资源均量指数

由于总指数中资源总量及利用占的权重较大（0.72），而且均量指数随时间推移的趋势比较缓慢，所以综合指数的发展趋势和资源总量及利用的发展趋势接近，广东、浙江和江苏仍位列前三甲，其次是上海和山东（见表4-25和图4-7）。

表4-25　全国各地公共图书馆发展水平综合指数

年份	1995	2000	2005	2006	2009	2010	2011	2014	2015
北京	-0.64	-0.17	0.12	0.22	0.10	-0.02	-0.11	-0.16	-0.15
天津	-0.67	-0.56	-0.40	-0.30	-0.35	-0.44	-0.38	-0.47	-0.45
河北	0.05	0.06	-0.13	-0.12	-0.17	-0.37	-0.25	-0.19	-0.21
山西	-0.63	-0.58	-0.54	-0.45	-0.50	-0.54	-0.50	-0.45	-0.48
内蒙古	-0.41	-0.51	-0.51	-0.45	-0.43	-0.41	-0.34	-0.23	-0.30
辽宁	1.42	1.34	0.85	0.81	0.86	0.80	0.59	0.64	0.42
吉林	-0.25	-0.31	-0.19	-0.29	-0.35	-0.45	-0.24	-0.40	-0.47
黑龙江	0.22	-0.14	-0.16	-0.19	-0.24	-0.28	-0.33	-0.35	-0.36
上海	0.98	2.17	1.46	1.14	1.32	1.25	1.12	1.03	1.52
江苏	1.53	1.36	1.26	1.47	1.51	1.66	1.79	2.06	1.72
浙江	0.45	0.92	1.13	1.28	1.99	1.97	1.99	1.98	1.75
安徽	-0.47	-0.47	-0.54	-0.40	-0.35	-0.40	-0.31	-0.02	0.03
福建	-0.04	0.01	-0.05	-0.17	0.00	0.00	0.01	0.16	0.11
江西	-0.17	-0.19	-0.24	-0.31	-0.34	-0.34	-0.34	-0.31	-0.29
山东	0.60	0.62	0.98	0.83	0.90	0.80	0.80	0.64	0.93
河南	0.26	0.23	0.08	0.09	0.13	0.10	0.32	0.18	0.23
湖北	0.51	0.42	0.39	0.41	0.30	0.49	0.21	0.22	0.24
湖南	0.48	0.39	0.18	0.15	0.05	0.08	0.08	0.10	0.00
广东	2.24	2.22	3.02	3.20	2.64	2.61	2.71	2.58	2.70
广西	0.33	0.22	-0.05	0.04	-0.09	-0.11	-0.22	-0.18	-0.21
海南	-1.36	-1.26	-1.21	-1.05	-1.00	-1.08	-1.01	-1.01	-1.00
重庆	—	-0.65	-0.62	-0.57	-0.51	-0.55	-0.54	-0.38	-0.49
四川	1.14	0.13	0.17	0.26	0.37	0.16	0.48	0.35	0.42
贵州	-0.76	-0.80	-0.81	-0.69	-0.74	-0.78	-0.66	-0.75	-0.68

续表

年份	1995	2000	2005	2006	2009	2010	2011	2014	2015
云南	0.25	0.13	-0.07	-0.08	-0.14	-0.24	-0.15	-0.23	-0.22
西藏	—	—	—	-1.18	-1.21	—	-1.21	-1.23	-1.22
陕西	-0.66	-0.62	-0.50	-0.43	-0.48	-0.47	-0.41	-0.35	-0.37
甘肃	-0.80	-0.82	-0.66	-0.56	-0.59	-0.63	-0.56	-0.57	-0.52
青海	-1.36	-1.26	-1.18	-1.06	-1.06	-1.14	-1.08	-1.10	-1.09
宁夏	-1.21	-1.05	-1.02	-0.94	-0.95	-0.98	-0.91	-0.97	-0.96
新疆	-1.02	-0.84	-0.76	-0.66	-0.67	-0.68	-0.56	-0.60	-0.61

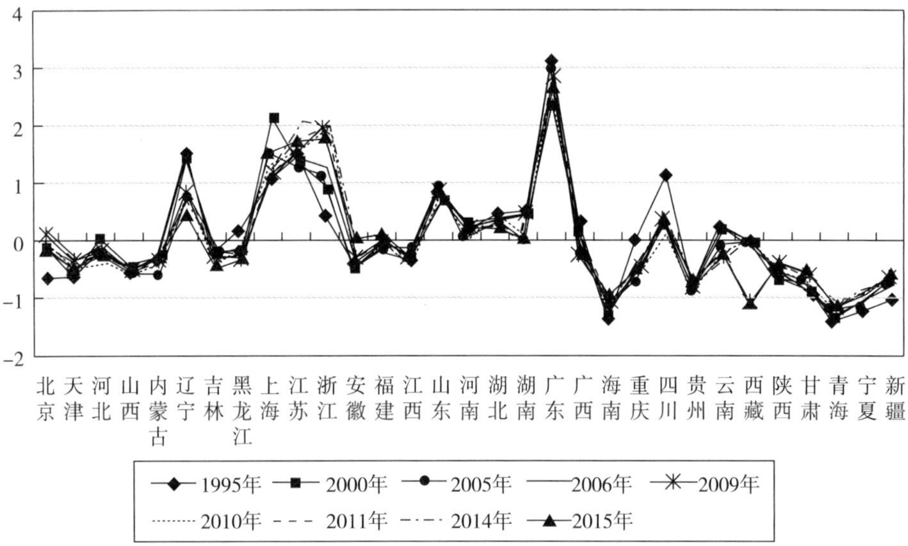

图 4-7　全国各地公共图书馆发展水平综合指数

4.4.4　实证分析结论

由于受数据来源的局限，对我国公共图书馆综合发展水平的分析只能根据现有指标构建出投入产出总量和资源均量两个指数。显然，投入的改善很大程度上取决于政府和社会对图书馆的支持力度，产出则最终取决于读者的需求和行为。换言之，由于指标的限制，目前的指数未能反映出图书馆可以自主决策并直接改善的因素，如开馆时间、服务可获得性、开架阅览的比例等。

从投入产出总量和均量指数上看，我国公共图书馆综合发展水平较高的地区是广东、浙江和江苏，而且这三个地区从1995~2015年，不但各指标绝对数持续增加，和其他地区的差距也持续扩大，反映地方政府对公共图书馆的投入逐年递增的趋势。

从投入产出总量指数上看，我国公共图书馆综合发展水平较高的地区是上海、广东、浙江，而且这三个地区从1995~2015年，不但各指标绝对数持续增加，和其他地区的差距也持续扩大，反映地方政府对公共图书馆的投入逐年递增的趋势。从人均指数上看，由于广东和浙江是我国人口分布比较密集的省份，因此人均指数被挤出前三甲。位居全国前三名的是上海、天津、北京。值得一提的是，无论是从总量指数还是均量指数看，北京在公共图书馆发展水平上都没有明显优势。尽管从均值指数看北京进入了前三名，但与上海和天津的人均水平相比仍相差甚远。

从发展趋势看，1995~2015年，广东的投入产出总量指数位居第一名，而且随时间的推移呈逐年上升态势；浙江和江苏图书馆总量水平在全国也名列前茅，且有较好的发展势头。呈现下行趋势的是辽宁和四川；上海虽然在1995~2015年投入一直减少，但2015年迅速上升到全国第四位。从均量指数的发展趋势看，上海一直遥遥领先，逐年增长态势十分明显；其次是天津和宁夏，均值指数有一定增长趋势；但全国大多数省份的均值指数上升趋势不明显，有的省份甚至呈下行态势，如河北、黑龙江和湖北等。

从空间对比分析看，由于受长期以来国家非均衡的社会经济发展战略以及各大区域自身经济发展水平差异的影响，三大区域之间的公共图书馆综合发展水平还是有一定差异的，东部区域综合指数远高于中西部地区，但中部地区与西部对比没有明显的优势。这其中要说明的是，尽管公共图书馆发展水平会受地区社会经济发展水平的制约，但也不完全如此，如东部的天津、河北甚至北京，其公共图书馆发展水平并没有明显的优势，而地处西部的四川在公共图书馆发展水平上却好于其社会经济发展水平。地区相对差异较大，应引起文化管理部门的高度重视，它与国家提倡的公共文化服务均等化发展政策是相背离的。

4.5 本章小结

本章通过对发达国家公共图书馆测评方法以及我国历次公共图书馆测评体系的变化分析，发现我国公共图书馆测度评价无论是在评价体系研究上还是在评价方法的研究上，都一定程度地借鉴了国际公共图书馆评价的经验做法，结合我国公共图书馆的发展特征，在评价体系上更注重我国的国情，总体上评价体系与方法在不断完善与进步，但差距也不小，主要表现在以下四个方面：

其一，与国际四大图书馆评价体系比较，我国图书馆的评价体系不尽科学。从评价指标内容和权重构成可见，我国公共图书馆的评价长期以来存在“重藏轻用”“重建设轻服务”的问题，但这种局面有所改善，近年来国内公共图书馆评估也逐渐把重心转移到了服务绩效评估。但是，我国针对地区进行公共图书馆服务绩效评估的统计指标还是很不完善：在馆藏方面，缺少可获得性的指标；在读者方面，缺少读者访问频率方面的指标；对员工仅统计人数，缺少员工的信息化水平和知识方面的指标；在服务方面，则缺少检索和开馆时间方面的指标。另外，由于互联网的发展，公共图书馆的服务形式正在发生改变，如何更多地从评价体系上反映这种服务方式的变革，尽管目前评价体系中有几个这种指标，但是不全面，必须细化。

其二，从评估指标的表现形式看，我国公共图书馆的评价体系中总量指标过多，人均指标过少，没有充分考虑地区差异。一个地区的公共图书馆事业的发展往往受地区经济、文化和人口规模等因素的影响。两个人口发展规模及人口素质差异较大的地区直接对比，评估结果的科学性和可比性就值得推敲。而评估指标体系是实现公共文化发展评估的核心基础，通常一套好的指标体系，必须体现公共图书馆评估的性质和目的。

其三，从评估客体看，目前国内公共图书馆评价更多的是作为政府绩效考评的形式展开，多数评估以官方评估为主，即要么是政府主管部门对下级的检查考核、奖惩性评估，要么是本部门公共文化服务发展活动的总结性评估。理论和实践表明，这种评估主客体不分，自己考核自己的评估方式存在许多人为的障碍，难以达到评估的真正目的。

其四，评估方法相对单一。在公共图书馆评价研究中，国内评价方法使用较多的有综合指标体系、多元统计分析等，而国外常用的平衡计分卡、描述偏好方法、显示偏好方法，虽然引入国内的时间并不算晚，且在其他领域也都得到了比较多的应用，但是公共图书馆测评领域还几乎是空白。因此，未来公共图书馆测评方面应注重对方法本身的研究，同时也需要发展出对这些方法的信度、效度的估计办法，不断地对公共图书馆测评方法进行完善和改进，以引导公共资源的持续注入，更好地满足人民日益增长的文化生活需要。

第5章 我国博物馆业区域发展差异的影响因素测度

5.1 导言

博物馆是一种为社会大众提供服务、向公众免费开放，对人类发展的见证物进行搜集、保存、研究、传播和展览的非营利性公共文化机构，是公共文化服务事业的重要组成部分。由于博物馆是一种非营利性组织机构，因此在提供公共文化服务的同时，它同样面临着对其发展水平、地区差异、影响因素等方面的测评。如何建立我国博物馆公共文化服务的评估体系，探寻博物馆业发展的影响因素，提升博物馆发展绩效，并带动其他公共文化服务机构的服务质量的提升，成为我国公共文化服务体系建设的重要工作内容之一。

近年来，随着国家公共文化政策的实施，全国博物馆免费开放政策的力度不断加大，越来越多的老百姓享受到这种公共文化大餐，特别是低收入群体以及外来务工人员等特殊群体明显增加。截至2015年底，全国登记注册的博物馆已达到4692家，其中4013家向社会免费开放，占全国博物馆总数的85.5%。全年接待观众数量超过7.8亿人次，基本陈列9977个①。另外，博物馆在类型上呈现多样化特征，出现了一些新型博物馆类型，如综合数字博物馆、生态博物馆、社区博物馆等。这表明随着公共文化服务事业的发展，博物馆正成为弘扬传统美德、公众接受公共文化教育的重要场所。

较早从事博物馆测度评价的国家依然是欧美等国。如早在20世纪80年代，美国波士顿科学博物馆就拟定了一系列评估项目，以实现对博物馆发展绩效的测评。随后欧美很多国家纷纷效仿，借鉴美国博物馆测评体系，设立

① 《中国文化文物统计年鉴》(2016)。

自身的博物馆绩效评估指标体系。

长期以来，我国博物馆主要是依靠政府的投入维持运作，多数博物馆属于事业单位编制，其发展水平、服务质量及影响因素如何一直没有引起管理部门足够的关注。近年来，随着对我国公共文化服务发展绩效评估的兴起，我国博物馆服务绩效评估也越来越多地引起公共服务管理机构的重视，许多学者从研究博物馆发展绩效评价体系的视角，研究影响博物馆发展绩效的因素，尤其是自2008年颁布的《全国博物馆评估办法（试行）》和2015年国务院第78次常务会议通过的《博物馆条例》实施以来，全国各地从地方试点已经尝试性地针对博物馆的绩效评估进行了探索与实践。例如，2013年我国博物馆协会受国家文物局委托，根据《国家一级博物馆运行评估规则》，采用定性和定量相结合的评估指标体系，并按定性分80%、定量分20%进行综合评价，对2012年度国家一级博物馆运行进行了评估，并于2013年8月28日至9月6日对初评结果进行了公示。评价结果表明，我国多数博物馆机构存在“一流展品、二流展览、三流服务”等现实问题。博物馆服务效能低下、资源投入与为观众服务的产出（如观众数量、观众的学习体验质量等）不匹配、资源利用率低下是影响我国博物馆发展水平的主要因素。

虽然我国博物馆测度评价已经积累了一定的经验，但与欧美部分国家相对成熟的博物馆评估体系相比，还是存在一定差距的。因此，研究国内外博物馆服务测评问题，可以借鉴国外在博物馆绩效评估中的成熟做法，改进我国博物馆业服务评估体系、评估方法，探讨博物馆发展绩效的影响因素，这对于引导未来我国博物馆发展方式转型以及服务水平的提升是有积极意义的。

5.2 博物馆发展水平影响因素理论探析

5.2.1 国外博物馆发展绩效测评体系中涉及的因素

追根溯源，国外公共博物馆发展绩效评价起源于20世纪70年代末期的新公共管理运动，在新公共管理理论的引领下，许多国家的公共服务管理部门纷纷引入企业经营绩效理念，倡导公共服务机构构建相关绩效评价指标体系，测评公共服务机构发展绩效，以提供高质量的公共服务水平。经过多年的绩效评估实践，逐步形成了系统的评估办法与评估指标体系。欧美部分国家开展博物馆服务绩效评估起步较早，积累了一定的经验。

英国是“新公共管理”运动的先行者，英国拥有2000多家鉴定合格的博物馆，整个英国博物馆每年有超过8000万人次的访客。英国公立博物馆绩效评价体系由核心指标和附属指标组成。核心指标包括参访者人数、儿童参访人数、使用博物馆网页人次和运营净利等；附属指标包括外国参访人数、重复参访人数、少数族裔参访人数、参访者满意度、租用博物馆场地次数、典藏品存放在正确环境下的比例、开放时间比例、每位（次）参访者所占政府和非政府补助金等。由此可见，英国公立博物馆评价比较注重博物馆参访人员的规模及服务质量，如参访人数、重复参访人数、少数族裔参访人数、参访者满意度等指标均处于核心指标的位置，是影响博物馆发展绩效的主要因素。

美国拥有世界上一流的博物馆，博物馆类型众多，发展体系十分完善。例如，史密森博物馆的绩效测评指标主要包括博物馆知识传播（如教育、公众活动、展览和收藏）、对博物馆的研究（如史密森尼科学研究、艺术、历史和文化研究）、博物馆各类管理（资产管理、人力资源管理、财务管理、公共与政府关系管理、采购与合约、安全和信息管理等内容）、财务能力评价（开发能力、捐款维护和捐款管理）等项目。相对来说，史密森博物馆的绩效测评指标体系比较全面，从中也可以看出影响博物馆的服务绩效的因素是多方面的。

澳大利亚博物馆绩效体系包括参访者基本信息（如参访人数、构成和满意度等）、博物馆的各类资源（如藏品数量及变化、设施和博物馆系统、人力资源）、博物馆的展览活动（如特展和外展）、社会形象与关系（媒体形象、志愿者数量、与社区和国外互动、社会捐助）等指标。

日本博物馆的绩效考评体系较为复杂，非常详细，涉及的各类指标有100多项，共八个类别。主要评估指标有：馆长和馆舍经营，观众、市民社区关系，展场展示，教育推广，学艺员（专业人员）和一般职员，调查研究，资料与典藏，设施，等等。

我国台湾地区公立博物馆绩效考评指标主要包括：观众、网络使用、教育推广活动、可及性、国际交流和财务六个方面，其中重点考核的是观众情况，如参观人次、每平方公尺服务人数（展场）、重复参观的观众比例、当地县市观众比例、原住民观众比例、观众满意比例，仅观众测评一项就有六项细化考评指标。

从各个国家或地区博物馆绩效测评体系情况看，尽管各国博物馆服务评价体系不尽相同，但是关注参访者基本信息是各国博物馆评价体系中的核心指标之一，特别是孩童和学生的参访人数以及参与教育活动等均为重要（或称核心）指标。针对参访者的测评除了参访者总数、增长量和满意度等指标外，还包括一些反映博物馆服务质量的指标：如参访者重复参观次数，代表博物馆的吸引力和藏品更新率；参访者年龄、受教育程度、职业、国别等各类结构指标，能说明博物馆目标客源与潜在客源的关系；博物馆展区面积与参访者数量相对比率，说明场馆利用率；参访者数量与博物馆费用和馆员人数比率，代表博物馆运营效率；等等。

国外博物馆服务评估的成熟做法对我国开展博物馆发展绩效评估及影响因素分析有一定的借鉴作用。

5.2.2 国内博物馆测评体系涉及的因素

我国对于公共文化服务测评的研究主要涉及公共文化服务绩效管理的基本原则、公共文化服务绩效管理与评估的主要内容、提升公共文化服务绩效评估的建议等内容。与公共文化服务领域绩效评估研究的成果相比，以“博物馆”加上“绩效评估”为篇名，在中国知网数据库平台上的专业论文屈指可数，仅《科技博物馆绩效评估量化指标设计》（陈晓洪，2012）、《关于民办博物馆绩效评估体系的探讨》（雷艳，2016）两篇文章，显然这种研究现状无法满足这一领域在未来公共文化服务探索中的研究需求，而且文章的主要内容多是针对我国博物馆现有评估体系的研究与回顾。近年来，随着博物馆的免费开放，参观人数越来越庞大，对博物馆的日常管理产生了一定压力。于是，观众对博物馆的满意度评估成为了考核博物馆免费开放成果的一个关键因素。2008 年，国家文物局启动了国家一级博物馆定级和运行评估，但从评价指标体系来看，反映博物馆公众服务质量方面的指标不多，每个指标的权数较小。更重要的是，服务方面的指标基本都是定性的，仅有的定量指标有观众人数以及教育项目的数量，有一定的参考价值，但这种评价体系仍然无法直观反映博物馆的公共服务质量。

可见，我国并无专门的博物馆公共文化服务绩效评估体系，相关研究也相对偏少。以美国博物馆为代表的国外博物馆界在监管和评估制度等方面积累了大量宝贵经验，这对建立我国博物馆公共文化服务的发展绩效评估体系有一定的借鉴作用。

5.3 我国博物馆发展影响因素测评

研究博物馆服务的测评问题离不开对发展影响因素测定的研究，而从国内外博物馆发展绩效评价体系可见，一个博物馆发展绩效是多种因素共同作用的结果。国内外对博物馆业发展及其影响因素的相关研究多以理论研究为主，辅以一定描述性统计分析。关于博物馆发展的影响因素，严允（2017）

认为，博物馆服务产品质量、员工服务表现和环境设施质量是影响博物馆观众满意度的主要因素。安来顺（2013）、章尚正和刘晓娟（2010）认为，博物馆从业人员不足和专业水平整体不高是制约博物馆业发展的主要障碍之一。孔正一（2010）认为，当一个国家经济实力发展到一定阶段，必然要求相应的文化软实力来支撑其进一步发展。因此，文化软实力是支撑博物馆业发展的重要因素。张文彬和安来顺（2009）、戴昕等（2007）认为，快速推进的城市化使现代城市人口总量快速膨胀，同时城市在一个国家中的经济、社会、政治和文化发展的重要地位凸显出来。博物馆作为人们了解和评鉴城市化对社会经济各个方面影响的一个窗口，引起世界各国城市博物馆的产生与发展。李瑛（2004）、曹淳亮（2001）认为，各级财政对博物馆业投入规模小、资金使用效率不高，是导致博物馆业硬件和软件设施不能满足日益提高的社会大众对博物馆参观需求的因素。上述研究有效促进了博物馆业理论的发展，也成为本书研究的基础，但还存在一些不足之处：首先，大多数研究都是从理论视角分析各影响因素与博物馆发展之间的关系，缺乏相应的数量模型和经验检验。其次，已有的研究均从全国角度研究博物馆发展的影响因素。我国幅员辽阔，各地区自然资源禀赋、经济发展水平和城市化水平都存在显著的差异，忽略区域因素使已有研究结论存在较大争议，提出的政策措施也缺乏针对性。最后，现有的部分实证研究均基于经济变量之间关系呈线性状态，用线性模型进行模拟变量之间关系，但现实经济系统是复杂的，多数经济变量之间同时存在线性和非线性关系。Granger（1988）就曾指出："世界几乎肯定是由非线性关系构成的。"因此，用线性模型不能有效刻画经济系统的各变量之间的数量关系和变动规律。

有哪些因素影响我国博物馆业发展绩效？这些因素在不同时期对博物馆又有何不同的作用？本书的研究目的是通过数据驱动的非参数回归模型技术，构建博物馆业发展的动态计量模型，尝试对我国区域博物馆业发展差异化的影响因素进行实证分析，以揭示我国博物馆业发展的动态变化性，从而为相关政府部门制定合理的博物馆业发展策略提供科学的参考依据。

与以往研究相比，本书将从以下几个角度尝试进行一定创新性的研究。首先，基于现有研究和相关博物馆发展理论，筛选相应经济变量，采用计量模型进行实证分析，量化各影响因素与博物馆业发展变化的关系。其次，基于我国各省份经济社会发展的不均衡性和相应的区域划分法，采用2005~2015年省际面板数据进行博物馆发展影响因素区域分析，以揭示各区域博物馆发展的主要影响因素及其影响机制，为各地方政府相关部门促进本地博物馆业发展提供决策依据。最后，采用可以有效揭示经济变量存在大量非线性和线性关系的非参数模型（Nonparametric Model），动态分析各因素对博物馆业发展的不同阶段的不同影响，为政府部门在不同发展阶段制定相应促进政策提供参考依据。

5.3.1 非参数模型理论介绍

过去，大部分现代经济理论隐含着现实经济系统是可以用线性方程来表示的，具有线性可加性。从此意义上来说，绝大部分经济理论都是线性范式的。但是，20 世纪 70 年代以来，随着相关学科理论的发展，研究者也意识到经济分析的线性范式假定在很多条件下不一定成立，现实经济运行过程的复杂性及多变性以及经济发展表现出的非线性特征反而更加显著。不管是对于线性变量关系还是对于非线性变量关系建模，都会遇到一个共同问题，即都需要明确被解释变量和解释变量两者之间的关系才能进行参数估计，进而利用模型的估计结果进行问题分析。而且，传统线性或非线性计量经济模型在实际应用中往往存在模型的设定误差，不能满足经济和管理应用研究的需要。

非参数单方程经济计量模型的研究在近 30 年间得到了迅速的发展，非参数联立方程计量经济模型的理论研究也取得了很大进展。

非参数统计中对总体分布的假定要求的条件很宽，因而针对这种问题而构造的非参数统计方法，不至于因为对总体分布的假定不当而导致重大错误，所以它往往有较好的稳健性。非参数统计主要适用范围包括：

（1）需要分析的数据不满足参数检验所要求的假定，因而无法应用参数检验。例如，非正态小样本总体，当 t 检验法也不适用时，作为替代方法，就可以采用非参数检验。

（2）仅由一些等级构成的数据，不能应用参数检验。例如，分析消费者对不同消费品牌的喜欢程度时，虽然消费者不能对每种消费品牌都以具体某一数字来表示他们对该消费品牌的喜欢程度，但他们可以将不同消费品牌按喜欢的顺序分成等级。这种情形宜采用非参数检验。

（3）所研究问题中并不包含参数时，也不能用参数检验。例如，当我们想判断一个样本是否为随机样本时，采用非参数检验法就是适当的。

（4）当我们需要迅速得出结果时，也可以不用参数统计方法而用非参数统计方法来达到目的。一般来说，非参数统计方法所要求的计算与参数统计方法相比，完成起来既快且易。有些非参数统计方法的计算，就算对统计学知识不熟练的人，也能在收集数据时及时予以完成。

非参数统计与传统的参数统计相比，要求的假定条件比较少，因而适用范围比较广泛；运算比较简单，可以迅速完成计算并取得结果，因而比较节约时间；大多数非参数统计方法可用来分析如由等级构成的数据资料，特别是当推论或预测多达 3 个（期）以上时，非参数统计方法比参数统计方法更具有优越性。

5.3.2 非参数可加回归模型的理论与方法简述

参数回归操作简便，可以外延，适于预测，但形式过于呆板，难以拟合精确的曲线；非参数回归形式灵活，可以精确拟合复杂曲线曲面，但是操作复杂，难以较大幅度外延预测。可见，参数回归与非参数回归各有千秋。

非参数可加回归模型（Nonparametric Additive Regressive Model）由两部分组成：一部分为线性参数部分，另一部分为非参数部分。由于非参数可加回归模型糅合了参数回归及非参数回归两者的优点，所以它较一般的参数模型有更强的适应性，且比完全非参数模型更有效。

非参数可加回归模型这一统计分支是近年来才兴起的，无论在理论研究上还是实际应用上，它都受到了许多统计学者的关注。同其他回归模型一样，人们对它的理论研究的兴趣主要是集中在大样本性质上，并自 20 世纪 80 年代以来取得了丰硕的研究成果。基于上述分析的非参数可加回归模型相对于参数模型和完全非参数模型的优点，在本章实证分析部分，我们采用非参数可加回归模型来研究我国博物馆业发展影响因素问题。

非参数可加模型是现代统计技术的一种，已在现实分析中得到广泛应用，涉及的应用领域主要有政治学（Beck and Jackman，1998）、经济学（Linton and Hardle，1996）和环境流行病学（Schwartz，1994）。然而，对该模型的普遍使用起到催化剂作用的是以该模型命名的典范性专著（Hastie and Tibshirani，1990），随后 Chambers 和 Hastie（1992）首先用 S-PLUS 程序语言编写出它的运行程序，从而使该模型逐步被广泛应用于各领域实际问题的分析中。

可加模型由 Stone 于 1985 年首先提出，其数学一般表达式为：

$$E[Y|X=x]=\alpha+\sum_{i=1}^{p} f_i(x_i),\quad i=1,2,\cdots,p \tag{5-1}$$

其中，X 为随机解释向量，x 为随机解释向量的实际取值。由模型（5-1）可以看出，当 $f_i(x_i)=\beta_i x_i$ 时，可加模型（5-1）就变为一个线性模型。但可加模型具有更加灵活的应用形式，因为 $f_i(x_i)$ 的函数形式是可以设定为任意形式的，不但可以取线性函数形式，也可以取非线性函数形式。并且，可加模型保留了变量间线性关系的优点，如 $f_j(x_j)$ 表示第 j 个解释变量对被解释变量 Y 的影响，并且该自变量是独立于其他解释变量对被解释变量产生影响，其影响为 β_j。

鉴于经济系统中变量之间关系的复杂性，往往线性关系和非线性关系并存。同时，为了更精确、细致地描述各个因素对区域博物馆发展水平的影响，本书在可加模型基础上添加线性部分，模型（5-1）即扩展为模型（5-2）的形式：

$$E[Y|X=x]=\alpha+\sum_{i=1}^{p}x_i\beta_i+\sum_{i=1}^{p}f_i(x_i),\quad i=1,2,\cdots,p \tag{5-2}$$

其中，α 和 β_i 表示模型线性回归参数。

可加模型的估计方法主要包括三类：第一类是向后拟合算法（Buja et al.，1989）；第二类是边际可积方法（Linton and Nielsen，1995）；第三类是局部拟合差分方法（Christopeit and Hoderlein，2003）。向后拟合算法由于具有易于迭代、计算简化的特点而得到广泛应用。本书在可加模型估计时也采用该算法，该算法具体内容和收敛证明可参见 Buja 等（1989）的文献。

5.3.3 非参数可加回归模型的设定

根据上述博物馆发展理论介绍及其影响因素分析，同时结合我国博物馆业统计现状，本书用每万人博物馆拥有量代表地区博物馆发展水平，并假定地区博物馆发展水平主要受博物馆从业人员数、财政对博物馆业的投入规模、城市化水平、人均国内生产总值和城镇居民文化娱乐消费支出额五个变量的影响。其中，前两个变量代表地区博物馆的人力和财力的投入情况，城市化水平和人均 GDP 代表地区博物馆发展的社会与经济环境，居民文化娱乐消费支出额代表居民对文化消费需求的支出情况。模型形式设定如下：

$$MUS_{it}=\beta_1EMP_{it}+\beta_2FIN_{it}+\beta_3URB_{it}+\beta_4PGDP_{it}+\beta_5CUS_{it}+\mu_{it} \tag{5-3}$$

其中，β 为回归参数，t 表示样本时间（2005~2015 年），i 表示去除西藏自治区的 30 个省份，μ 为误差扰动项。被解释变量 MUS（Museum）用每万人博物馆拥有量表示，此数值越高说明该地区博物馆拥有量越多，公共文化事业发展越好；相反，则表示该地区博物馆拥有量越少，公共文化事业发展不理想。解释变量中，EMP（Emoloyment Person）表示博物馆从业人员数，该指标值越高表示某地区博物馆业发展规模越大，可以为博物馆参观者提供较为全面的相关服务。FIN（Finance）表示财政对博物馆业的投入规模，该指标值越大说明该地区政府部门对公共文化事业重视度越高，有利于博物馆业的发展，从而满足社会大众对公共文化事业的需求。URB（Urbanization）表示城市化水平，城市化水平越高，城市人口规模越大，对博物馆业的服务需求将越大。PGDP（Per Capita GDP）为人均国内生产总值，表示一个国家或地区的经济发展水平，是博物馆发展的重要经济基础。CUS（Cultural Spending）表示城镇居民文化娱乐消费支出，它可以说明城镇居民对文化娱乐需求程度（包括对博物馆参观的需求）。

鉴于认为先验模型的具体形式容易产生模型设定误差，我们将采取非参数可加模型来拟合各影响因素对博物馆业的动态非线性影响。具体地，本书在上述线性模型的基础上加入非参数部分，同时为消除模型中可能存在的异方差和多重共线性问题，本书对所有变量均进行对数化和一阶差分处理。具体形式如下：

$$LMUS_{it}=\beta_1 LEMP_{it}+\beta_2 LFIN_{it}+\beta_3 LURB_{it}+\beta_4 LPGDP_{it}+\beta_5 LCUS_{it}+g_1(LEMP_{it})+g_2(LFIN_{it})+g_3(LURB_{it})+g_4(LPGDP_{it})+g_5(LCUS_{it})+\mu_{it} \quad (5-4)$$

5.4 数据来源与研究变量预处理

5.4.1 变量数据来源

本书用于构造被解释变量和解释变量的数据来自于2005~2016年各省份统计年鉴、《中国统计年鉴》和《中国文化文物统计年鉴》。其中，因变量为每万人博物馆拥有量，是由各省份博物馆拥有量除以当地人口总量计算得出。解释变量中，博物馆从业人员总数（EMP）、各地财政对博物馆业投入（FIN）和城镇居民文化娱乐消费支出（CUS）直接从《中国文化文物统计年鉴》查得；各省市城市化水平是由各地城市人口除以其总人口获得；经济发展水平（PGDP）的变量数据直接从各省份历年统计年鉴获得，并且采用各省份人均GDP缩减指数进行价格平减（以2005年为基期）。同时，采用以2005年为基期的居民消费价格指数对FIN和CUS进行价格平减。各个变量的具体定义及其统计描述分析结果分别如表5-1和表5-2所示。

表5-1　相关变量定义

变量	定义	单位
MUS	每万人拥有博物馆数	座
EMP	博物馆从业人员数	人
FIN	博物馆业财政投入	万元
URB	城市化水平	%
PGDP	经济发展水平	元
CUS	城镇居民人均文化消费支出	元

表 5-2　相关变量统计性描述分析

变量	单位	平均值	标准差	最小值	最大值	Jarque-Bera
MUS	座	0.0186	0.0091	0.0029	0.0631	247.32***
EMP	人	1715.64	1302.14	105.00	8715.00	238.92***
FIN	万元	18061.38	28231.7	429.300	353284.0	72524.13***
URB	%	44.11	15.37	16.24	89.76	79.63***
PGDP	元	29157.23	18422.44	5052.00	93173.00	78.00***
CUS	元	780.28	419.91	285.10	2482.40	238.49***

注：*** 表示 1%的显著性水平。

5.4.2　变量数据描述分析

基于年度解释变量和被解释变量的数据，我们分析每万人拥有博物馆数(MUS)、博物馆从业人员数（EMP)、博物馆业财政投入（FIN)、城市化水平（URB)、经济发展水平（PGDP)、城镇居民人均文化消费支出（CUS）的变化趋势。

5.4.2.1　博物馆发展水平

分析我国东、中、西部三大区域平均每万人拥有博物馆数（见图 5-1）可见，2005~2015 年，我国平均每万人拥有博物馆数呈现缓慢上升的趋势。但让人感觉意外的是，近年来西部地区的平均每万人拥有博物馆数明显高于中、东部地区，主要是因为城市化的快速推进，中、西部地区的大量居民迁移到经济发达的东部地区，导致东部地区人口增长率和城市化率远高于中、西部地区。东部地区人口快速增加，导致城市土地价格快速上升，大量的土地用于城市房地产和商业建设用地，而作为非营利机构的博物馆没有受到各级政府和相关机构的足够重视，博物馆的建设速度远低于城市人口的增长率。因此，东部地区的每万人拥有博物馆数低于中、西部地区，与地区社会经济发展水平不匹配。

5.4.2.2　博物馆从业人员数和政府财政投入

东、中、西部区域博物馆从业人员数呈现出波动增长的变化特点(见图 5-2)。总体来看，中部和东部地区的从业人员数基本相同，差别不大；西部地区明显低于东部和西部地区。但是，西部地区博物馆从业人员数增长速度高于东部和中部地区，2005~2015 年，西部地区博物馆从业人员数年平均增长率为 9.7%，而东部和中部地区的从业人员数年平均增长率分别仅为 7.7%和 7.9%。

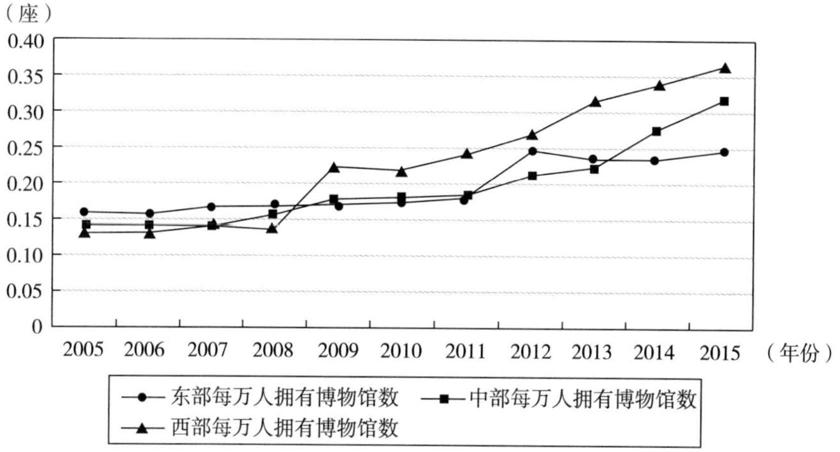

图 5-1　2005~2015 年东、中、西部区域每万人拥有博物馆数变化趋势

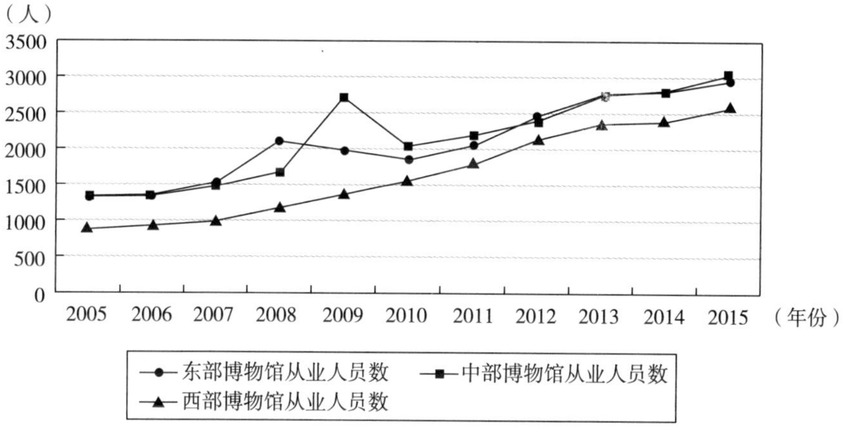

图 5-2　2005~2015 年东、中、西部区域博物馆从业人员数变化趋势

由图 5-3 可以看出，东、中、西部三大区域财政对博物馆业平均投入水平东部最高，中、西部地区投入水平依次下降。这一点与三大区域的经济发展水平差异相符合。2005~2015 年，东部地区博物馆业年平均财政投入为 3.55 亿元①，而中部和西部地区的年财政平均投入分别为 2.37 亿元和 2.04 亿元，东部财政投入平均水平分别是中部的 1.50 倍和西部的 1.74 倍。

① 由 2005~2015 年的财政投入数求平均。

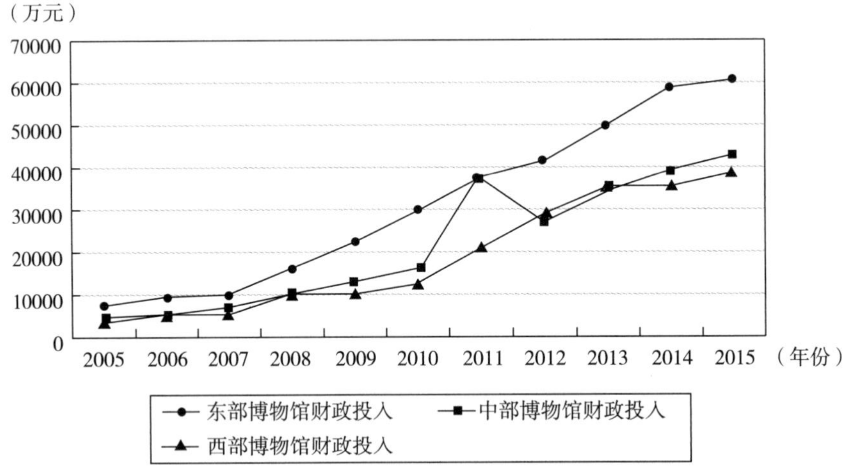

图 5-3　2005~2015 年东、中、西部区域博物馆业财政投入变化趋势

5.4.2.3　城市化进程

图 5-4 展示出我国三大区域城市化水平变化情况，从中可以看出，从东部到中西部地区，城市化水平依次下降。东部地区从 2005 年开始，平均城市化水平超过 50%，到 2015 年达到 67.6%。而在相同阶段，中部地区的平均城市化水平在 39%~53%，西部地区则更低。目前，各省份平均城市化水平还没超过 48%。

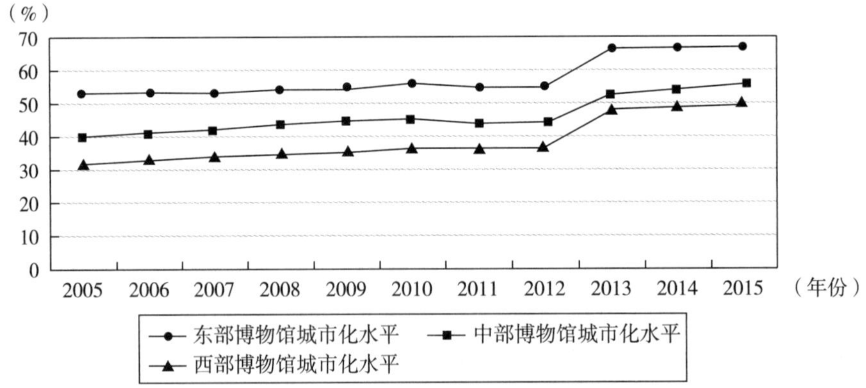

图 5-4　2005~2015 年东、中、西部区域城市化水平变化趋势

5.4.2.4　经济发展水平

由图 5-5 可知，东、中、西部三大区域的经济发展水平分布情况与其城市化水平分布相似，也是东部地区远高于中、西部地区，东部人均 GDP 十年平均为 55000 元，是中部的 1.81 倍和西部的 2.34 倍。但是，中西部地区人均 GDP 的增长速度远快于东部地区，2005~2015 年，中、西部的人均 GDP 年均增长率分别为 13.6%和 14.5%，而东部地区仅为 10.4%。

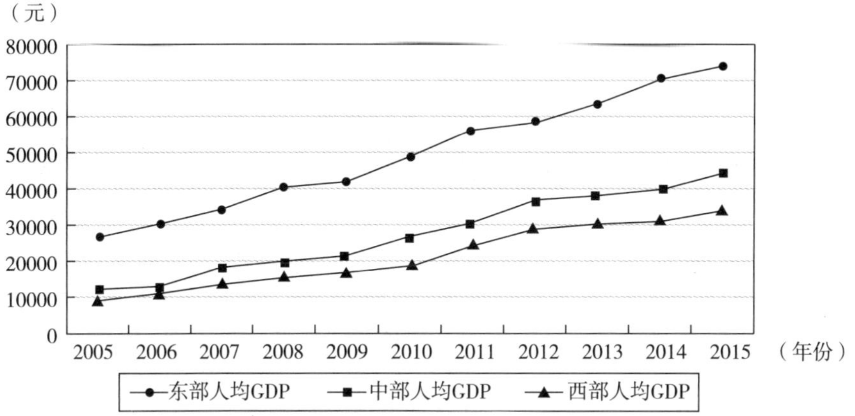

图 5-5　2005~2015 年东、中、西部区域经济发展水平变化趋势

5.4.2.5　居民文化消费支出

从图 5-6 可以看出，2005~2015 年，我国东、中、西部区域城镇居民人均文化消费平均支出均呈增长态势，但是东部地区的城镇居民人均文化消费支出水平高于中、西部地区的城镇居民人均文化消费支出水平，东部地区的城镇居民人均文化消费支出水平是中、西部地区的城镇居民人均文化消费支出水平的 1.5~1.7 倍。可见，文化消费水平与经济发展水平之间是密不可分的。但值得注意的是，尽管中部地区经济发展水平好于西部地区，但是在人均文化消费支出上，中部与西部地区几乎没有差异，甚至前几年还落后于西部地区。

图 5-6　2005~2015 年东、中、西部区域城镇居民文化消费支出变化趋势

5.5 实证分析

5.5.1 单位根检验和协整检验

一般来说，大多数经济变量是非平稳序列。如果使用一个非平稳序列进行回归分析，将产生伪回归问题。处理非平稳序列的方法通常是将它转换为一个平稳的序列，然后用相应的方法进行实证分析。面板的稳定性检验是面板单位根检验，结果如表 5-3 所示。研究结果表明，大多数的变量是不稳定的，但它们的一阶差分序列是平稳的。基于面板数据进行两变量的面板协整检验，发现各自变量与因变量之间均存在协整关系（见表 5-4）。此外，博物馆业发展与其所有解释变量之间也存在整体协整关系（见表 5-5）。

表 5-3 面板数据单位根检验统计

	变量	Fisher ADF		Fisher PP		IPS	
		截距项	截距项和趋势项	截距项	截距项和趋势项	截距项	截距项和趋势项
水平值	MUS	28. 1038	32. 3973	27. 5223	41. 5707	4. 94951	1. 65654
	EMP	36. 1228	74. 3381*	57. 0322	144. 964***	3. 35700	-0. 21303
	FIN	44. 1547	76. 7094**	47. 1958	132. 124***	2. 76116	-0. 58733
	URB	71. 2504	40. 4867	91. 5475***	71. 0368	0. 30686	0. 84984
	PGDP	14. 5083	75. 1678*	22. 1590	151. 54***	3. 65272	-0. 59406
	CUS	36. 7630	58. 766	45. 3074	103. 726	2. 18433	0. 10341
一阶差分	MUS	85. 234**	78. 323**	97. 706***	136. 583***	-1. 522*	-0. 5024
	EMP	136. 244***	77. 582**	201. 690***	146. 593***	-4. 818***	-0. 649
	FIN	162. 235***	128. 734***	210. 559***	230. 250***	-6. 601***	-2. 596***
	URB	101. 387***	71. 814	129. 520***	123. 967***	-2. 934***	-0. 430
	PGDP	140. 877***	71. 393	241. 024***	151. 484***	-5. 169***	-0. 411
	CUS	136. 159***	90. 593***	188. 515***	184. 468***	-5. 012***	-0. 928

注：基于 AIC 和 SC 信息准则选取最优滞后期。* 表示 10%的显著性水平，** 表示 5%的显著性水平，*** 表示 1%的显著性水平。

表 5-4 因变量与各自变量的双变量协整检验统计

	Test statistics	EMP	FIN	URB	PGDP	CUS
Whole	Panel v-Statistic	0.030	3.638***	-0.332	3.821***	1.730**
	Panel rho-Statistic	0.508	-0.805	4.581	1.423	4.607
	Panel PP-Statistic	-1.900**	-2.320**	-1.819**	-2.111**	0.689
	Panel ADF-Statistic	-3.4213***	-2.6119***	-8.678***	-6.913***	-6.469***
	Group rho-Statistic	2.695	1.923	4.857	2.228	5.011
	Group PP-Statistic	-2.268**	-2.575***	-5.9336***	-2.567***	-6.241***
	Group ADF-Statistic	-5.7070***	-3.289***	-6.121***	-6.425***	-7.967***
East	Panel v-Statistic	1.4981*	4.5135***	1.466*	5.855***	3.034***
	Panel rho-Statistic	-0.410	-0.291	-0.304	-0.145	-1.220
	Panel PP-Statistic	-1.545*	0.401	-0.999	0.896	-5.656***
	Panel ADF-Statistic	-1.558*	-0.103	-2.561***	-2.089**	-2.530***
	Group rho-Statistic	1.182	0.195	1.028	0.994	0.820
	Group PP-Statistic	-3.657***	-2.416***	-4.987***	-1.979**	-7.367***
	Group ADF-Statistic	-4.915***	-3.278***	-3.939***	-2.126**	-3.146***
Cente	Panel v-Statistic	-1.761	-4.180	-4.139	-2.755	-4.133
	Panel rho-Statistic	-1.794**	2.654	2.301	1.798	2.271
	Panel PP-Statistic	-5.161***	-5.490***	-6.388***	-2.775***	-5.018***
	Panel ADF-Statistic	-6.650***	-9.044***	-5.787***	-3.415***	-9.673***
	Group rho-Statistic	1.055	2.888	1.945	2.343	3.063
	Group PP-Statistic	-4.234***	-5.872***	-7.560***	-7.844***	-5.219***
	Group ADF-Statistic	-2.221**	-5.3188***	-1.953**	-3.544***	-6.403***
West	Panel v-Statistic	-1.426	0.168	-1.493	0.412	-1.244
	Panel rho-Statistic	0.400	-2.697***	0.026	-0.036	0.262
	Panel PP-Statistic	-2.775***	-3.745***	-4.031***	-1.712**	-2.288**
	Panel ADF-Statistic	-4.095***	-1.489*	-2.267**	-1.741**	-2.289**
	Group rho-Statistic	1.577	-0.297	0.885	1.267	1.493
	Group PP-Statistic	-3.315***	-4.329***	-5.969***	-1.723**	-2.310**
	Group ADF-Statistic	-3.098***	0.431	-2.131**	-0.021	-2.233**

注：基于 AIC 和 SC 信息准则选取最优滞后期。* 表示 10%的显著性水平，** 表示 5%的显著性水平，*** 表示 1%的显著性水平。

表 5-5 面板协整检验

协整检验	全国	东部地区	中部地区	西部地区
ADF stat	-5.0105***	-1.4391*	-5.16489**	-2.4010***
Residual variance	0.031640	0.018845	0.040341	0.035939
HAC variance	0.029489	0.010750	0.041115	0.026998

注：* 表示 10%的显著性水平，** 表示 5%的显著性水平，*** 表示 1%的显著性水平。

5.5.2 因变量与自变量关系分析

散点图可具体显示变量之间的关系形式，使用 30 个省份面板数据，得到博物馆业发展水平及其影响因素之间的关系散点图。如图 5-7 所示，有大量的线性和非线性关系存在于博物馆业发展水平与其影响因素之间（LMUS、LURB、LCUS、LEMP 和 LFIN）。这也说明本书采用非参数可加回归模型分析博物馆业发展与其影响因素之间的关系是合理和适用的。

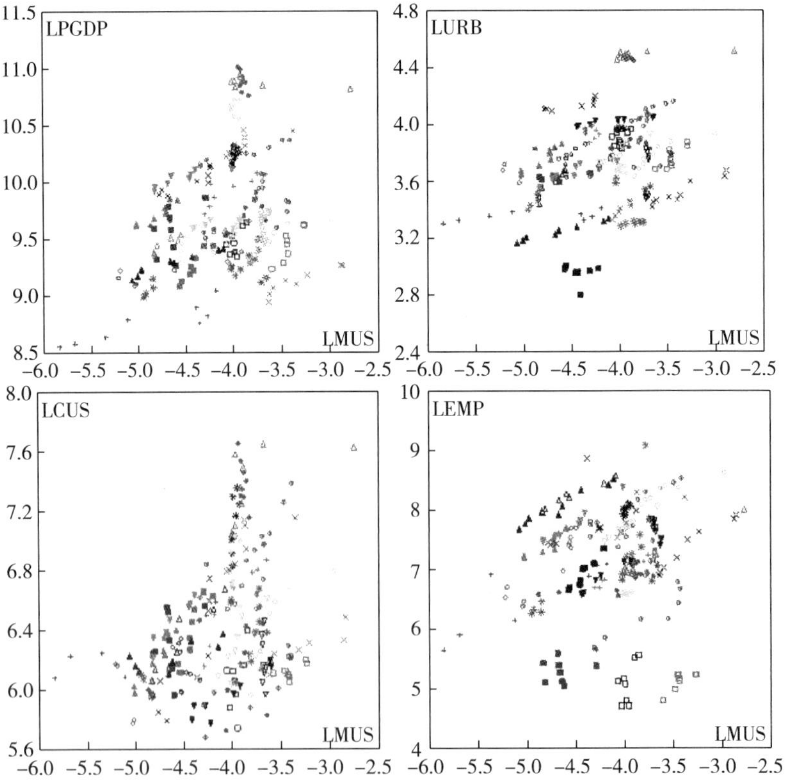

图 5-7 博物馆业发展水平与其影响因素之间的关系散点图

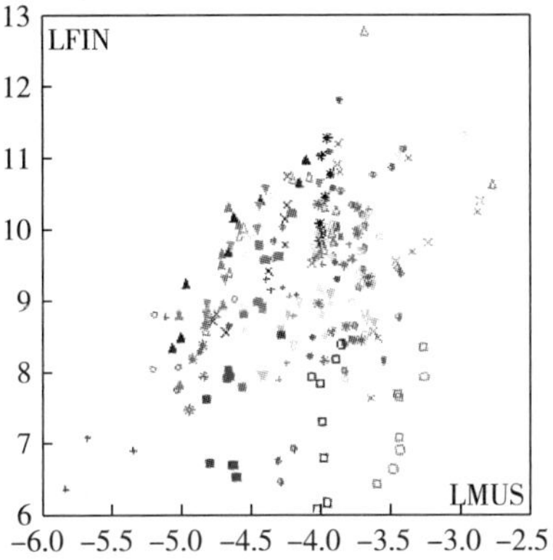

图 5-7 博物馆业发展水平与其影响因素之间的关系散点图（续图）

资料来源：基于 30 个省、区、市面板数据绘制而成。

5.5.3 非参数可加回归模型稳健性检验

为了确认本书所采用的非参数可加回归模型是稳健的，我们运用线性面板数据模型模拟相同的面板数据。全国和东、中、西部区域的豪斯曼检验（Hausman Test）结果和似然比检验（Likelihood Ratio Test）都拒绝原假设，表明我们应该使用固定效应面板数据模型分析博物馆业驱动因素的影响（见表 5-6）。表 5-7 和表 5-8 分别给出了线性固定效应模型和非参数的线性部分的估计结果，可以看出，非参数的结论线性部分的结果与线性回归模型结果基本是一致的。

表 5-6 面板数据模型类型的选择

检验类型	全国	东部地区	中部地区	西部地区
Hausman Test	32.874***	27.824***	7.37936	18.0782***
Likelihood ratio test	46.5586***	30.0207***	22.1477***	47.3936***
模型类型	固定效应模型	固定效应模型	固定效应模型	固定效应模型

注：基于 AIC 和 SC 信息准则选取最优滞后期。* 表示 10%的显著性水平，** 表示 5%的显著性水平，*** 表示 1%的显著性水平。

表 5-7 全国及东、中、西部博物馆业发展影响因素线性面板数据模型估计结果

变量	全国	东部地区	中部地区	西部地区
EMP	0.643***	0.449**	0.513***	0.638***

续表

变量	全国	东部地区	中部地区	西部地区
FIN	0.032*	0.109***	0.083**	0.135***
URB	0.535***	1.656***	0.494***	0.584*
PGDP	-0.417***	-0.566**	-0.667***	-0.689**
CUS	0.213***	0.434***	0.344***	0.090
_CONS	-8.294***	-9.933***	-6.325***	-5.747**
R^2	0.970	0.965	0.965	0.966
Adjusted R^2	0.965	0.958	0.957	0.959
F-statistic	191.7245***	132.673***	121.266***	127.779***
Sum squared resid	5.816	2.994	4.655	1.851
Obs.	240	88	72	80
Individuals	30	11	9	10
估计模型	固定效应模型	固定效应模型	固定效应模型	固定效应模型

注：基于 AIC 和 SC 信息准则选取最优滞后期。* 表示 10%的显著性水平，** 表示 5%的显著性水平，*** 表示 1%的显著性水平。

表 5-8　全国及东、中、西部博物馆业发展影响因素非参数模型线性部分估计结果

变量	全国	东部地区	中部地区	西部地区
EMP	-0.124**	-0.160***	0.287***	-0.008
FIN	0.163***	0.128***	0.139**	0.274***
URB	0.373***	0.171**	0.446**	2.181***
PGDP	0.117	0.096	0.889***	0.460***
CUS	0.301**	0.854***	0.490***	0.854***
_CONS	-6.925***	-7.112***	-14.817***	-4.451**
Sum squared resid	4.111	2.440	1.780	1.224
Obs.	240	88	72	80
Individuals	30	11	9	10

注：* 表示 10%的显著性水平，** 表示 5%的显著性水平，*** 表示 1%的显著性水平。

为了比较两种评估模型的优点和缺点，我们计算残差平方和。表 5-7 和表 5-8 的结果表明，非参数可加回归模型的残差平方和小于传统的线性面板数据模型的残差平方和，这表明非参数可加回归模型的拟合效果更好。基于上述结果，我们有理由相信，非参数可加回归模型不仅能准确把握线性关系，而且可以描述各影响因素对博物馆业发展水平的非线性影响。更重要的是，非参数可加回归模型比传统的线性回归模型有更好的拟合优度。因此，我们使用它来实现实证分析，使结果更加准确和科学。

5.5.4 线性影响分析

从表5-8可以看出，非参数可加回归模型拟合效果较好，绝大多数解释变量的线性部分都在10%或更高显著性水平上通过了显著性检验。全国和东、中、西部三大区域回归的结果显示：

第一，就全国而言，博物馆从业人员数弹性系数为负，表明博物馆从业人员增加对博物馆的发展并不能起促进作用，弹性系数为-0.124，表示从业人员每增加1个百分点，将导致全国博物馆数量减少0.124个百分点。可见，博物馆安排大量闲杂人员，导致人浮于事、博物馆开支费用增加，不利于博物馆业的发展。财政投入的弹性系数为0.163，即财政投入每增加1个百分点，将导致全国博物馆数量增加0.163个百分点。因为我国博物馆是国家的公共文化服务机构之一，博物馆的日常经费来自于政府财政支持，因此财政投入增加有利于博物馆规模扩大。城市化的线性弹性系数为0.373，是所有影响因素中弹性系数最大的，说明城市化发展对博物馆业发展是至关重要的，区域城市化水平的提升为博物馆的发展提供了潜在的服务对象和服务需求。经济发展水平的弹性系数为0.117，表明经济发展对于博物馆业发展水平的提升有一定的促进作用。城镇居民文化娱乐消费的弹性系数仅次于城市化，为0.301。全国博物馆总量中，民营和个体所有的博物馆占有一定比重，这些博物馆的参观需要支付一定费用，城镇居民文化娱乐消费支出水平直接促进了全国博物馆总量扩大。

第二，就东部地区而言，城镇居民文化娱乐消费支出对博物馆业发展的影响强度最大，其弹性系数为0.854。东部地区是我国经济最发达的经济带，高额的居民可支配收入使城镇居民文化娱乐消费支出意愿和实际支出均显著增加，对博物馆业发展影响明显。城市化的弹性系数为0.171，其影响强度仅次于城镇居民文化娱乐消费支出。博物馆从业人员数弹性系数为负，表明博物馆从业人员增加对博物馆业发展起不到推动作用，且其弹性系数为-0.160，具体原因与全国情况相同。财政投入的系数为正，表明财政投入增加对东部地区博物馆业的发展起到促进作用，与全国情况相似。其弹性系数为0.128，即财政投入每增加1个百分点，将带动东部地区的博物馆数量增长0.128个百分点。经济发展对东部地区博物馆业发展影响程度最低，其弹性系数仅为0.096，表明经济发展水平与博物馆业发展关联程度不高，主要原因是博物馆业主要是公共事业单位，其发展、扩大均受政府直接管理，与市场经济发展程度关系并不密切，没有体现出市场经济发展对其需求程度。

第三，就中部地区而言，经济发展水平对中部地区博物馆业的发展影响程度最高，其弹性系数为0.889，远高于全国和东部地区。主要原因是中部地区的经济发展水平介于东、西部地区之间，经济发展对文化事业发展的冲击远没有东部地区的强度高，在经济发展过程中，当地政府可以从办公用地和资金等各方面促进博物馆业发展。而对于经济快速发展、土地资源越发紧张的东部地区而言，划出一定面积建设新的博物馆就显得非常困难。城镇居民文化娱乐消费支出对博物馆业发展的影响仅次于经济发展水平，弹性系数为0.490，表明城镇居民文化娱乐消费支出每增加1个百分点，博物馆数量将增加0.490个百分点。城市化和财政投入的弹性系数分别为0.446和0.139，与全国情况基本相似。中部地区的博物馆从业人员数的影响为正，即从业人员增加将促进中部地区博物馆业发展，这与全国和东部地区的情况相反。这表明中部地区的博物馆从业人员规模与其博物馆业发展适合，适度增加从业人员将有利于中部地区的博物馆业发展。鉴于全国和东、西部地区都表现为阻碍效应，在未来的博物馆业发展过程中，中部地区各地方政府管理部门应规划好人员安排与博物馆业发展之间的关系，使两者之间相互促进。

第四，就西部地区而言，城市化的影响强度最大，弹性系数为2.181，这与全国情况相同，说明西部地区在城市化进程中较好地兼顾了城市人口快速增加与博物馆业扩大之间的协调关系。城镇居民文化消费支出对博物馆业发展的影响强度与东部地区相同，其弹性系数也为0.854。经济发展水平的弹性系数为0.460，说明经济发展对西部地区博物馆业发展的作用显著，经济发展水平每增加1个百分点，博物馆业发展水平将增加0.460个百分点。从业人员数对博物馆业发展的影响系数也为负，这与全国和东部地区的情况相同，主要原因相似，在此不再赘述。

由此可见，博物馆发展水平受博物馆从业人员数、财政对博物馆业的投入规模、城市化水平、人均国内生产总值和城镇居民文化娱乐消费支出五个因素的影响。从全国层面看，城市化水平是影响全国博物馆发展水平的主要因素，但是从东、中、西部三大区域看，东部地区的城镇居民文化娱乐消费支出是影响其博物馆发展的主要因素，而经济发展水平是制约中部地区博物馆发展的主要因素，城市化水平是影响西部地区博物馆发展水平的重要因素。因此，制定我国博物馆发展政策不能“一刀切”，必须结合各区域的具体情况，做到因地制宜。

5.5.5 非线性影响分析

图 5-8 至图 5-12 描述了各影响因素对博物馆业发展水平的非线性影响，这些非线性结果可以进一步补充和完善上述线性估计结果所反映的内容。

第一，从业人员数对全国和三大区域博物馆业发展的非线性影响均通过卡方显著性检验。对于全国和东部地区来说，从业人员的非线性影响都表现为一个正“U”形，说明在早期阶段，从业人员增加不利于全国和东部地区博物馆业的发展，其主要原因是在早期资金不宽裕的条件下，过多增加从业人员只能增加博物馆业的负担，不利于其发展；而到中后期阶段，政府有充分的资金投入博物馆业，各个博物馆规模和总量扩大需要增加相应的从业人员来支撑博物馆业的发展。从业人员对于中、西部地区的非线性影响则表现为一个倒“U”形，表示早期发展阶段从业人员增加可以促进博物馆业的发展；而到中后期阶段，从业人员增加过多则阻碍了博物馆业的有效发展。

第二，政府财政投入对于全国和三大区域博物馆业发展的非线性影响都没有通过卡方显著性检验，说明财政投入对博物馆业发展的线性影响已经能较好地解释因变量的变化了。

第三，城市化对全国博物馆业发展的非线性影响没有通过卡方显著性检验。城市化对东中部地区的非线性影响表现为一个倒“U”形，表示城市化早期阶段，城市化的发展促进了博物馆业的发展，而到中后期阶段，城市化的进一步推进不利于博物馆业的发展。主要原因是在城市化早期阶段，城市人口快速激增，各地城市规模不断扩大的同时均考虑到博物馆规模和总量的扩大；但是，随着城市化的进一步发展，城市发展建设用地越来越紧张，阻碍了各个城市博物馆数量的增加。城市化对西部地区博物馆业发展的非线性影响表现为一个正“U”形，这是因为在早期阶段，西部地区人口向东部、中部经济发达地区迁移规模逐步增加，使西部地区的城市化进程缓慢，西部地区城市人口增长缓慢不利于当地博物馆业的发展；而到中后期阶段，国家加大对西部地区经济发展的扶持力度，西部地区城市化速度逐步加快，城市人口总量增加迅速，这些都促进当地政府在城市规划建设中注重居民文化需求，相应增加博物馆等文化机构建设，满足居民文化方面的需求。

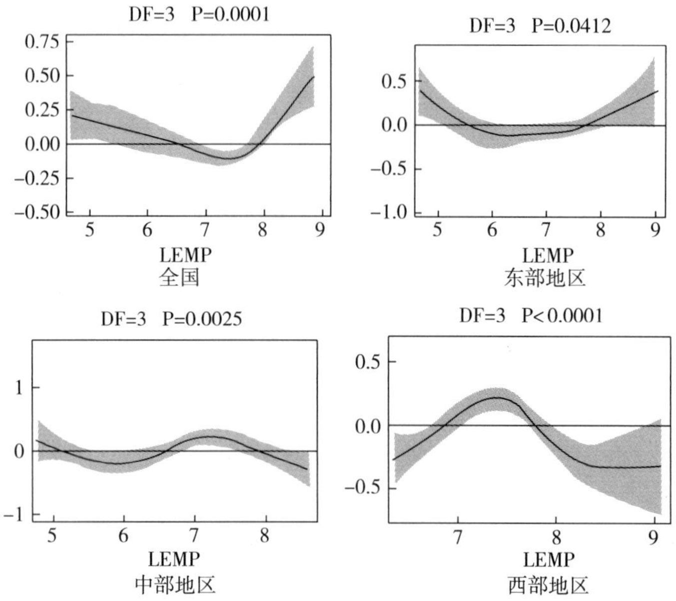

图 5-8　博物馆从业人员对博物馆业发展非线性影响

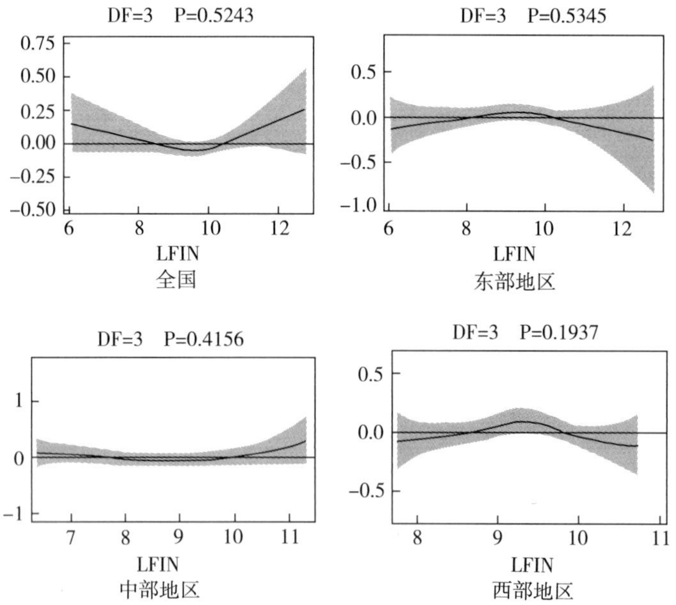

图 5-9　财政投入对博物馆业发展非线性影响

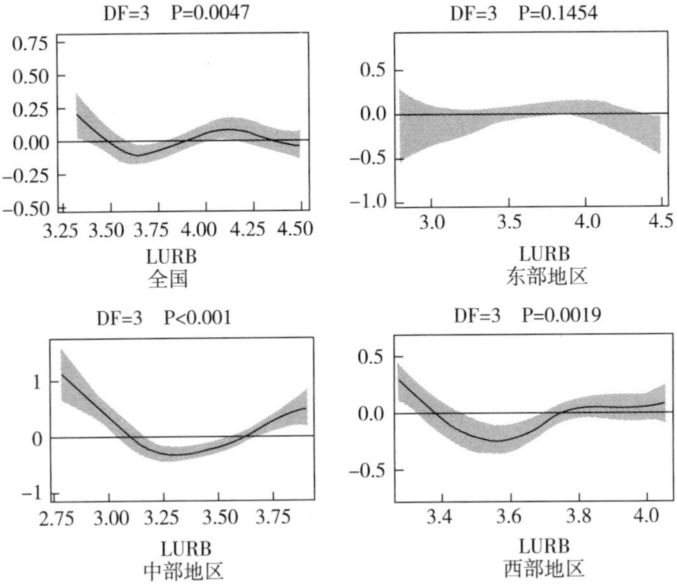

图 5-10 城市化水平对博物馆业发展非线性影响

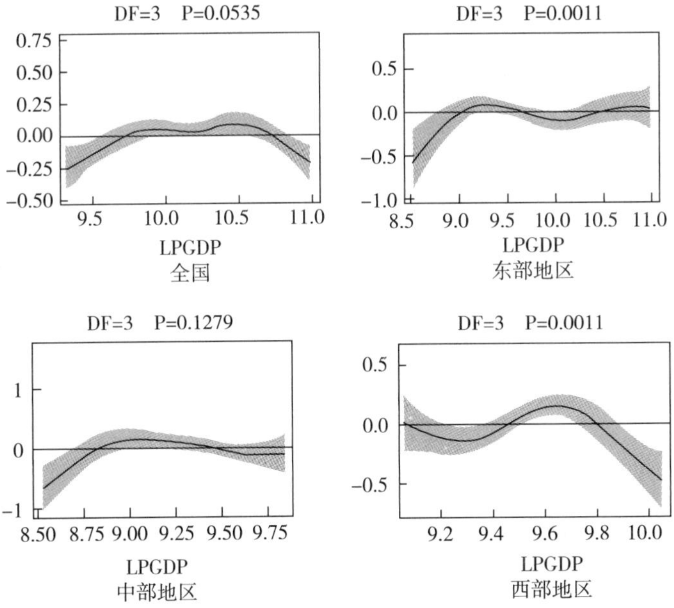

图 5-11 经济发展水平对博物馆业发展非线性影响

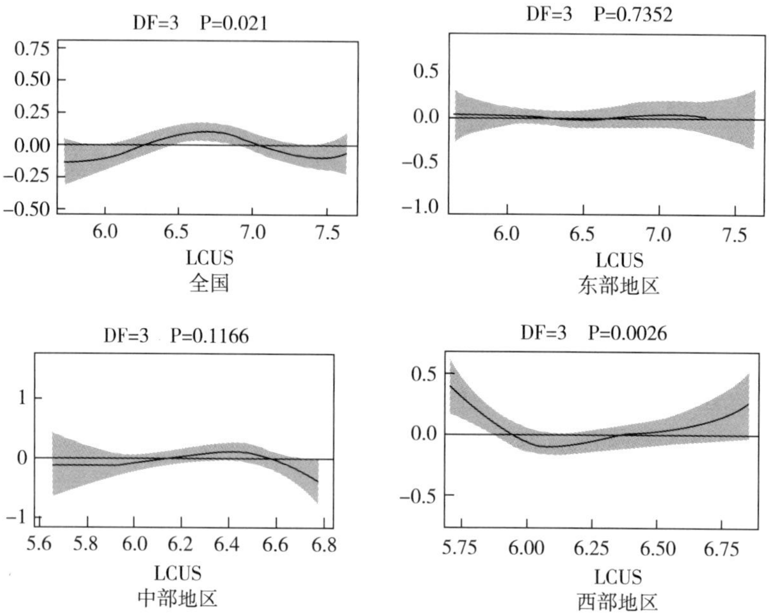

图 5-12 城镇居民文化消费支出对博物馆业发展非线性影响

第四，经济发展水平对全国和东部、中部地区的非线性影响均通过显著性检验，并且表现为一个尾部倒“U”形非线性影响。这说明在经济增长早期阶段，政府本着经济建设和精神文明建设协调发展的思路，在经济发展的同时兴建新的博物馆以满足不断增长的居民精神文化方面的需求。但当经济发展到一定阶段，城市建设用地越发紧张，兴建新的博物馆的机会成本快速上升，相较于其他商业机构收入，博物馆作为公共非营利机构的创造市场价值能力几乎没有，因此导致地方政府兴建新的博物馆积极性不高。另外，城市建设用地成本上升也阻碍了民营和个体博物馆的发展。经济发展水平对西部地区博物馆业发展非线性影响没有通过显著性检验。

第五，城镇居民文化娱乐消费对东部和中部地区的博物馆业发展的非线性影响表现为一个尾部正“U”形，说明在这两个地区，城镇居民文化娱乐消费支出对博物馆业发展的贡献是有限度的。在早期阶段，城镇居民收入较低导致其文化娱乐消费支出较少，不利于中、东部地区的博物馆发展，一旦城镇居民收入增加，其文化娱乐消费支出也相应增加，则正面效应开始凸显，促进博物馆业发展。城镇居民文化娱乐消费对全国和西部地区的博物馆业发展的非线性影响没有通过显著性检验。

5.6 本章小结

本章主要研究结论如下:

第一，通过前期文献的追踪分析，发现我国博物馆测度评价已经积累了一定的经验，但与较早开展博物馆评估的欧美国家相比还有一定差距。因此，借鉴国外在博物馆绩效评估中的做法，改进我国博物馆业服务评估体系、评估方法是可取之举。

第二，从我国公共博物馆发展现状及其影响因素分析看，我国平均每万人拥有博物馆数呈现缓慢上升的趋势，但西部地区的平均每万人拥有博物馆数明显高于中、东部地区；中部和东部地区的从业人员数基本相同，差别不大，而西部地区要明显低于东部和西部地区；财政对博物馆业平均投入水平东部最高，中、西部地区投入水平依次下降；我国三大区域城市化水平从东部到中、西部地区，城市化水平依次递减；东、中、西部三大区域的城市化水平与其经济发展水平分布情况相似，也是东部地区远高于中、西部地区；城镇居民人均文化消费平均支出均呈增长态势，东部地区的城镇居民人均文化消费支出水平要高于中、西部地区，中部与西部地区几乎没有差异，甚至前几年还落后于西部地区。

第三，基于现有研究和相关博物馆发展理论，筛选相应经济变量，采用非参数可加回归模型，从经济学角度探讨了我国区域博物馆业发展不平衡的深层次原因。研究表明，不同驱动因素对不同区域博物馆业发展的影响方向与影响强度是不同的，存在显著的差异。

第四，从全国层面看，城市化水平是影响全国博物馆发展水平的主要因素；从三大经济区域看，城镇居民文化娱乐消费支出是影响东部博物馆发展的主要因素，经济发展水平是制约中部地区博物馆发展的主要因素，城市化水平是影响西部地区博物馆发展水平的重要因素。

第五，制定我国博物馆发展政策不能“一刀切”，必须结合各区域博物馆发展具体情况及主要影响因素，做到有所为和有所不为。

第6章 我国群众文化艺术馆业区域发展差异影响因素测度

6.1 导言

群众文化艺术馆是公共文化服务体系不可或缺的组成部分，其主要职能是向大众提供艺术欣赏、文化教育和文化休闲娱乐服务，以满足社会大众的文化消费需求。在我国，群众文化机构一般是按照政府行政层级分级设置的，即省市设群众艺术馆，县设文化馆，县以下的农村乡镇和城市街道设文化站。近年来，随着我国公共文化服务政策的实施，我国的群众文化艺术机构无论是总量还是类型都有较大的发展。《中国统计年鉴》（2016）数据显示，截至2015年底，我国拥有各类型文化馆（站）44291个，拥有从业人员173499人，全年接待观众数量超过54827万人次。尽管全国群众文化机构规模较大，与国家全面建设小康社会的要求相比、与人民群众日益增长的精神文化需求相比，我国群众文化事业的发展过程中还存在许多问题，其中包括了群众文化艺术馆业区域发展不均的问题，这是与我国公共文化服务均等化政策相违背的。因此，对我国群众文化艺术馆业发展区域差异影响因素的测度研究，对于提升我国公共文化服务水平、落实公共文化服务均等化政策是有积极意义的。

国外的相关理论研究中，与群众文化相似的概念是大众文化（Popular Culture）、平民文化（Civilian Culture）、流行文化（Popular Culture）、通俗文化（Popular Culture），它最早出现于西方发达国家。对何谓大众文化，国内外学者众说纷纭。法兰克福学派认为，大众文化是借助于大众传媒而流行于大众之中的通俗文化，它融合了艺术、流行音乐宗教和哲学等相关内容（李念，2012）。国内有的学者认为，大众文化是众人喜好的文化，是不登大雅之堂的文化，是有意迎合大众的文化，是在确定了的高雅文化之后的剩余文化（杜秀春，2008）。可见无论中外，大众文化都具有雅俗共赏的特征。群众文化和大众文化在某些表象上有着许多相似之处（如群众的广泛参与，轰轰烈烈的文化活动等），很容易混淆。两者最本质的区别在于，前者是市场文化，是以现代大众传播媒介为手段，以市场为依托，向人们提供文化消费产品、场所、服务等城市文化现象，不涉及意识形态的灌输问题；而群众文化是我国一种独特的社会文化现象，是社会主义主文化，是以群众为载体、以文化活动作为表现形式的一种群众文化活动，普及文化艺术知识，开展社会教育培训，提高人民群众的素质，促进群众身心全面发展，对开展社会主义精神文明的建设具有重要的作用，具有突出的群众性和社会性、公益性和服务性，而且公益性是群众文化的最本质特征。

在欧美国家，大众文化艺术馆不仅是国家向外来人员展示其文化艺术发展历程背景、让外来人员了解当地文化和历史的一个窗口，而且是当地居民享受文化娱乐和艺术教育的重要场所。在我国，尽管群众文化艺术馆总量增加迅速，但是大众对群众文化艺术的参与热情并不高，更谈不上成为当地居民文化休闲娱乐和艺术熏陶的首选场所。为什么会出现这种局面？近年来，有一部分研究公共文化服务的理论工作者把研究视角转移到群众文化艺术馆业，但相对于公共文化的其他服务形式而言，国内外对群众文化艺术馆发展水平及其影响因素的相关研究少之又少。在中国知网以“群众文化艺术”“评价”“成因”为检索词，至今没有一篇理论研究文章；在维普网站，同样以上述内容为检索条件，检索结果有几篇论文，但这些研究成果大多是地方群众文化艺术馆工作的经验总结，必要时给予一定描述性统计说明。这充分说明我国对群众文化艺术馆的理论研究是相当匮乏的，基本上处于自发和断断续续的研究状态，尤其是针对群众文化艺术馆的评价测度研究，几乎是空白。2017 年国家文化部发布的《“十三五”时期繁荣群众文艺发展规划》中明确要求各级文化行政部门承担规划落实的主体责任，建立规划实施的监督检查机制，将规划实施情况作为对文化馆（站）绩效考核和评估定级的重要参考依据。可以预见，在未来的群众文化艺术馆研究中，会有一部分研究工作者关注群众文化艺术馆的建设标准和评价指标体系的建立及统计评价方法等方面的研究内容。对群众文化艺术机构的发展绩效及影响因素进行定量分析，有利于政府部门的有效监管和文化部门的自我管理，从而更好地提高公共文化服务的质量。

6.2 群众文化艺术馆业发展水平影响因素理论探析

近几年来，国内对群众文化艺术馆业发展的成因展开了研究。有研究（陈卫东和李红霞，2014；贾敏，2015）认为，文化馆业若要大发展，需要人力、物力和财力支持，既要扩大文化馆从业人员的规模，同时各级政府部门也要采取财政支持，因为文化馆基本是一种公益性事业，如果没有政府的财政支持，无法向社会大众提供相应的文化艺术服务。李芳（2014）认为，文化馆从业人员数量和服务水平影响着社会大众参与文化馆参观和消费的积极性。苟红（2014）通过对农村公共文化服务调研指出，经费投入不足和高水平人员短缺成为阻碍农村文化馆业发展的主要障碍。唐健春（2014）分析指出，随着我国城市化进程的快速推进，大批农村剩余劳动力涌入城市就业，使得过去由农村地区负担的文化发展压力快速转移到城市地区，而城市的基层文化建设相对滞后，难以满足城市新移民对文化消费的需求。李晓军（2014）认为，群众文化受区域经济发展水平的影响，群众文化艺术馆投入的资金短缺、设施薄弱、保障不全等是影响群众文化发展的重要因素。

综上可见，群众文化艺术馆的发展水平涉及区域经济发展水平、对群众文化艺术馆的财政投入力度、群众文化艺术馆从业人员规模及素质、场地设备以及城市化进程等因素的制约。

上述文献促进了我国理论工作者对群众文化艺术馆业的研究，也为后续研究奠定了一定的基础，但是还存在一些不足，主要体现在以下几个方面：首先，对群众文化艺术馆业的计量分析还是一个比较新的研究领域。进入中国知网，在“篇名”检索项下输入“群众文化艺术”“指标体系”“评价”等关键词条，发现从理论视角研究群众文化艺术馆领域的学者相对较少，相关文献寥寥无几。其次，现有研究大多从理论角度分析各影响因素与群众文化艺术馆业发展之间的关系，缺乏相应的数量模型和经验检验。最后，已有的研究均从全国角度研究群众文化艺术馆业发展的影响因素。我国幅员辽阔，自然资源禀赋、经济和社会文化发展水平都存在显著的区域差异，而群众文化艺术活动具有明显的区域性特征，忽略区域因素使得已有研究结论存在较大争议，提出的政策措施实用性不高。

鉴于以上不足，我们希望从以下角度尝试着进行一定创新性的研究。一是基于现有研究和相关群众文化艺术馆业发展理论，筛选相应经济变量，采用计量模型进行实证分析，量化各影响因素与群众艺术馆业发展变化的关系。

二是基于我国各省份经济、社会发展的不均衡性和相应的区域划分法，采用2005~2015年省际面板数据区域群众文化艺术馆发展影响因素进行定量测评，以揭示各区域群众文化艺术馆业发展的主要影响因素及其影响机制，为各地方政府相关部门促进本地群众文化艺术馆业发展提供决策依据。

6.3 计量方法介绍和模型设定

6.3.1 分位数回归方法理论介绍

分位数回归方法最早是由Koenker和Bassett（1978）提出，分位数回归是对传统普通最小二乘法估计不同条件回归函数的一个扩展。众所周知，在回归分析中通常用最小二乘法拟合模型中的参数，但其假设前提之一是线性模型的误差项必须符合方差齐性，然而在现实中，变量值往往不能满足这一假定。因此，当模型存在异方差性时，如果依然用最小二乘法拟合，往往会造成严重偏差。然而，分位数回归并无这一要求，它的适用范围相对要广。另外，线性模型的随机误差服从正态分布假设，能确保用最小二乘法可以得到最优拟合，但分位数回归并无这一限制，因为相对于最小二乘法只对因变量条件期望进行拟合来说，分位数回归可以将研究重点放在因变量的任意条件分位数上，能精确反映因变量不同部分随自变量变化的差异。对于不满足正态假设和方差齐性假设的模型，这种分布一般是偏态分布，无论正偏还是负偏，偏态的存在，表明中位数以下的分布和中位数以上的分布出现了不平衡。中位数回归和条件均值回归（即最小二乘法）都是分析数据中因变量的集中趋势的方法，当模型呈现偏态分布时，中位数更能反映因变量的集中趋势，因为中位数回归估计的是自变量对条件中位数的影响效应，所以即使因变量的分布是偏态的，它也可以代表其中心位置，而条件均值模型则会有极大偏差。

分位数回归可以进行有条件位数估计，其中每个函数描述的是条件分布中每个具体点的变化行为特征，因此，分位数回归可以完全描述条件分布特征。当要估计一个总体不同分位数时，分位数回归是适合的。分位数回归具有以下优点：首先，分位数回归估计是加权绝对残差平方和最小，而不是残差平方和最小，因此，它估计得到的参数向量对异常值干扰反应不敏感；其次，分位数回归模型采用了线性规划表示法和简化检验；最后，当条件分布不具有标准形状，诸如非对称、厚尾或截尾分布这种形式时，分位数回归分析特别有效。因此，使用分位数回归方法，能够更全面地考察解释变量对被解释变量的影响。

分位数回归的一般形式如下：

$$y_i = x'_i \beta_\theta + \mu_{\theta i}, 0<\theta<1 \tag{6-1}$$

$$Quant_\theta(y_i \mid x_i) = x_i \beta_\theta \tag{6-2}$$

其中，y表示因变量，x是解释变量向量，u是误差扰动项，它的条件分位数分布为0，$Quant_\theta$（y_i | x_i）表示因变量y第θ个分位数。分位数回归方法可以使我们确定在因变量的条件分布中不同地点协变量的影响。

第θ个分位数回归估计量$\hat{\beta}_\theta$，下式是最小化的解：

$$\min \sum_{y_i \geq x'_i\beta} \theta \mid y_i - x'_i\beta \mid + \sum_{y_i < x'_i\beta} (1-\theta) \mid y_i - x'_i\beta \mid \tag{6-3}$$

式（6-3）是通过线性回归获得的。中位数回归是令θ=0.5获得的。我们可以通过设置不同θ值获得其他条件分布的分位数。为了表达位于不同条件共同绩效分布的解释变量的关系，可以给出第20、第30、第40、第60、第70和第80的分位数结果。我们使用Buchinsky（1995）提出的自举法，可获得分位数回归估计系数的估计量。分位数回归是非常重要的一种估计方法，尤其是当误差项存在异方差和非正态分布时。

此外，值得一提的是，分位数回归可以帮助我们解决以下问题：首先，对于每一个分位点，所有样品观测值均被用在每一个位数拟合回归过程，这种方法区别于传统的分段回归。分段回归中每段的因变量（无条件的分布）的回归是基于样本子集估计的，而不是基于全部样本数据进行估计的。而且，分段回归不是一个合适的分位数回归替代品，是有严重的样本选择问题（Koenker和Hallock，2001）的。其次，分位数回归也是基于最小二乘法，对高斯假设和异常值是敏感的。分位数回归方法理论更具体的讨论可以参见Koenker（2005）。

6.3.2 模型的设定

根据上述群众文化艺术馆发展理论介绍及其影响因素的分析，本章的模型形式设定如下：

$$MAG_{it} = \beta_1 EMP_{it} + \beta_2 FIN_{it} + \beta_3 URB_{it} + \beta_4 GDP_{it} + \beta_5 CUS_{it} + \mu_{it} \tag{6-4}$$

其中，β为回归参数，t表示样本时间（2005~2015年），i表示去除西藏自治区的30个省份，μ为误差扰动项。被解释变量MAG（Museums and Art Galleries）用每万人群众文化艺术馆拥有量表示，此数值高说明该地区群众文化艺术馆拥有量较多，公共文化事业发展较好；反之，则表示该地区群众文化艺术馆保有量较少，公共文化事业发展不理想。解释变量中，EMP（EMPloyment）表示群众文化艺术馆业从业人员数，该指标值高表示某地区群众文化艺术馆业发展规模大，可以为群众文化艺术馆参观者提供较为全面的相关服务；FIN（Finance）表示财政对群众文化艺术馆业的投入规模，该指标值大说明该地区政府部门对公共文化事业重视度较好，有利于群众文化艺术馆业的发展，从而满足社会大众对公共文化事业的需求；URB（Urbanization）表示城市化水平，城市化水平越高，城市人口规模越大，对群众文化艺术馆业的需求将越人；人均 GDP（GDP Per Capita）为人均国内生产总值，表示一个国家或地区的经济发展水平；CUS（Cultural Spending）表示城镇居民文化娱乐消费支出额，它可以在一定程度上说明城镇居民对群众文化娱乐的需求程度（包括对群众文化艺术馆消费需求）。因此，模型设定为：

$$LMAG_{it}=\alpha+\beta_1 LEMP_{it}+\beta_2 LFIN_{it}+\beta_3 LURB_{it}+\beta_4 LGDP_{it}+\beta_5 LCUS_{it}+\mu_{it} \quad (6-5)$$

6.4 数据来源与研究变量发展特征分析

6.4.1 变量数据来源

本章中的解释变量和被解释变量的数据来自于2006~2016年各省份统计年鉴、《中国统计年鉴》和《中国文化文物统计年鉴》。其中，因变量我国各省份的每万人群众文化艺术馆拥有量是由各省份群众文化艺术馆拥有量除以当地人口总量计算得出。解释变量中，群众文化艺术馆从业人员总数（EMP）、各地财政对群众文化艺术馆业投入（FIN）和城镇居民文化娱乐消费支出（CUS）直接从《中国文化文物统计年鉴》查得；各省份城市化水平是由各地城市人口除以其总人口获得；经济发展水平人均 GDP 的变量数据直接从各省份历年统计年鉴获得，并且采用各省人均 GDP 缩减指数进行价格平减（以2005年为基期）。同时采用以2005年为基期的居民消费价格指数对 FIN 和 CUS 进行价格平减。各个变量的具体定义和统计性描述如表6-1和表6-2所示。

表6-1 相关变量定义

变量	定义	单位
MAG	每万人拥有群众文化和艺术馆数	座
EMP	群众文化和艺术馆业从业人员数	人

续表

变量	定义	单位
FIN	群众文化和艺术馆业的财政投入	万元
URB	城市化水平	%
GDP Per Capita	经济发展水平	元/人
CUS	城镇居民人均文化消费支出	元

表 6-2 相关变量统计性描述分析

变量	单位	平均值	标准差	最小值	最大值	Jarque-Bera
MAG	座/万人	0.028	0.016	0.002	0.099	915.492***
EMP	人	1769.070	831.939	214.000	4169.000	2.1888***
FIN	万元	26171.43	25486.34	1261.000	177409.0	1036.969***
URB	%	44.979	15.512	16.243	89.7605	70.525***
GDP Per Capita	元/人	31052.76	19396.00	5052.00	99607.00	86.655***
CUS	元	831.63	451.13	285.10	2844.20	288.243***

注：*** 表示 1%的显著性水平。

6.4.2 各类变量数据变化特征的描述分析

基于年度解释变量和被解释变量的数据，我们分析每万人拥有群众文化艺术馆数（MAG）、群众文化艺术馆业从业人员数（EMP）、群众文化艺术馆业财政投入（FIN）、城市化水平（URB）、经济发展水平（GDP）、城镇居民人均文化消费支出（CUS）的变化趋势。

6.4.2.1 机构数缓缓上升，但人均拥有量徘徊不前

群众文化艺术机构是我国公共文化服务建设体系中的重要组成部分，2005 年以来随着我国公共文化服务事业的发展，我国群众文化服务机构有一定发展，但是速度较缓。由表 6-3 可知，2005 年我国拥有此类机构 41588 个，到 2015 年为 44291 个，十年间仅增加了 2703 个机构，年均增长 0.63%；从全国每万人拥有的群众文化艺术机构来看，十年来一直在 0.31~0.32，并没有随着我国公共文化事业的发展而发展；2005 年全国对群众文化艺术机构的财政拨款为 279033 万元，2015 年增长为 1856374 万元，十年间财政拨款增长了 5.65 倍，可见，十年来国家对群众文化艺术机构的投入并不低，但是全国每万人拥有的群众文化艺术机构却没有质的提升。

表 6-3　2005~2015 年全国群众文化艺术机构变动情况　　　　单位：个

年份	群众文化艺术机构	每万人拥有群众文化艺术机构数
2005	41588	0.318
2006	40088	0.305
2007	40601	0.307
2008	41156	0.310
2009	41959	0.314
2010	43382	0.324
2011	43675	0.324
2012	43876	0.324
2013	44260	0.325
2014	44423	0.325
2015	44291	0.322

资料来源：历年《中国文化文物统计年鉴》和《中国统计年鉴》。

从群众文化艺术机构的区域分布看（见图 6-1），总体上三大区域平均每万人拥有群众文化艺术馆数量呈现平稳发展的特点。但是，与人们的感觉形成强烈反差的是，每万人所拥有的群众文化艺术机构数并不像社会经济发展水平那样，呈现“东强、中弱、西垫底”的发展特征，反而是“西强、中弱、东垫底”。东部地区拥有量甚至低于全国的平均水平，这一方面与我国人口分布东稠西稀的特征有关，另一方面也说明公共文化事业发展水平并不是与社会、经济、文化发展基础严格一致。

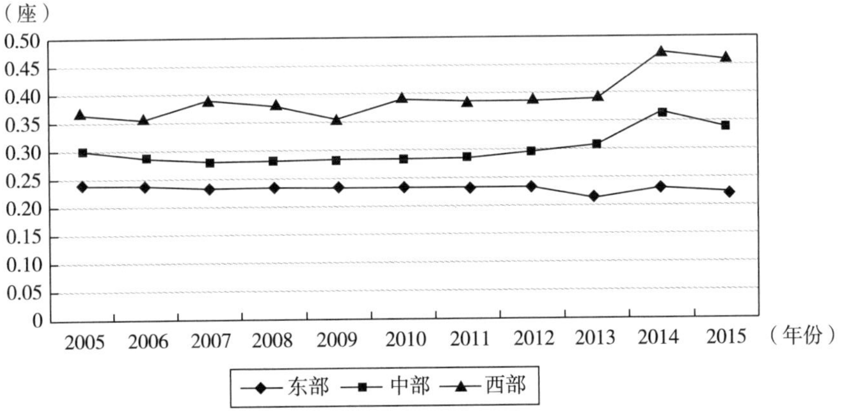

图 6-1　2005~2015 年三大区域每万人群众文化艺术馆数变化趋势

6.4.2.2 从业人员总量平稳增加，中部拥有从业人员最多

2005 年全国群众文化艺术馆业的从业人员数为 122500 人，2010 年为 141002 人，比 2005 年增加 18502 人，五年间共增长 15.10%；而 2015 年发展为 173499 人，比 2010 年增长 32497 人，五年共增长了 23.05%，出现了从业人员总量增长较快的情形。但从全国东、中、西部三大区域分布看（见图 6-2），三大区域群众文化艺术馆业从业人员数呈现出波动增长的变化特点，其中中部地区平均从业人员数最高，东部次之，西部最低。2013 年后，东部与西部区域从业人员规模大致相当。

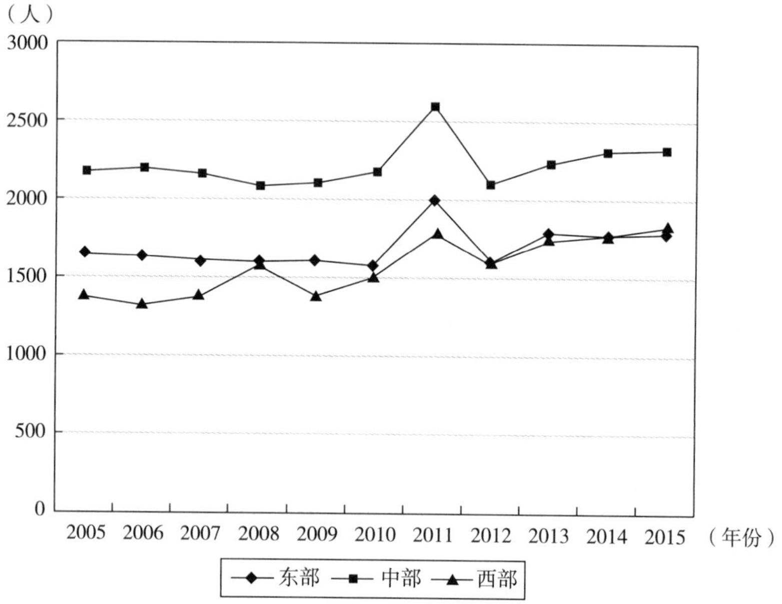

图 6-2　2005~2015 年三大区域群众文化艺术馆业从业人员数变化趋势

6.4.2.3 财政投入逐年攀升，东部区域投入优势明显

作为公共文化服务机构的重要组成部分，政府的财政投入是群众文化艺术馆业发展的重要支撑。总体上看，群众文化艺术馆业的政府投入是逐年上升的。如图 6-3 所示，三大区域对群众文化艺术馆业的财政投入水平东部地区远远高出中、西部地区，并且这种差异有逐年加大的趋势。2005 年东部地区群众文化艺术馆业的财政投入分别是中、西部的 1.99 倍和 2.07 倍，2015 年扩大到 2.10 倍和 2.12 倍，这一点似乎与三大区域的经济发展水平差异相符合。而中、西部地区的政府财政投入在 2005~2015 的多数年份相差无几，呈平行发展态势。

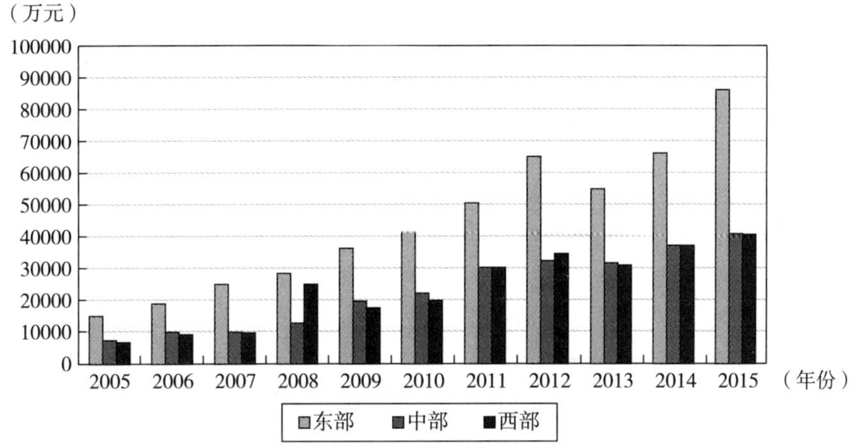

图 6-3　2005~2015 年三大区域群众文化艺术馆业财政投入变化趋势

6.4.2.4　城市化水平提升缓慢，区域差异不显著

图 6-4 是我国三大区域城市化水平变化情况，可以看出，从东部到中西部地区，城市化水平依次下降。东部地区从 2005 年开始，平均城市化水平超过 50%，到 2015 年达到 67.6%。而在相同阶段，中部地区的平均城市化水平为 39%~53%，西部地区则更低。目前，各省份平均城市化水平还没超过 48%。

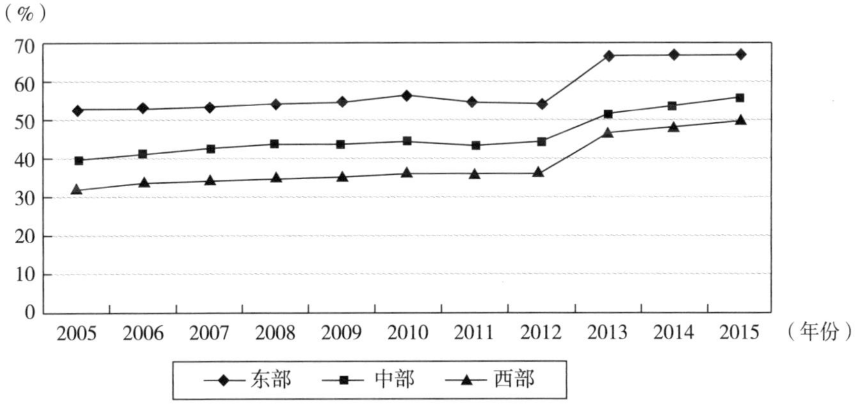

图 6-4　2005~2015 年东、中、西部区域城市化水平变化趋势

6.4.2.5　经济发展水平东部区域遥遥领先，区域落差逐年加大

由图 6-5 可知，2005~2015 年，东、中、西部三大区域的经济发展水平是逐年上升的，但是东部地区远高于中、西部地区，东部人均 GDP 十年平均

为55000元，是中部的1.81倍和西部的2.34倍；东部与中、西部之间的人均GDP十年间的落差越来越大。但从人均GDP的发展速度看，中、西部地区人均GDP的增长速度远快于东部地区，2005~2015年，中、西部的人均GDP年均增长率分别为13.6%和14.5%，而东部地区仅为10.4%。

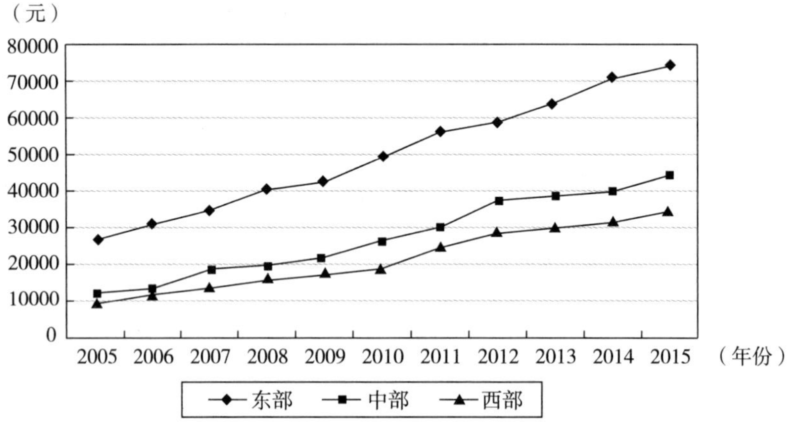

图6-5　2005~2015年东、中、西部区域人均GDP变化趋势

6.4.2.6　人均文化消费支出东部领先，中、西部齐头并进

从图6-6可以看出，2005~2015年，我国东、中、西部区域城镇居民人均文化消费平均支出均呈增长态势，但是东部地区的城镇居民人均文化消费支出水平高于中、西部地区的城镇居民人均文化消费支出水平，东部地区的城镇居民人均文化消费支出水平是中、西部地区的城镇居民人均文化消费支出水平的1.5~1.7倍，可见，文化消费水平与经济发展水平之间是密不可分的。但值得注意的是，尽管中部地区经济发展水平好于西部地区，但是在人均文化消费支出上，中部与西部地区几乎没有差异，甚至前几年还落后于西部地区。

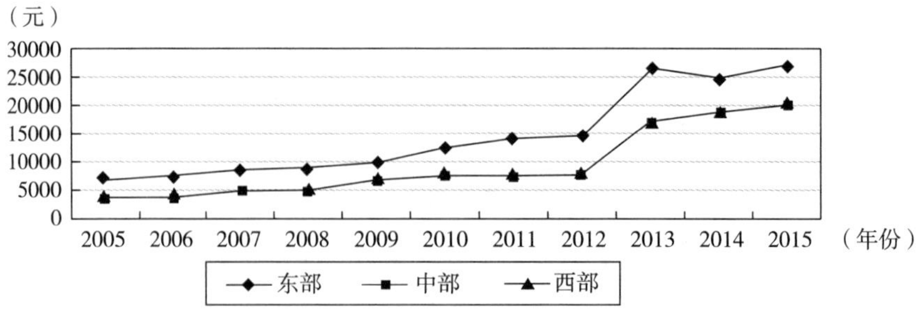

图6-6　2005~2015年东、中、西部区域城镇居民人均文化消费支出变化趋势

6.5 实证分析

6.5.1 单位根检验和协整检验

一般来说，大多数经济变量都是非平稳序列。如果使用一个非平稳序列进行回归分析，就有可能产生伪回归问题。处理非平稳序列的方法通常是将它转换为一个平稳的序列，然后用相应的方法进行实证分析。面板的稳定性检验是面板单位根检验，结果如表 6-4 所示。研究结果表明，大多数的变量是不稳定的，但它们的一阶差分序列是平稳的。基于面板数据，进行两变量的面板协整检验，发现各自变量与因变量之间均存在协整关系（见表 6-5）。此外，群众文化艺术馆业发展与其所有解释变量之间也存在整体协整关系（见表 6-6）。

表 6-4 面板数据单位根检验统计

	变量	Fisher ADF		Fisher PP		IPS	
		截距项	截距项和趋势项	截距项	截距项和趋势项	截距项	截距项和趋势项
水平值	MAG	89.808***	87.532**	105.400***	95.898***	-1.693**	-1.123
	EMP	38.338	71.869	47.292	113.579***	3.974	-0.245
	FIN	36.536	66.184	73.143	69.499	2.058	-0.021
	URB	77.368*	69.925	82.295**	34.888	2.340	0.427
	GDP	45.682	53.325	109.755***	35.203	0.169	0.524
	CUS	33.537	34.7748	25.489	44.311	2.626	1.850
一阶差分	MAG	179.413***	140.983***	210.727***	207.937***	-7.815***	-2.664***
	EMP	168.174***	129.353***	216.397***	227.990***	-6.751***	-2.439***
	FIN	149.516***	116.397***	202.269***	226.445***	-5.458***	-2.007**
	URB	129.172***	103.968***	138.084***	145.953***	-4.102***	-1.424***
	GDP	141.736***	113.869***	151.997***	215.608***	-5.428***	-1.868**
	CUS	175.037***	193.563***	191.209***	336.833***	-6.778***	-4.786***

注：基于 AIC 和 SC 信息准则选取最优滞后期。* 表示 10%的显著性水平，** 表示 5%的显著性水平，*** 表示 1%的显著性水平。

表 6-5　因变量与各自变量的双变量协整检验统计

Test statistics	EMP	FIN	URB	GDP	CUS
Panel v-Statistic	0.178	1.17	-0.023	1.188	-0.798
Panel rho-Statistic	-0.045	-1.006**	0.101	-1.253	0.544
Panel PP-Statistic	-4.662***	-3.788***	-3.732***	-3.717***	-3.801***
Panel ADF-Statistic	-11.220***	-6.570***	-10.657***	-4.093***	-11.891***
Group rho-Statistic	2.321	1.457	1.617	1.518	1.846
Group PP-Statistic	-5.378***	-5.992***	-5.580***	-4.576***	-5.023***
Group ADF-Statistic	-6.973***	-5.926***	-4.867***	-5.946***	-4.258***

注：基于 AIC 和 SC 信息准则选取最优滞后期。** 表示 5%的显著性水平，*** 表示 1%的显著性水平。

表 6-6　面板协整检验

协整检验	全国	东部地区	中部地区	西部地区
ADF stat	-12.992***	-1.876**	1.919**	-10.008***
Residual variance	0.026	0.028	0.001	0.062
HAC variance	0.024	0.010	0.001	0.055

注：** 表示 5%的显著性水平，*** 表示 1%的显著性水平。

6.5.2　正态性检验

普通最小二乘法是传统线性回归模型参数估计的基本方法，可以描述解释变量对被解释变量的平均影响。假如模型的随机误差项满足计量经济学的经典假设，则获得的最小二乘估计量为最佳线性无偏估计量。但是，现实中的经济变量数据往往具有明显的“尖峰、厚尾”特征。在这种情况下，普通最小二乘估计不再是最佳的估计方法，获得的最小二乘估计量也不再具有上述优良的性质。分位数回归可以弥补普通最小二乘法的不足，揭示解释变量对不同分位点的被解释变量的影响。分位数回归获得参数估计比普通最小二乘估计更稳健。因此，为了检验使用分位数回归方法调查群众文化与艺术馆发展的适用性，本节对模型所有变量进行正态性检验。检验变量数据正态性的方法主要有以下几种：

第一，偏度和峰度。偏度是度量经济变量数据分布的偏离方向和程度，其一般由三阶中心距来定义，具体公式如下：

$$S=\mu_3/\sigma^3 \tag{6-6}$$

其中，S是偏度系数，用来度量经济变量数据分布的偏斜方向和程度；μ_3 表示三阶中心距，σ 为标准差。假如 S=0，表示变量数据是正态分布；反之，则表示变量数据是非正态分布。

峰度是指数据分布的尖峭程度。假如所有的数据都集中于其众数附近，则数据整体属于尖峰分布；反之为低峰分布。峰度的计算公式如下：

$$\beta=(\mu_4/\sigma^4)-3 \tag{6-7}$$

其中，μ 表示峰度系数，μ_4 表示四阶中心矩，σ 表示标准差。假如 $\beta=0$，表示数据分布为正态分布；如果 $\beta>0$，表示数据为尖峰分布；如果 $\beta<0$，表示数据为低峰度分布。由表6-7可知，所有变量的偏度系数值均不等于0，表示所有变量都是非正态分布。同时，所有变量的峰度系数值不等于3，表示这些变量不属于正态分布。

表6-7 变量偏度与峰度的计算结果

变量	MAG	EMP	FIN	URB	GDP	CUS
偏度值	-0.2190	-1.1740	-0.1511	-0.1103	0.6669	0.9005
峰度值	5.8197	3.7778	2.9609	3.3351	3.0224	3.3620
观测值数	300	300	300	300	300	300

第二，Q-Q（Quantile-Quantile）图。Q-Q图属于一种概率分布图，用图形直观地比较两个概率分布。如果两个概率分布是相似的，则变量数据的Q-Q图接近于X=Y线上。如果经济变量的Q-Q图与X=Y线吻合，即表示该经济变量数据服从正态分布；相反，则表示经济变量数据是非正态分布。由图6-7可以看出，所有变量的Q-Q图与X=Y线不吻合，表示这些变量是非正态分布。

综合偏度、峰度和Q-Q图的检验结果可以看出，所有变量不属于正态分布。在估计非正态分布变量数据时，分位数回归具有明显的优势，它可以有效揭示变量极端值（最大值和最小值）隐含的重要信息。因此，我们应该使用分位数回归分析各影响因素对群众文化艺术馆发展的影响。

6.5.3 分位数回归

为了确认本章所采用的分位数回归模型是优良的，我们运用线性面板数据模型模拟相同的面板数据，结果显示，全国和三大区域的豪斯曼检验（Hausman Test）结果和似然比检验（Likelihood Ratio Test）都拒绝原假设，

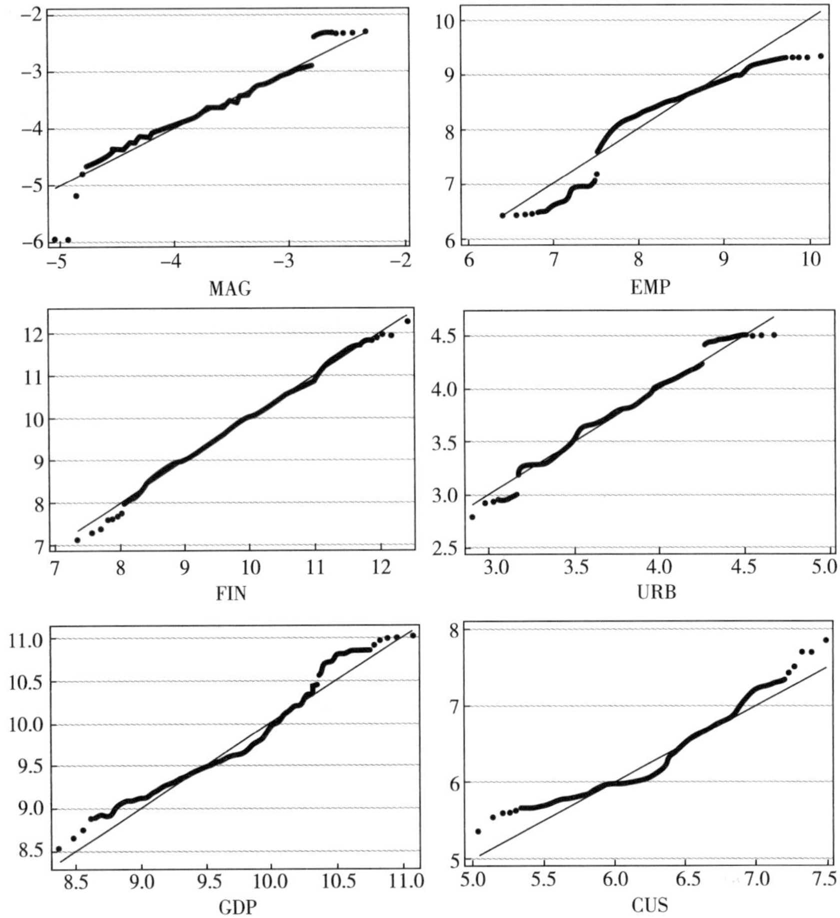

图 6-7 模型中各变量的 Q-Q 图

表明我们应该使用固定效应面板数据模型分析群众文化艺术馆业驱动因素的影响（见表 6-8）。

表 6-8 面板数据模型类型的选择

检验类型	全国	东部地区	中部地区	西部地区
Hausman Test	13.593**	18.096***	11.611**	51.408***
Likelihood ratio test	36.748***	39.933***	319.781***	17.114***
模型类型	固定效应模型	固定效应模型	固定效应模型	固定效应模型

注：基于 AIC 和 SC 信息准则选取最优滞后期。** 表示 5%的显著性水平，*** 表示 1%的显著性水平。

6.5.3.1 全国范围的考察

表 6-9 的第 2 列报告了固定效应模型的估计结果，可以看到，从业人员数、财政投入、经济发展水平和城市化水平的弹性系数显著为正，而文化娱乐消费支出的当期弹性系数为负值。固定效应模型结果表明，从全国范围来看，从业人员数、财政投入、经济和城市化快速发展有利于群众文化艺术馆业发展，文化娱乐消费支出则没有起到促进其发展的作用。从表 6-9 和图 6-8 可以看出，分位数回归估计得到的参数符号与固定效应模型的估计结果基本相似，但随着群众文化艺术馆业在条件分布的不同位置而发生变动，从业人员数、财政投入、城市化水平、经济发展水平和文化娱乐消费支出的弹性系数都表现出一定的变化规律。从结果看，从业人员数的弹性系数在所考察分位点处大多为负值，且随着条件分布由低端向高端变动，其绝对值逐渐升高，如在 0.25 低分位点为-0.083，在 0.5 分位点为-0.349，在 0.75 分位点为-0.562，在 0.9 分位点为-0.611。这表明，当全国群众文化艺术馆业的条件分布位于 0.9 高分位点时，从业人员数的制约作用最明显，而在其他分位点，从业人员数的制约作用相对要弱些。财政投入的系数在所考察的分位点处均为正值，随着条件分布由低端向高端变化，其正向影响呈正“U”形。城市化水平的系数在所有分位点均为正数，并且随着条件分布由低端向高端变化，其正向影响表现为一个正“U”形。除去 0.1 分位点，经济发展水平的分位数系数均为负数，表明经济发展水平对群众文化艺术馆业发展没有起到应有的促进作用，而是制约作用。从居民文化娱乐消费支出在各分位点的表现来看，其弹性系数在所有分位点均为负值，表明居民文化娱乐消费支出增加对我国群众文化艺术馆业发展不存在正向影响。

表 6-9　全国群众文化艺术馆业影响因素分位数回归参数估计结果

变量	固定效应	分位点				
		0.10	0.25	0.50	0.75	0.90
EMP	0.050***	0.037*	-0.083*	-0.349***	-0.562***	-0.611***
FIN	0.045***	0.088*	0.024**	0.150***	0.159***	0.173**
URB	0.090***	0.199**	0.030**	0.409***	0.290**	0.529***
GDP	0.088**	0.051	-0.333***	-0.556	-0.374***	-0.314***
CUS	-0.011**	-0.562***	-0.153*	-0.340***	-0.295***	-0.381***
CONS	-4.791***	-1.308	0.569	3.732***	4.047***	3.570***
观测数	330	330	330	330	330	330

注：CONS 表示常数项。* 表示 10%的显著性水平，** 表示 5%的显著性水平，*** 表示 1%的显著性水平。

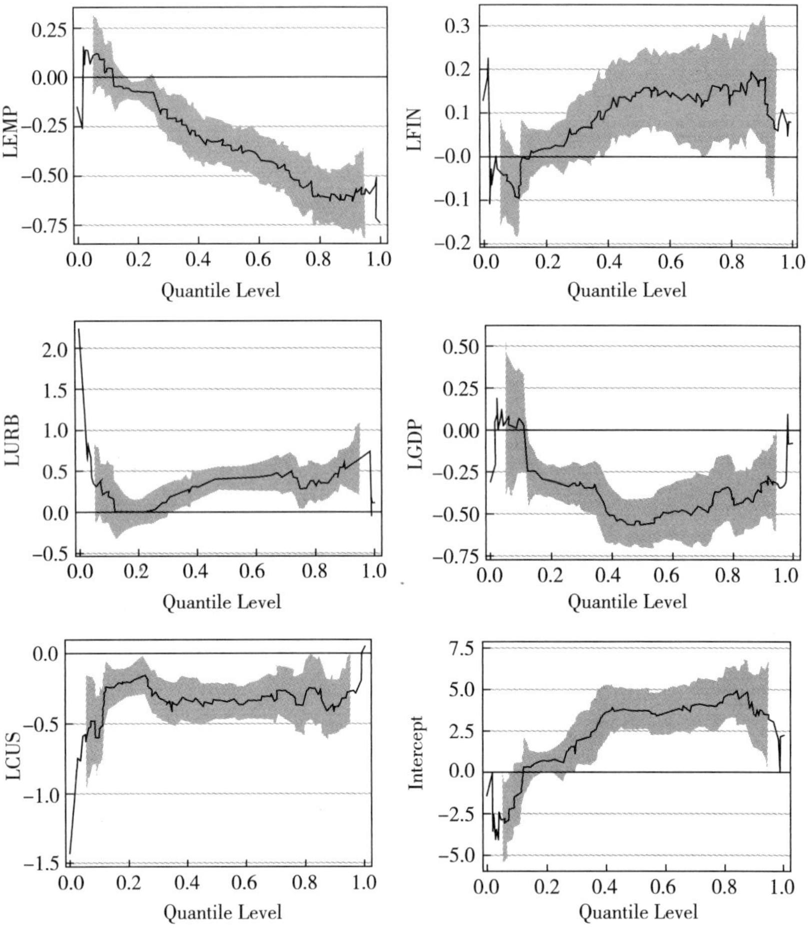

图 6-8 全国群众文化艺术馆业发展影响因素对应的参数估计变化情况

6.5.3.2 三大经济区域的考察

对于东部地区，从固定效应回归结果看（见表 6-10），从业人员数和经济发展水平的系数均为正，但经济发展水平不具有统计显著性；财政投入、城市化水平和居民文化娱乐消费支出的回归系数均为负值。

从分位数回归结果看（见表 6-10 和图 6-9），从业人员数对群众文化艺术馆业的发展作用，由负值逐步变为正值，基本表现出一个先减后增的正"U"形模式。例如，从业人员弹性系数在 0.1 分位点为-0.020，在 0.25 分位点为 0.005，在 0.5 分位点为 0.020，而在 0.75 和 0.9 分位点分别为 0.071 和 0.081。这表明，当东部地区群众文化艺术馆业增长位于 0.9 高分位点时，从

表 6-10　东、中、西部三大区域的群众文化艺术馆业影响因素分位数回归参数估计结果

东部地区		分位点				
变量	固定效应	0. 10	0. 25	0. 50	0. 75	0. 90
EMP	0. 050 **	−0. 020 **	0. 005 **	0. 020 ***	0. 071 ***	0. 081 **
FIN	−0. 065 **	0. 001 ***	−0. 012 **	0. 016 **	−0. 012 **	0. 003 ***
URB	−0. 114 ***	0. 108 **	0. 205 ***	0. 109 **	0. 168 ***	0. 180 ***
GDP	0. 254 *	−0. 442 ***	−0. 429 **	0. 040	−0. 163 **	−0. 193 ***
CUS	−0. 038 *	−0. 170 **	−0. 207 *	−0. 546 ***	−0. 210 ***	−0. 180 ***
CONS	−5. 604	1. 140 ***	0. 824 **	−1. 555 *	−1. 835 ***	−1. 966 ***
观测数	121	121	121	121	121	121
中部地区		分位点				
变量	固定效应	0. 10	0. 25	0. 50	0. 75	0. 90
EMP	−0. 538 ***	−0. 443	−0. 114	−0. 466 ***	−0. 382 ***	−0. 354 ***
FIN	0. 120 **	0. 022	−0. 053	0. 051	−0. 058	−0. 082
URB	0. 726 ***	−0. 713 *	−0. 357	−0. 146 ***	0. 031 ***	0. 222 ***
GDP	0. 203	−0. 866	0. 066	0. 059	0. 249 ***	0. 247 *
CUS	−0. 282 **	−1. 499	−0. 497	−0. 381 **	−0. 078	−0. 020
CONS	0. 806	12. 237	−1. 676	−0. 583	−3. 947 ***	−4. 207 ***
观测数	99	99	99	99	99	99
西部地区		分位点				
变量	固定效应	0. 10	0. 25	0. 50	0. 75	0. 90
EMP	−0. 538 ***	−0. 443	−0. 114	−0. 466 ***	−0. 382 ***	−0. 354 ***
FIN	0. 120 **	0. 022	−0. 053	0. 051	−0. 058	−0. 082
URB	0. 726 ***	1. 213 *	0. 557	0. 646 ***	0. 731 ***	0. 722 ***
GDP	−0. 203	−0. 866	0. 066	0. 059	0. 249 ***	0. 247 *
CUS	−0. 282 **	−1. 499	−0. 497	−0. 381 **	−0. 078	−0. 020
CONS	0. 806	12. 237	−1. 676	−0. 583	−3. 947 ***	−4. 207 ***
观测数	110	110	110	110	110	110

注：CONS 表示常数项。* 表示 10%的显著性水平，** 表示 5%的显著性水平，*** 表示 1%的显著性水平。

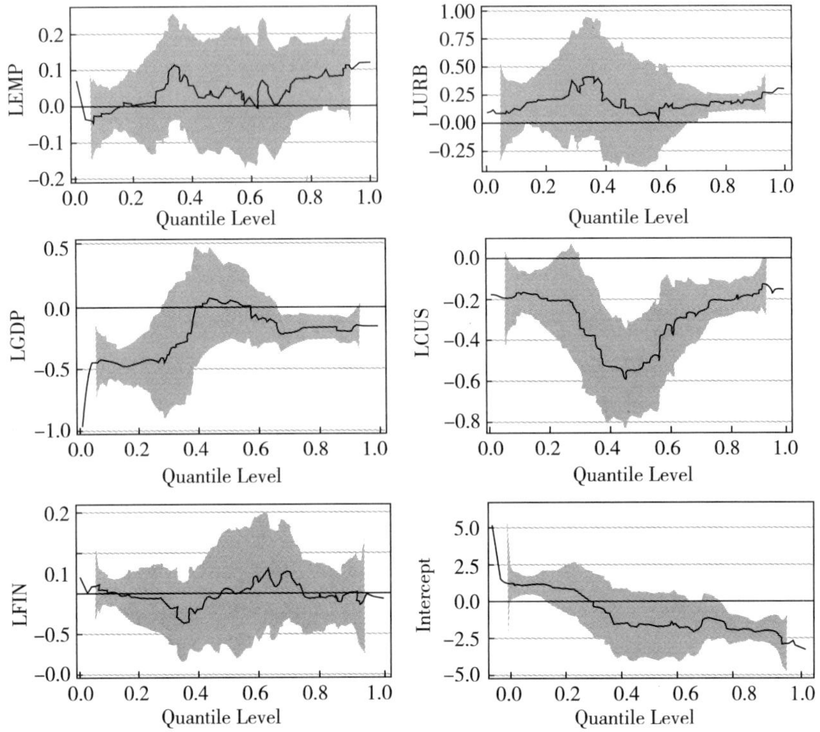

图 6-9　东部地区群众文化艺术馆业发展影响因素对应的参数估计变化情况

注：阴影区域表示 95%置信带。

业人员数的促进效应最为显著，而在其他分位点，从业人员数起到制约作用或正向影响较弱。财政投入的分位数弹性系数变化呈现出一个正负交替的局面，这说明财政投入对当地群众文化艺术馆发展的作用并不明朗。城市化水平的弹性系数在各个分位点均为正值，表明城市化发展有利于东部地区群众文化艺术馆发展，并且在 0. 90 的高分位点弹性最大。从经济水平在各分位点的表现来看，除去 0. 5 分位点弹性系数为正外，其他分位点的弹性系数均为负值，呈现出一个先增后减的倒“U”形模式，因此，经济发展水平并没有很好地为当地群众文化艺术馆业的发展提供强有力的支持。居民文化娱乐消费支出的各分位点弹性系数均为负数，并且表现为一个先降后增的正“U”形。由此可见，文化娱乐消费支出没有带动群众文化艺术馆业的发展，这可能一方面表明老百姓在文化娱乐等方面诸如电影、音乐会、明星现场演唱、参观上的消费还十分有限，居民的消费层次还有待提高，消费观念还有待更新；另一方面说明群众文化艺术馆提供的服务内容及方式与大众的精神文化需求不相适应。

对于中部地区，从固定效应模型看，财政投入和城市化水平的弹性系数为正，并通过显著性检验；经济发展水平的弹性系数虽然为正，但没有通过显著性检验；从业人员数和居民文化娱乐消费的弹性系数为负，也具有显著性。

分位数回归结果（见表6-10和图6-10）显示，从业人员数的弹性系数在所有分位点都为负值，在0.5分位点时绝对值最大，表示从业人员数对0.5分位点群众文化艺术馆的负面影响强度最大。财政投入在各分位点的弹性系数表现与东部区域极为相似，同样呈现出一个正负交替的局面，这说明财政投入对群众文化艺术馆发展的作用并不明朗。城市化水平除了在0.1低分位点的弹性系数为负值外，其余分位点的弹性系数均大于零，并且随着分位点的增高，弹性系数增大，表明城市化水平提升有利于中部地区群众文化艺术馆的发展。从经济发展水平看，除了在0.1低分位点的弹性系数为-0.866外，其余各分位点的弹性系数均为正值，因此，中部地区的经济发展水平对群众文化艺术馆的发展是有一定的促进作用的，但从各分位点看，弹性系数的增长趋势并不明显。居民文化消费娱乐支出的分位数弹性系数均为负，同东部地区一样，文化娱乐消费支出增加并没有带动群众文化艺术馆业的发展，这有可能是由于居民消费结构不高，也有可能是群众文化艺术馆业发展本身的问题，如其服务内容可能与大众的文化消费需求不符等。

对于西部地区，从固定效应模型的回归结果（见表6-10）看，从业人员数和居民文化消费支出的弹性系数显著为负，表明这两大因素的发展对西部区域群众文化艺术馆业的发展并没有发挥促进作用。经济发展水平的弹性系数也是负值，但是作用不显著。财政投入、城市化水平的弹性系数显著为正，表明对西部区域的财政投入从总体上看是有利于群众文化艺术馆业的发展；提升城市化水平培养了潜在的文化消费人群，有利于促进西部区域群众文化艺术馆业的发展。

从分位数回归结果（见表6-10和图6-11）看，从业人员规模在各分位点的弹性系数分别为-0.443、-0.114、-0.466、-0.382和-0.354，可见，从业人员规模对西部地区群众文化艺术馆业的影响是不利的。主要原因是很多群众文化艺术馆主体功能得不到体现，展示的内容相对陈旧；同时安排过多的非专业人员到这个行业，人浮于事的现象比较突出。尽管财政投入对西部地区群众文化艺术馆业发展的固定效应显著为正，但在各条件分布分位点的影响普遍较低，而且出现正负弹性系数交替的情形，这表明各级地方政府对于群众文化艺术馆的投入还不够，没有显著地起到促进其发展的作用。城市

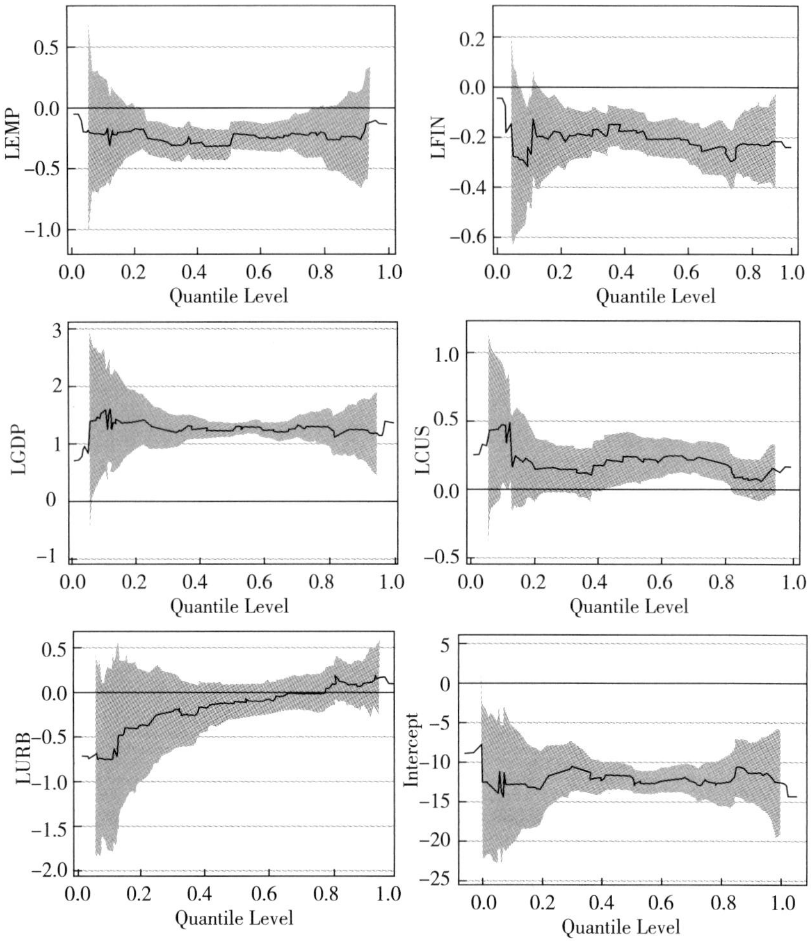

图 6-10　中部地区群众文化艺术馆业发展影响因素对应的参数估计变化情况

注：阴影区域表示 95%置信带。

化水平对群众文化艺术馆业发展的影响弹性系数均为正数，从低分位点向高分位点的影响弹性系数分别为 1.213、0.557、0.646、0.731 和 0.722，这说明城市化发展是有利于群众文化艺术馆行业发展的，必定越多的城市人口需要更多的文化消费配套设施。就经济发展水平的影响而言，除去 0.1 分位点的系数为负之外，其他分位点的系数均为正数，在 0.25、0.5、0.75 和 0.9 分位点的系数分别为 0.066、0.059、0.249 和 0.247。这主要是因为，一般来说，群众文化艺术馆拥有量较少的省份（低分位点）经济发展也相对比较落后，如青海、甘肃等，这些相对比较落后的省份在早期经济发展时都在某种程度上以牺牲文化事业为代价，即文化事业没有得到同步重视和发展。居民文化娱乐消费支出对西部地区群众文化艺术馆业发展的各条件分布分位点影响全部为负值，表明西部地区居民文化娱乐消费支出增加并没有增加对群众文化艺术馆的参观和娱乐消费，其主要原因是消费观念不足、居民的消费层次偏低，也有可能是因为群众文化艺术馆提供的服务内容难以符合大众的文化消费需求，使群众文化艺术馆的参观和消费人数增长缓慢。

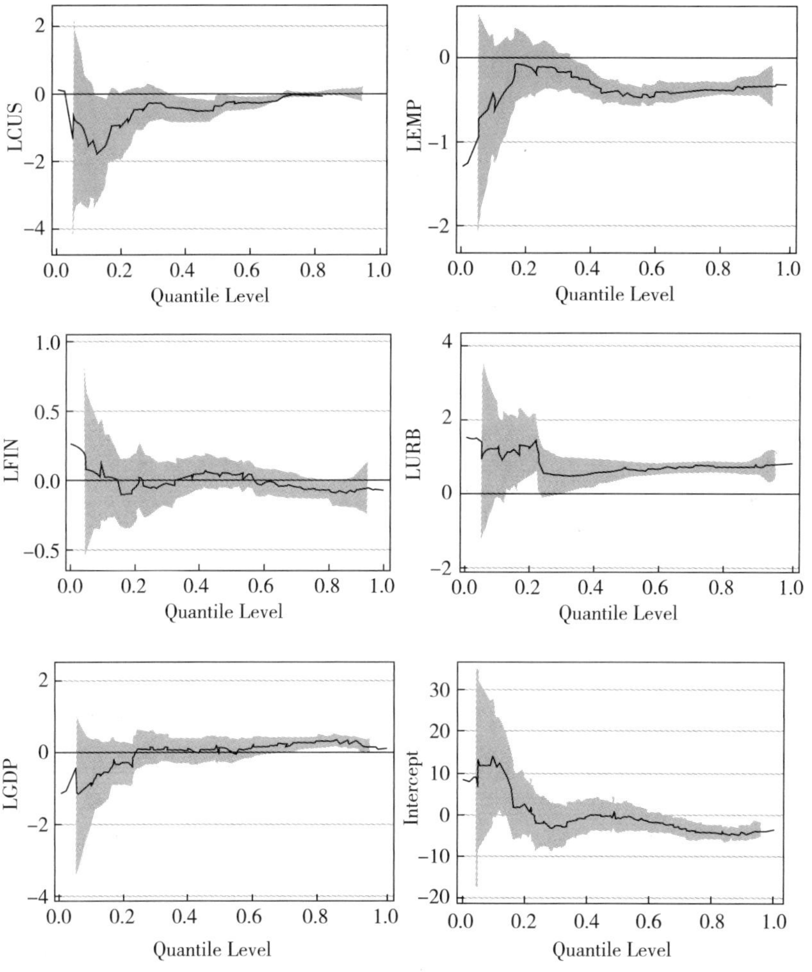

图 6-11　西部地区群众文化艺术馆业发展影响因素对应的参数估计变化情况

注：阴影区域表示 95%置信带。

6.5.4 有关结果的讨论与解释

基于上述实证分析结果，我们针对群众文化艺术馆业的从业人员数、政府财政投入、城市化水平、经济发展水平人均文化娱乐消费支出五大因素对区域群众文化艺术馆发展的影响进行总结归纳，并对五大因素对群众文化艺术馆业发展的作用给出以下试探性的解释。表6-11是对东、中、西部区域的群众文化艺术馆业发展影响因素的作用方向的总结。

表6-11 东、中、西部区域的群众文化艺术馆业发展影响因素的作用方向

变量	全国	东部	中部	西部
从业人员数	+	-→+	-	-
政府财政投入	+	+	-	-
城市化水平	+	-→+	-→+	+
经济发展水平	+	-	+	+
人均文化消费支出	-	-	-	-

注："+"为正向作用，"-"为负向作用。

第一，群众文化艺术馆从业人员数。在三大区域中，群众文化艺术馆从业人员数的作用和功能是不同的。东部地区从业人员数对群众文化艺术馆业的发展作用由负值逐步变为正值，基本表现出一个先减后增的正"U"形模式。这表明从业人员数在东部区域总体上对群众文化艺术馆的发展是起正向促进作用的。这可能是因为东部地区经济相对比较发达，更有利于吸引高层次的专业型人才的流入，并能有效发挥从业人员的工作效率和艺术馆的运作效率，从而使从业人员规模可以起到促进群众文化艺术馆发展的作用。而在中部和西部地区的各分位点处，从业人员规模对群众文化艺术馆业发展的影响都是负的，原因可能是受区域经济发展水平的限制，政府对群众文化艺术馆的投入有限，使得其工作人员收入并不高，从而导致群众文化艺术馆难以吸引优秀人才，只能安排大量并不是真正需要的人员，导致群众文化艺术馆难以提供高质量的文化艺术服务，难以吸引社会大众进入各地群众文化艺术馆进行文化休闲娱乐消费。

第二，政府的财政投入。中、西部地区的政府财政支持对群众文化艺术馆业发展的各分位点影响大多为负数，说明中西部地区财政对群众文化艺术馆业的投入没有起到促使其快速发展的作用。其主要原因是当前中、西部地区还处于快速的城市化推进阶段，公益性事业单位用地和资金需要与商业性用地和基础设施投入之间的竞争使得中、西部地区的各级政府难以顾及群众文化艺术馆业的这些需求，从而导致其发展总量和规模难以扩大。东部地区的财政支持对 0.25 和 0.75 分位点的群众文化艺术馆业发展的影响弹性系数均为负，其余分位点的为正，并且处于中位数的弹性系数大，极大、极小分位点弹性系数较小，这说明总体上东部地区的财政支持促进了群众文化艺术馆业的发展。其主要原因是东部地区作为我国经济最发达地区，其居民对文化娱乐的消费需求远高于中西部地区，认识到这一点，财政部门拿出一定数额的资金进行文化艺术建设和规模扩大以及软件提升，使得东部地区的群众文化艺术馆能够提供内容新颖的社会大众娱乐消费；同时，一些有识之士也出资建设或资助群众文化艺术馆，促进东部地区群众文化艺术馆业的发展。

第三，城市化水平。中部地区的城市化水平对群众文化艺术馆业发展的影响在低分位点（0.1，0.25 和 0.5）的弹性系数为负值，可能的原因主要是现阶段中部地区正处于快速的城市化进程阶段，为了地方经济发展和财政资金的需求，各级地方政府出售的土地大多用于房地产开发等商业用地，从而导致用于兴建纯公益性单位的群众文化艺术馆的土地少之又少，阻碍了群众文化艺术馆业的发展。西部地区的城市化水平对群众文化艺术馆业各分位点的影响弹性系数均为正值，表明西部地区的城市化促进了当地群众文化艺术馆的发展。而且，其低分位点的弹性系数高于高分位点的弹性系数，说明城市化发展对于群众文化艺术馆较少地区的促进作用最强，对群众文化艺术馆较多地区的促进作用相对较小。东部地区的城市化水平对群众文化艺术馆各分位点的影响都为正数，并且对 0.25 分位点的群众文化艺术馆业的影响高于其他分位点的影响，这表示东部地区的城市化水平对于群众文化艺术馆拥有量并不多的省份的影响效果是最高的。其主要原因是群众文化艺术馆分布较少的地区一般为经济发展程度相对偏低的地区，随着东部发达地区的经济发展达到一定程度，在这些地区生活的经济成本快速上升，工作竞争压力增大，导致越来越多的人向东部地区竞争相对小的地区迁移，这必将导致这些地区的人口快速增加，从而使这些地区的群众文化艺术行业发展的潜力增大。

第四，经济发展水平。中、西部地区尽管经济发展水平有限，但是其经济发展对地区群众文化艺术馆的影响依然大多为正，而东部地区基本为负。主要原因如下：一是相对于东部很多地区的经济发展水平来说，公益性的群众文化艺术馆数量和规模没有获得快速发展；二是随着东部地区的经济发展，从中、西部流入的人口越来越多，导致东部地区群众文化艺术机构的增长速度跟不上人口的增长速度，从而使人均群众文化艺术机构数逐年下降。而中、西部地区经济发展水平对群众文化艺术馆发展影响为正，并且这两个地区的分位点弹性呈现为两端大、中间小的特征，这表示经济发展水平对群众文化艺术馆分布过散或过密的地区的群众文化艺术馆影响较高，而对分布适中地区的群众文化艺术馆业发展的影响较小。

第五，居民文化娱乐消费支出。三大区域居民文化娱乐消费支出增加对群众文化艺术馆业发展的影响为负。主要原因有两方面：一方面，从总体上看，我国居民的消费层次还不高，消费观念还有待随着经济的发展，逐步由物质消费向精神文化消费转化。另一方面，近年来，随着传播媒体（电视），尤其是新媒体（互联网、移动端媒体）的快速发展，文化传播媒体普及率快速上升。新媒体与群众文化艺术馆这种传统的文化传播形式相比，优势明显：方便快捷、内容及时更新、信息量大，这使得居民文化娱乐消费支出更集中于新媒体的文化娱乐消费。相反，群众文化艺术馆无论是服务方式还是服务内容，在一定程度上都落后于大众的文化消费需求，使得大众对群众文化艺术馆的参观次数和消费支出更少，而对互联网等新的文化传播方式消费多，出现了新媒体消费对群众文化艺术馆消费的挤压效应。

6.6 结论和建议

本章利用2005~2015年我国30个省份的群众文化艺术馆业及其相关影响因素的面板数据，运用分位数回归方法考察全国范围以及东、中、西部三大经济区域的从业人员数、财政投入、城市化水平、经济发展水平和文化娱乐消费支出在各个分位点的影响大小和作用方向。结果表明：其一，在各分位点处，从业人员规模对中、西部地区群众文化艺术馆业发展的影响基本是负的，而对东部地区群众文化艺术馆的影响基本是正的。其二，中、西部地区的政府财政支持对群众文化艺术馆业发展的各分位点影响基本为负。东部地区的财政支持对群众文化艺术馆业发展的各分位点的弹性系数大多为正，并且处于中位数的弹性系数大，极大、极小分位点弹性系数较小。其三，城市化水平对中部地区群众文化艺术馆业发展的中低分位点弹性系数为负值；东部和西部地区的城市化水平对群众文化艺术馆业各分位点的影响弹性系数均为正值。其四，中、西部地区的经济发展水平对地区群众文化艺术馆的影响基本为正，而东部地区基本为负。其五，三大区域居民文化娱乐消费支出增加对群众文化艺术馆业发展的影响全部为负。

基于以上结论，我们认为从业人员数、财政投入、城市化水平、经济发展水平和文化娱乐消费支出对我国不同地区群众文化艺术馆业发展所起到的影响是客观存在的，并且这种影响在不同地区和不同的分位点都不相同。因而，我们应该因地制宜，制定有针对性的政策措施，以有效地促进各地区、各分位点省份群众文化艺术馆行业的发展。

第一，调整群众文化艺术馆业从业人员结构，采取灵活、优惠的政策吸引真正优秀的人才进入群众文化艺术馆，从而可以为社会大众提供高质量的文化娱乐内容，而不是让群众文化艺术馆成为安排冗余人员的收容所。

第二，由于财政投入在不同地区、不同分位点的影响各不相同，我们应该具体问题具体分析，采取有针对性的财政措施趋利避害地促进各地群众文化艺术馆业的发展。对于中西部地区，各级财政应进一步加大财政支持力度；对于东部地区，各级财政应主要扩大对群众文化艺术馆分布过密和过于分散地区群众文化艺术馆的投入，促使其均衡发展。

第三，城市化水平对三大区域群众文化艺术馆业发展的影响也不相同。对于中部地区，政府应在城市化快速发展的背景下兼顾商业用地和公益事业用地的矛盾，保证群众文化艺术馆建设用地，促进当地文化艺术事业发展；对于东部地区，由于其城市化水平对群众文化艺术馆高、低分位点弹性较小，所以东部地区应该重视这些分位点省份群众文化艺术馆事业的发展，不能走经济发展优先、文化事业建设滞后，从而导致社会整体伦理道德缺失的老路。

第四，经济发展水平对中部和西部地区群众文化艺术馆的影响大多为正，即这两个地区经济发展基本促进了群众文化艺术馆的发展；经济发展水平对东部地区群众文化艺术馆的影响为负，没有起到促进当地群众文化艺术事业的发展。因此，东部地区政府部门应该适时采取必要的行政手段，在经济发展过程中，注意群众文化消费需求，促进文化事业发展。不能单纯发展经济，而忽视配套的群众文化艺术事业的发展。

第五，因为三大区域居民文化娱乐消费支出增加对群众文化艺术馆业发展的影响为负，所以各地政府应在经济发展的基础上，增加居民的可支配收入，提高生活质量，逐步提升居民的消费结构。另外，还必须采取有效措施，更新群众文化艺术馆服务内容，提高服务水平，兴建更加具有新媒体功能的群众文化艺术馆。只有这样，才能更多地把人民群众吸引到群众文化艺术馆来参观、欣赏和消费。

6.7 本章小结

本章对国内外群众文化艺术馆的相关理论进行了梳理，得到如下结论：

第一，国内在群众文化艺术馆的相关理论研究方面相当匮乏，基本上处于自发和断断续续的研究状态，尤其是针对群众文化艺术馆的测评研究几乎是空白。近几年国内有学者对群众文化艺术馆业发展的影响因素进行了剖析，但迄今为止，对群众文化艺术馆业发展影响因素的定量测评的文献还没出现。

第二，从群众文化艺术馆发展现状及其影响因素现状分析看，我国群众文化艺术馆业随着我国的经济发展规模逐年提升，但是人均拥有水平提升不明显。三大区域中，平均每万人拥有群众文化艺术馆数平稳发展，呈现出“西强、中弱、东垫底”的发展格局；群众文化艺术馆从业人员总量平稳增加，但中部拥有从业人员最多；财政投入逐年攀升，东部区域投入优势明显；城市化水平提升缓慢，区域差异并不显著；经济发展水平东部区域遥遥领先，区域落差逐年加大；人均文化消费支出东部领先，中、西部齐头并进。

第三，基于现有研究和相关群众文化艺术馆业发展理论，筛选相应经济变量，采用分位数回归模型，利用 2005~2015 年省际面板数据，对东、中、西部区域的群众文化艺术馆发展影响因素进行定量测评，量化分析了各影响因素与群众艺术馆业发展变化的关系。结果发现，从业人员数、财政投入、城市化水平、经济发展水平和文化娱乐消费支出对我国不同地区群众文化艺术馆业的发展所产生的影响是客观存在的，并且这种影响在不同地区、不同的分位点各不相同。

第四，由于从业人员数、财政投入、城市化水平、经济发展水平和文化娱乐消费支出对我国不同地区群众文化艺术馆业发展的影响不同，因此，在地区群众文化艺术馆发展的政策制定上就不能搞“一刀切”，应该因地制宜，制定有针对性的政策措施，以有效地促进各地区、各分位点省份群众文化艺术馆行业的发展。

第7章 社区居民公共文化服务满意度测度

7.1 导言

当今的世界是一个多极的世界，经济全球化使得国与国之间的竞争在一定程度上体现为文化软实力的竞争。因此，党的十八大以来，党和政府一直倡导现代公共文化服务体系的建设，目的就是希望通过现代公共文化服务体系的建设，把文化民生、文化权利、文化均等等现代理念融入文化建设实践中，从总体上增加我国文化自信水平，提升我国的文化软实力。构建现代公共文化服务体系的重点在基层，难点也在基层。而社区是最基本的社会细胞，社区公共文化是现代公共文化服务体系中的重要组成之一。因此，创新社区公共文化服务的内容与形式，提升社区公共文化服务质量满意度，是构建现代公共文化服务体系必须关注的问题。

社区公共文化服务是指在政府的主导下，以保障和实现人民群众基本文化权益，满足人民群众基本文化需求为出发点和立足点，结合社区的特色，面向社区人民群众而提供的各种公益性文化服务，其主要内容包括提供社区群众读书阅读、艺术鉴赏、文化活动等服务形式。例如，提供社区报刊和电子阅览室、舞蹈房、活动室等活动场所，并发布与社区公共文化服务相关的各种公共信息，组织社区居民参加相关社区活动等。社区公共文化服务具有公益性、均等性和丰富性的特点。

随着我国社会经济改革的进一步深化，越来越多的“单位人”转换为“社会人”的身份，特别是随着我国人口老龄化进程的加速，老年人口成为社区文化人口的主力军。据第四次城乡老年人生活状况抽样调查资料显示，2015 年，全国 60 岁以上老年人口为 2.22 亿人，而其中城镇老年人口占 52%，这意味着有 1.15 亿老年人是城镇社区人口①。这么庞大的“社会人”及老年

① 第四次城乡老年人生活状况抽样调查成果公布［EB/OL］. http://www.cssn.cn/zx/shwx/shhnew/201610/t20161010_3227170.shtml.

人，社区成了他们的主要生活场所。而且，随着城市化进程的加速，社区的人员结构多变，思想意识形态复杂，如若对社区管理建设不当，势必会引起社区的混乱。社区建设的重心是社区公共文化建设，但面临的现实问题是，在社区公共文化服务建设实践中，新的问题和困难不断出现，如：社区公共文化活动经费捉襟见肘；文化服务设施数量分布不均，缺乏维护与保养，使用寿命较短；居民对于社区公共文化活动的了解渠道单一、社区公共文化活动单一；等等。如果不合理地解决这些问题，将难以提升社区公共文化服务质量、保障居民享有基本的文化权益。因此，对社区公共文化服务的满意度进行调研和测评研究，具有重要的理论与实践意义。

随着大众对享用产品或服务的质量意识的增强，关于满意度调查研究也日益引起关注和重视。满意度测评最早产生于 20 世纪 80 年代的顾客满意度测评，它是一个心理学的概念，根据 ISO9000：2000《质量管理体系的术语》中的定义，顾客满意度是一个经济心理学的概念，是指顾客消费了特定商品或服务后，所感觉到满足程度的一种心理体验，通过对一种产品的感知效果与期望对比所形成的愉悦或失望的感觉状态。当然影响这种状态的因素有很多，除了产品本身的质量外，还有被访者的观念、社会经济地位以及心理因素等。度量满意度必须依据影响满意度的相关变量，构建满意度评价模型。目前，满意度评价除了应用于商家或企业的顾客满意度评价外，还广泛用于政府部门的绩效评价、患者对医院服务的评价、学生对高校教学质量的评价以及员工对自身享有的经济福利的评价等问题。满意度评价发展至今，经典的顾客满意度指数模型主要来自瑞典、美国和欧洲等国，其他国家的顾客满意度指数模型大多是在这三个的基础上建立起来的。

7.2 典型满意度评价模型述评与启示

7.2.1 满意度指数模型的述评

7.2.1.1 经典顾客满意度指数测评模型

瑞典是世界上第一个从事满意度测评的国家。1989 年，美国密歇根大学教授科罗斯·费耐尔（Claes Fornell）应用结构方程理论，构建了瑞典顾客满意度晴雨表（Swdish Customer Satisfation Barometer，SCSB），具体如图 7-1 所示。SCSB 主要用于顾客满意度评价。SCSB 模型中含有 5 个潜在变量和 6 种关系。其中有两个原因变量：顾客期望和感知绩效；一个最终变量：顾客满意度；两个结果变量：顾客抱怨和顾客忠诚。

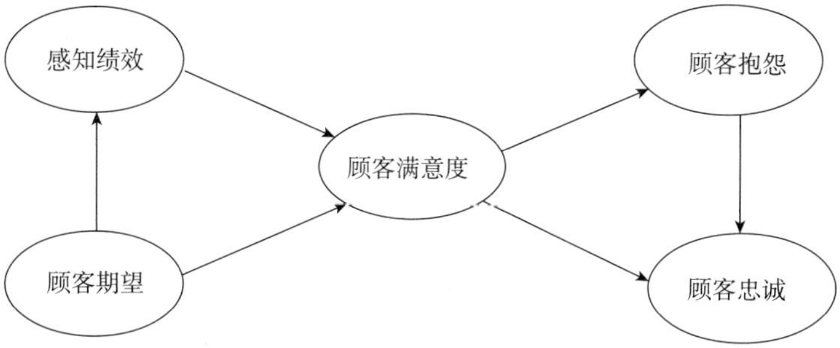

图 7-1　瑞典顾客满意度指数模型

资料来源：Fornell C. A National Customer Satisfaction Barometer：The Swidish Experience［J］. Journal of Marketing，1992（56）：6-21.

7.2.1.2　美国顾客满意度指数模型

美国顾客满意度指数（American Customer Satisfaction Index，ACSI）模型是目前体系最完整、应用效果较好的一个顾客满意度理论模型，也是 Fornell 等在瑞典顾客满意度晴雨表的基础上创建的顾客满意度指数模型。这个模型一创立，就引起著名的公司关注，如花旗银行、通用、可口可乐等大型公司都接受了 ACSI 的测评。整个模型将感知绩效分解为感知质量与感知价值，更加深入和细致地描绘了顾客的满意度情况。具体如图 7-2 所示。

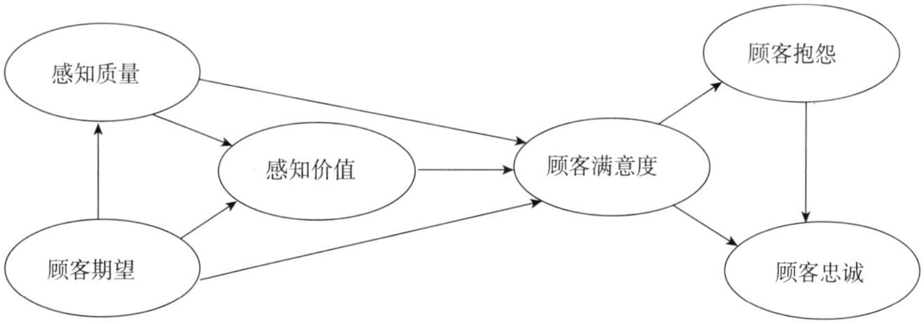

图 7-2　美国顾客满意度指数模型

资料来源：http：//www. theacsi. org/.

ACSI 模型中共有六个结构变量，分为最终目标变量、原因变量、结果变量和最终变量四类。其中，最终目标变量是顾客满意度，原因变量是预期质量、感知质量和感知价值，结果变量是顾客抱怨和顾客忠诚，模型的最终变量是顾客忠诚。同 SCSB 模型相比，最终变量和结果变量是一样的，不同之处在于 ACSI 模型增加了感知质量这个潜在变量，将质量感知从价值感知中分离出来，若除掉感知质量，模型与 SCSB 大致相似。ACSI 模型中，顾客满意度有三个影响因素，即顾客期望、感知质量、感知价值，4 个变量演绎出 6 种数量关系。而在 CSCB 中，顾客满意度只有 2 个原因变量，即顾客期望和感知绩效，3 个变量演绎出 3 种数量关系。相对而言，ACSI 模型对顾客满意度的影响解释得更全面。

7.2.1.3 欧洲顾客满意度指数模型

1998 年，欧洲质量组织、欧洲质量管理基金会及欧洲顾客导向质量分析学术网络等机构赞助与合作共同创建了欧洲顾客满意度指数（European Customer Satisfaction Index，ECSI）模型，此模型以 ACSI 模型为基础进行了以下方面调整：增设变量品牌形象；将质量感知进一步细分为产品价值感知和服务价值感知；删去变量顾客抱怨。因此，整个模型含有 6 个潜在变量，其中 4 个原因变量，1 个最终变量即顾客满意度，1 个结果变量即顾客忠诚。具体如图 7-3 所示。

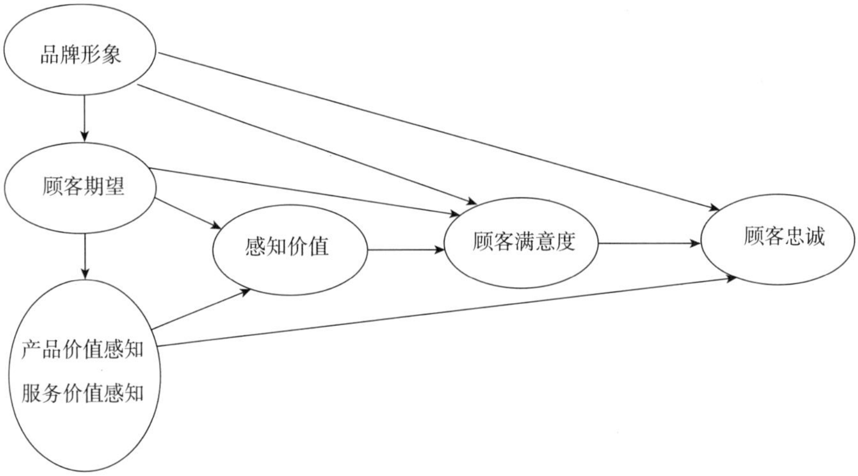

图 7-3 欧洲满意度指数模型

资料来源：Vilares M. J.，Coelho P. S. The Empolyee-Customer Satisfaction Chain in the ECSI Model [J]. European Journal of Marketing，2003（37）：1703-1722.

7.2.2 典型满意度指数模型的启示

通过对 SCSB、ACSI 和 ECSI 三大经典满意度指数模型的剖析，我们可以得出以下几点启示：

第一，模型的设计均有较强的理论支撑。各个国家的典型顾客满意度模型都共同吸收了期望不一致理论、绩效理论、公平理论、需要满足理论、马斯洛需求层次理论等基础理论作为模型的理论依据。期望不一致理论认为，顾客的不满意来自购买前的“期望”与使用后的“质量感知”之间的不一致。因此，顾客期望应该作为满意度指数模型的原因变量。绩效理论认为，绩效的直观体验来自顾客对产品的质量感知，质量感知的好坏直接影响顾客对产品的满意度。因此，质量感知也应该作为满意度指数的原因变量。马斯洛需求层次理论则认为，人们在满足基本的物质水平之后，将会追求更高层次的自我实现。在典型的顾客满意度指数模型中，高层次的自我实现即为价值感知。因此，顾客满意程度的强弱还取决于产品本身所能给予顾客的更高层次的自我实现。因此，一般在构建满意度指数模型时，顾客期望、质量感知和价值感知三个潜变量能描述与满意度之间的因果关系。

第二，模型设计要求简洁，具有较强的可操作性。构建一个满意度指数评价模型是为了对所研究对象的满意与否及程度进行评价，而要完成这项测评工作，就必须在采集大量数据的基础上，分析所得数据，继而进行相关的分析与测评，这就要求模型的设计必须在理论的完备性和实践的可操作性之间进行权衡，既要保持理论的完整，还要关注人力、物力、财力以及数据的可获取性等方面的条件约束，力求用较少的几个变量来解释说明满意度原因及结果。例如，ACSI 模型只设计了 3 个原因变量和 2 个结果变量，非常简洁。模型之所以应用广泛，设计简约是一个重要因素。

第三，结构方程模型（Structural Equation Modeling，SEM）是满意度指数测评的通用方法。SEM 广泛应用于心理学、经济学、社会学、行为科学等领域的统计建模问题，同传统的统计分析方法如多元回归、因子分析等统计技术相比，SEM 建模时没有严格的假定约束条件，同时又允许自变量和因变量存在测量误差。顾客满意度测评中出现的不能直接测量的指标，诸如顾客期望、顾客满意、顾客忠诚、感知价值等，由于缺乏直接度量的方法，一般只能设计一些可观察的变量作为这些潜在变量的“标志”（Indicator），但是这些标志变量总是包含了大量的测量误差，只有结构方程模型能做到既处理测量误差，又可分析潜在变量之间的结构关系。

第四，模型的可拓展性。自瑞典顾客满意度指数模型创立以来，各类满意度评价模型可谓层出不穷，应用领域越来越宽，这与模型的可拓展性是密不可分的。显然，各类满意度指数模型都是根据不同的目的、不同的评价对象，结合具体情况将瑞典顾客满意度指数模型进行改造，对模型的变量进行增减，以使模型更加符合各国的国情，更具实践性。从目前的运用看，除传统的顾客满意度指数评价模型，还有教育质量满意度指数评价模型、政府绩效满意度指数评价模型、医疗机构服务质量满意度指数评价模型等。因此，受上述满意度指数评价模型研究的启示，在研究公共服务绩效时，同样可以根据相关社区公共文化服务的特性，建立社区公共文化服务满意度指数模型，以了解社区公共文化服务的质量状况，剖析其影响因素。

7.3 社区公共文化服务满意度指数模型的构建

社区公共文化服务是我国公共文化服务的重要组成，提供民众满意的社区公共文化服务是我国公共文化发展的宗旨，对社区公共文化服务质量进行评估是公民的权利之一。本书在对社区公共文化服务的内涵与外延进行分析的基础上，对影响社区公共文化服务满意度的要素进行剖析，确定各要素的显变量，结合典型顾客满意度指数模型的启示，最终构建出社区公共文化服务满意度指数测评指标体系和指数模型。

7.3.1 社区公共文化服务的内涵与外延

社区公共文化服务是指在政府的主导下，以保障和实现人民群众基本文化权益，满足人民群众基本文化需求为出发点和立足点，结合社区的特色，面向社区人民群众提供的各种公益性文化服务。其主要内容包括保障社区人民群众读书看报、从事艺术鉴赏、参与文化活动，以及与社区公共文化服务相关的各种公共信息发布，帮助社区群众提高综合素质及组织生产生活技能的相关文化活动等。

社区公共文化服务具有以下特点：一是公益性。社区公共文化服务以实现社区居民的文化权益为出发点，追求社会的效益最大化，具有一定的公益性。二是均等性。均等性是体现我国公共文化服务公平性的重要方面，但由于我国各个区域的经济发展不平衡，因此社区公共文化服务的发展水平也存在着区域之间的差距，实现均等化是我国社区公共文化服务建设的一个难题。三是丰富性。如今，社区居民对于社区公共文化服务的需求不断增长，对社区公共文化服务的内容和形式也提出了更高的要求。四是通俗性。社区公共文化服务的通俗性代表着社区公共文化服务是来源于居民，并服务于居民。由于居民的文化层次水平各有差异，因此更加强调社区公共文化服务的内容和形式等要通俗易懂，容易被居民所理解、接受。

社区公共文化服务的功能如下：一是保障居民的基本文化权益。维护和保障人民享有基本的文化权益，是体现一个国家政治民主的重要标志，也是社区居民应该享有的基本权利。二是满足居民的基本精神文化需求。随着日益增长的物质需求不断被满足，人民的基本文化需求却难以得到满足。通过社区公共文化服务的建设，能够形成社区公共文化服务的群体合力，借以更好地满足人民的基本文化需求。三是引导社会主义价值观。社区是社会最基层的细胞，因此社区公共文化服务是引导社会主义价值观的最基层和最关键的载体。通过社区公共文化服务的方式，使社会主义价值观更容易走进居民的心里，贴近居民的生活。

广义的社区公共文化服务的外延是指社区公共文化服务所包含的具体活动内容和主要载体。具体活动内容包括提供读书看报服务，提供公共文化信息，提供公共文化艺术鉴赏服务（如广场舞、音乐、曲艺等），组织公共文化活动（如各类文体竞赛活动、红歌会活动、社区巡演活动等），扶持群众自娱自乐活动（如为居民自发组成的广场舞团队提供免费舞蹈指导等），完善社区环境建设（如社区治安、社区生活环境、社区医疗卫生条件等）；主要载体包括社区阅览室、电子信息室、社区休闲广场、体育健身设施、社区医疗卫生站点等。

7.3.2 潜变量选择及变量间的相关性假设

7.3.2.1 潜变量的确定

本节依据我国社区公共文化服务的内涵和外延，借鉴国外典型顾客满意度指数模型的构造原理，选取和确定构建社区公共文化服务满意度指数模型的潜变量（Latent Variable，LV）。

（1）居民期望。期望是指对某产品或服务的预期需求。结合社区公共文化服务的特点，本书中的居民期望，即居民在使用社区公共文化服务前对其的需求程度。期望不一致理论认为，满意是通过双向实现的。一个是在购买前的“期望”和“质量感知”之间的不一致导致顾客的不满意，即预期需求程度的大小会影响质量感知的满意度；另一个是顾客由于“不一致”所产生的不同反应。因此，根据期望不一致理论，应设定顾客期望作为质量感知的原因变量，直接影响质量感知（见表7-1）。

表7-1 居民期望潜变量与题项出处

结构变量	题项出处
居民期望	SCSB、ACSI和ECSI

（2）质量感知。质量感知是指顾客对于产品是否满足自身需求的直观评价。对于社区公共文化服务中的质量感知，则是指居民对于社区提供的公共文化服务是否满足自身体验的感受评价。根据绩效评价理论，绩效的直观体验来自顾客对产品的质量感知，质量感知的好坏直接影响顾客对产品的满意度。因此，质量感知也应该作为满意度指数的原因变量（见表 7-2）。

表 7-2　质量感知潜变量与题项出处

结构变量	题项出处
质量感知	ACSI 和 ECSI

（3）价值感知。根据马斯洛需求层次理论可知，人们在满足基本的物质需求之后，将会追求更高层次的自我实现。在典型的顾客满意度指数模型中，高层次的自我实现即为价值感知（见表 7-3）。结合社区公共文化服务的特点，价值感知是指在参与社区公共文化活动后，还能获得更高层次的满足感，如自我修养和气质的提升等。

表 7-3　价值感知潜变量与题项出处

结构变量	题项出处
价值感知	ACSI 和 ECSI

7.3.2.2　潜变量之间的相关性假设

（1）居民期望与相关变量的关系假设。顾客期望与满意度是否存在一定关系以及存在何种关系已有学者进行了实证研究。Olshavsk 和 Mlier 等通过研究证实了期望与顾客满意之间存在着正向关系；而 Churchill 和 Surprenant、Oliver 和 Desarbo 的研究却表明，期望对满意度只有轻微影响、没有直接影响或没有影响。SCSI、ACSI 和 ECSI 模型中都直接引进顾客期望，顾客期望作为原因变量对质量感知和满意度产生正向影响关系。因此，本书认为居民期望对社区公共文化服务质量感知、满意度产生直接影响，为此，我们提出如下假设：

假设 1：居民期望对质量感知存在直接影响。

假设 2：居民期望对居民满意度存在直接影响。

（2）质量感知与相关变量的关系假设。质量感知是指顾客对于产品是否满足自身需求的直观评价。对于社区公共文化服务中的质量感知，则是指居民对于社区提供的公共文化服务是否满足自身体验的感受评价。

对于质量感知与顾客满意度的关系，GS. Suleshchandar 等研究证实两者具有正向关系。在 ESCI 中，将质量感知变量分为硬件的质量感知与软件的质量感知两类。硬件的质量感知是指产品或服务的质量；软件的质量感知是指顾客与公司的沟通质量。在社区公共服务的满意度研究中，赵东霞等将质量感知精确为服务质量，并通过实践证明服务质量水平越高，社区居民越容易获得满足，服务质量与满意度呈正向关系。同时，在 ACSI、ECSI、CCSI 中，质量感知均对价值感知产生了正向影响。因此，综上所述，本书提出如下假设：

假设 3：质量感知对价值感知存在直接影响，且具有正向相关性。

假设 4：质量感知对居民满意度存在直接影响，且具有正向相关性。

（3）价值感知与相关变量的关系假设。在典型的顾客满意度模型中，价值感知或感知价值是指顾客是否感受到物超所值，而不仅仅只感受到产品本身的服务和质量水平。将典型顾客满意度模型中的价值感知与社区公共文化服务相结合，认为价值感知是指对社区公共文化服务的基本质量感知之后的更高层次需求的满足程度，如自我修养和素质的提高、社区生活幸福感的提升等。因此，本书提出以下假设：

假设 5：价值感知对居民满意度存在直接影响，且具有正向相关性。

（4）居民满意度与相关变量的关系假设。顾客满意度是顾客对于所购买的产品，在体验产品质量和服务之后的自我感受与期望经验的一种反差认知。如果反差认知较小，则满意度较高；如果反差认知较大，则满意度较低。因此，产品质量、价值感知和顾客期望都将是满意度的原因变量。

通过对文献的梳理，结合社区公共文化服务的特点，提出以下假设：

假设 6：居民期望对居民满意度存在直接影响。

假设 7：质量感知对居民满意度存在直接影响，且具有正向相关性。

假设 8：价值感知对居民满意度存在直接影响，且具有正向相关性。

7.3.3 社区公共文化服务满意度指数评价模型的确定

7.3.3.1 公共文化服务满意度指数模型构建

构建公共文化服务满意度指数模型分为以下两步：

首先，要确定潜变量及变量相互之间的关系。总结前述研究结论，针对各个潜变量之间的相互关系，我们提出了 5 个潜变量之间的关系假设，即假设 1 至假设 5。

其次，借鉴各国的满意度指数模型的结构形式，并结合我国社区公共文化服务的特点和以上变量之间的假设，提出满意度指数评价结构模型，如图 7-4 所示。

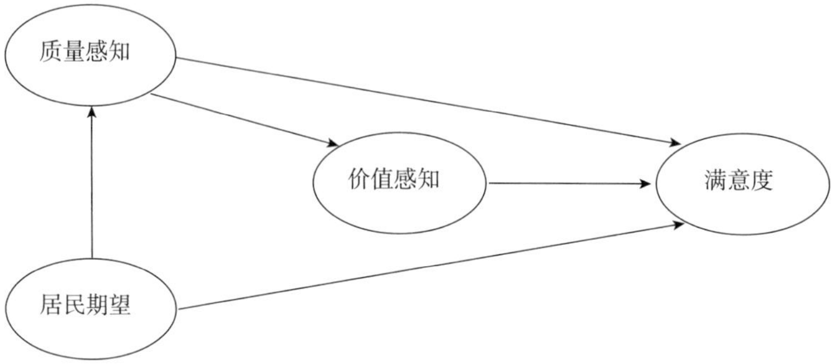

图 7-4 社区公共文化服务满意度指数模型

7.3.3.2 显变量的选择

由于潜变量是无法度量的，如何将潜变量的特征显性化是构建满意度评价模型必须考虑的问题。社区公共文化服务满意度指数评价模型中共有居民期望、质量感知、价值感知和满意度四个潜变量，在此我们结合社区公共文化服务的特点，借鉴有关学者的研究结论，选择了 15 个显变量（Manifest Variable，MV）用以反映 4 个潜变量所对应的特征。

（1）居民期望的显变量。对于居民期望的特征，可以通过观察对满足居民基本文化需求的期望和对社区公共文化设施和活动的期望来获得。受邹凯和赵东霞的满意度调查（见表 7-4）研究的启示，我们也同样选择对满足居民基本文化需求的期望和对社区公共文化设施和活动的期望作为居民期望的两个显变量。

表 7-4 居民期望的显变量与题项出处

测量变量	题项出处
对满足居民基本文化需求的期望	邹凯（2008）“社区服务公众满意度研究调查问卷”第 12 题
对社区公共文化设施和活动的期望	赵东霞（2010）“我国城市社区居民满意度调查问卷”第 5 题

（2）质量感知的显变量。结合社区公共文化服务的基本内容、主要载体等以及部分学者的研究结论，我们选择了“公共文化服务设施”“社区治安”“社区生活环境”“宣传方式”“服务态度”“规章制度”“社区公共文化活动类型”“活动频率”“社区医疗卫生条件”共九个显变量对质量感知潜变量进行观察（见表 7-5）。

表 7-5 质量感知的显变量与题项出处

测量变量	题项出处
公共文化服务设施	李洪涛（2005）“城市居民社区满意度调查问卷”第 14 题
社区治安	李洪涛（2005）“城市居民社区满意度调查问卷”第 17 题
社区生活环境	李洪涛（2005）“城市居民社区满意度调查问卷”第 15 题
宣传方式	赵东霞（2010）“我国城市社区居民满意度调查问卷”第 45 题
服务态度	赵东霞（2010）“我国城市社区居民满意度调查问卷”第 48 题
规章制度	赵东霞（2010）“我国城市社区居民满意度调查问卷”第 45 题
社区公共文化活动类型	自定义
活动频率	自定义
社区医疗卫生条件	自定义

（3）价值感知的显变量。通过更好地建设社区公共文化服务，在使居民能提高自身的文化素质修养的同时，也提升对社区的熟悉度和亲切度，促进社区邻里之间的和睦相处，构建和谐社会。因此，本书选择“情感提升”和“自我提升”作为价值感知的显变量（见表 7-6）。

表 7-6 价值感知的显变量与题项出处

测量变量	题项出处
情感提升	赵东霞（2010）“我国城市社区居民满意度调查问卷”第 50 题
自我提升	自定义

（4）居民满意度的显变量。满意程度是整个模型测评的核心环节。本书选择了“对社区公共文化服务的整体满意度”和“与预期水平相差程度”两个显变量，采用五级李克特量表对满意度进行测评（见表 7-7）。

表 7-7 居民满意度的显变量与题项出处

测量变量	题项出处
社区公共文化服务的整体满意度	邹凯（2008）“社区服务公众满意度研究调查问卷”第 28 题
与预期的水平相差程度	邹凯（2008）“社区服务公众满意度研究调查问卷”第 29 题

7.3.4 社区公共文化服务满意度指数测评指标体系

通过前文潜变量与显变量的选择，本书构建了社区公共文化服务满意度指数测评的指标体系，具体如表 7-8 所示。

表 7-8 社区公共文化服务满意度指数测评指标体系

结构变量	测量变量
居民期望（EXPECTION）	对满足其基本文化需求的期望（EXP1）
	对社区公共文化设施和文化活动的期望（EXP2）
质量感知（QUALITY）	公共文化服务设施（QUA1）
	社区公共文化活动类型（QUA2）
	活动频率（QUA3）
	宣传方式（QUA4）
	服务态度（QUA5）
	规章制度（QUA6）
	社区治安（QUA7）
	社区生活环境（QUA8）
	社区医疗卫生条件（QUA9）
价值感知（VALUE）	情感提升（VAL1）
	自我提升（VAL2）
满意度（SATISFACTION）	社区公共文化服务的整体满意度（SAT1）
	与预期的水平相差程度（SAT2）

7.4 基于结构方程模型的满意度测评方法概述

7.4.1 结构方程模型概述

目前，对满意度的测评方法种类繁多，其中包括主观测评方法（直接评定法和分值分配法等）和客观测评方法。常见的客观测评方法主要有以下四种：结构方程模型、偏最小二乘回归法、多元线性回归分析法和结构化神经网络法。

近年来，结构方程模型作为统计分析的一般框架被广泛应用于社会、经济与管理等研究领域的数据分析之中。当研究中遇到不可直接度量的潜变量数据处理时，或者碰到多个原因与多个结果的数量关系分析时，一些传统的统计方法如多重回归分析、因子分析、协方差分析等就显得束手无策，而用结构方程模型就能较好地弥补传统统计方法的不足。自 20 世纪 80 年代引入我国以来，结构方程模型发展迅速，是处理高维数据的重要分析工具。

结构方程模型是一种建立、估计和检验多种原因与多种结果的因果关系的统计分析模型，模型中既包含可观测的显变量，也包含无法直接观测的潜在变量。结构方程模型分析的最终目的是探索变量间的因果关系，并通过因果模式和路径图等形式加以表述。

与传统的统计模型相比，结构方程模型的优点是在估计一组观测变量与其对应潜变量的同时，还能分析潜变量之间的关系，这样潜变量之间的关系估计便不受测量误差的影响。由于本书的研究目的是对社区公共文化服务的满意度进行测评，因此，结合社区公共文化服务的前期期望与后期满意度等，可以构建社区公共文化服务满意度的结构模型，以此实现对社区公共文化服务满意度的测评，这也是近年来满意度测评常用的方法。

结构方程模型的两种最主要的建模技术：一是以变量的协方差矩阵进行分析的 LISREL（LInear Structurl RELationship）方法；二是以最小化残差为目标进行迭代的 PLS（Partial Least Squares）方法。两种建模技术的对比如表 7-9 所示。

表 7-9　LISREL 和 PLS 建模技术的对比

对比内容	LISREL	PLS
总体分析目标	追求最优参数，保证参数估计的精确度	预测，通过迭代使参数稳定
理论基础	需要有充分的理论基础	不需要有充分的理论基础
建模原理	以协方差为基础，寻求样本方差矩阵与根据理论模型的协方差矩阵之间的“差异”最小	以方差为基础，寻求所有残差方差条件最小
假定分布	服从正态分布	不需要服从正态分布
需要最小样本量	至少 100	至少是测量变量的 10 倍
假设限制	理论模型需要被识别，需要人为限制某些参数	参数、残差都没有严格的假设限制，满足一般线性回归条件，不需要考虑模型识别

由表 7-9 可知，PLS 建模方法可以最大限度地提取变异，并且不需要数

据服从正态分布和考虑模型识别，与 LISREL 相比有着巨大的优势。因此，我们选用 PLS 方法建模。

7.4.2 基于 PLS 的结构方程模型建模技术

7.4.2.1 PLS 基本结构

PLS 的基本结构分为结构模型（内部模型）和测量模型（外部模型）。

结构模型描绘了各潜变量之间的关系，数学方程形式如下：

$$\delta=\beta\eta+\gamma\xi+\varphi \tag{7-1}$$

其中，β（m×m）为各内生潜变量之间的路径系数；γ（m×n）为外生潜变量与内生潜变量之间的路径系数；φ（m×1）为内生潜变量的残差。

测量模型是反映 LV 与 MV 的关系模型，一般有反映型模型和构成型模型两种形式。在 PLS 的模型中，MV 与 LV 的箭头指向表明了测量模型的类型。反映型模型是潜变量的箭头指向显变量，构成型模型是显变量的箭头指向潜变量，具体如图 7-5 和图 7-6 所示。

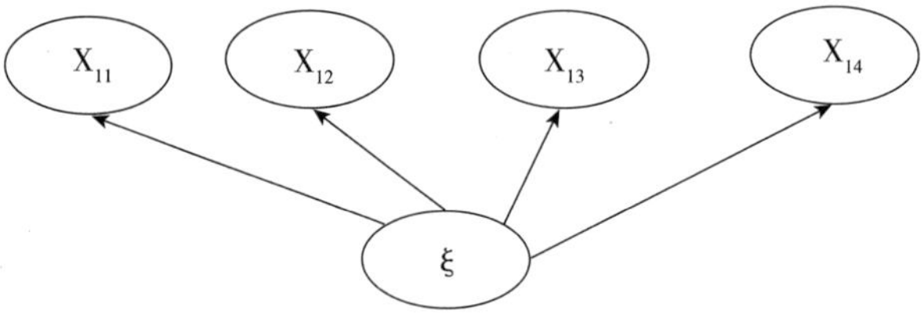

图 7-5　反映型模型

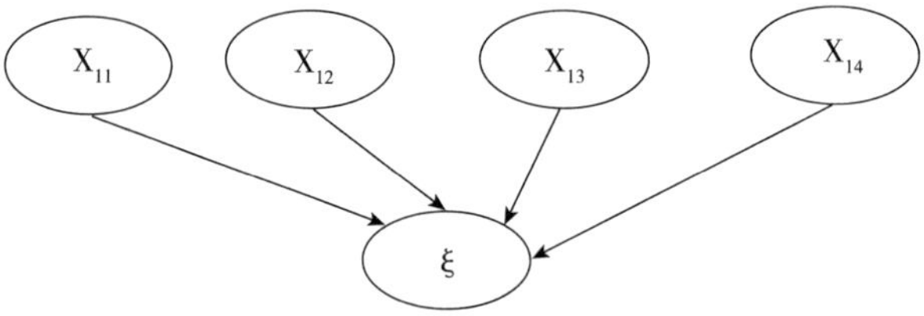

图 7-6　构成型模型

反映型模型的表达式为：

$$y=\Lambda_y\eta+\varepsilon_y, x=\Lambda_x\xi+\varepsilon_x \tag{7-2}$$

其中，y=（y_1，y_2，…，y_p）是内生显变量构成的向量，η 是内生变量的潜变量；x=（x_1，x_2，…，x_q）是外生显变量构成的向量，ξ 是外生变量的潜变量；Λ_y（p×m），Λ_x（q×n）是载荷矩阵；ε_y（p×1），ε_x（q×1）是残差

向量。

构成型模型的表达式为：

$$\eta=\Gamma_y y+\delta_\eta,\ \xi=\Gamma_x x+\delta_\xi \tag{7-3}$$

其中，η、ξ 分别是内、外生变量的潜变量；y、x 分别是内、外生显变量向量；Γ_η、Γ_ξ 是系数矩阵；δ_η、δ_ξ 是残差向量。

7.4.2.2 PLS 参数估计

PLS 参数估计的基本思路如下：将总体模型分为设定的区组，模型参数分为几个子集，当估计一个子集时，认为其他子集的参数值已知且固定不变，使用互相依赖的普通最小二乘多元回归，建立 LV 的起始估计，并将 LV 限制为单位方差，用迭代的方法，不断逼近载荷和结构参数的估计。其具体迭代过程如下：

（1）显变量进行标准化处理。

（2）计算内部权重 λ_{ij}。

$$\lambda_{ij}=\begin{cases}\text{signcov}(\eta_i,\eta_j),\eta_i\ 与\ \eta_j\ 有直接关系\\ 0,\eta_i\ 与\ \eta_j\ 没有直接关系\end{cases} \tag{7-4}$$

其中，signcov 是相关系数。

（3）内部估计。

$$\eta_i=\sum{}_j v_{ij}\eta_j \tag{7-5}$$

（4）计算外部权重 ω_{k_i}。

$$\eta_i=\sum{}_{k_i}\omega_{k_i}y_{k_i}+d_i \tag{7-6}$$

其中，k_i 是第 i 个区组的 MV 个数，d_i 是残差。

（5）外部估计。

$$\eta_i=f_i\sum{}_{k_i}\omega_{k_i}y_{k_i} \tag{7-7}$$

其中，f_i 是单调调整因子，使得 $\text{Var}[\eta_i]=1$。

（6）迭代结束判断。停止迭代的常用条件是 $|\omega_{k_i}^t-\omega_{k_i}^{t+1}|<10^{-5}$ 或 $|\omega_{k_i}^t-\omega_{k_i}^{t+1}/\omega_{k_i}^t|<10^{-5}$。

（7）求出潜变量的值。利用确定的权重系数，计算每个潜变量的向量。

（8）求载荷和路径系数。利用潜变量和显变量的值，分步进行普通最小二乘回归，计算载荷和路径系数。

7.4.2.3 PLS 的模型检验

PLS 的模型检验具体分为模型方程内外部的预测能力检验和模型参数估计的有效性检验。

预测能力检验有几类指标：模型的信度检验由克朗巴哈 α 系数（Cronbach's Alpha）和合成信度（Composite Reliability，CR 或 ρ_r）指标作为检验标准；外部测量模型由共同因子（Communality）H^2 和平均提取方差（Average Variance Extracted，AVE）指标检验，即 LV 对 MV 的预测能力。由两者的计算公式可知，所有载荷都是标准化的，故平均提取方差 AVE 等于共同因子 H^2；内部结构模型由多元相关平方 R^2 指标来检验；模型的综合评价指标由冗余度（Redundancy）f^2 指标来检验。模型的有效性则通过 Bootsrapping 方法检验模型中的各个系数是否为 0。具体各指标的检验目的、方法与标准如表 7-10 所示。

表 7-10　PLS 检验模型的预测能力指标概述

指标	目的	方法与标准
克朗巴哈 α 系数（Cronbach's Alpha）	模型的信度检验	Cronbach's α>0.7
合成信度（Composite Reliability，CR 或 ρ_r）	模型的信度检验	$\rho_r>0.7$
共同因子（Communality）H^2	外部测量模型的预测能力	$H^2_{kj}=\lambda^2_{kj}/\lambda^2_{kj}+\theta_{kj}$，$H^2>0.5$，其中，$\lambda_{kj}$ 为第 k 个 LV 第 j 个 MV 的载荷，i 为 MV 的个数，θ_{kj} 为 k 个 LV 第 j 个 MV 的测量误差
平均提取方差（Average Variance Extracted，AVE）	外部测量模型的预测能力	$\sum_{j=1}^{i}H^2_{kj}=\sum_{j=1}^{i}\lambda^2_{kj}/\sum_{j=1}^{i}\lambda^2_{kj}+\sum_{j=1}^{i}\lambda^2_{kj}\theta_{kj}$ AVE>0.5（公式含义同 H^2）
多元相关平方 R^2	内部结构模型的预测能力	一般 $R^2>0.5$
冗余度（Redundancy）f^2	模型的综合预测能力	$f^2=R^2\times H^2$（$f^2>0.325$）
Bootsrapping 方法	模型的有效性检验	对原始数据样本 n 进行 m 次重置抽样，进行参数估计，构造 t 统计量

目前，随着 PLS 建模技术的广泛应用，有许多操作软件可以实现 PLS 的建模，如 LVPLS-PC、PLSGraph、S-PLUS、MATLAB、Visual-PLS、R 软件、SmartPLS 等。

7.5 社区公共文化服务满意度测评实证分析

7.5.1 样本的选择

本次的调查对象为江西省南昌市五个中心城区（东湖区、西湖区、青山湖区、青云谱区和红谷滩新区）的城镇居民和社区工作者。此外，为了保证调查的真实性和有效性，我们对居民和社区工作者进行了界定：居民一般是在该社区长期生活一年及一年以上的；社区工作者是指持有社区工作证的工作者。

结合南昌市的具体情况，根据样本的最优分配准则，通过样本容量计算公式 p 取 0.5，e 取 4.5%，α 取 0.05，将样本容量定为 500 份（东湖区 140 份，西湖区 110 份，青山湖区 100 份，青云谱区 80 份，红谷滩新区 70 份）。

样本的选取是在分层抽样的基础上，实行便利抽样和判断抽样相结合的抽样方法，并选用定点拦访、入户面访、留置问卷和网上调查的多渠道调查方式。

7.5.2 样本特征的描述

针对江西省南昌市五个中心城区的社区公共文化服务的建设情况及满意度进行测评，我们于 2016 年 7 月共向南昌市五个中心城区的居民发放了 500 份问卷，问卷回收 472 份，回收率为 94.4%。样本的基本信息情况如表 7-11 所示。

表 7-11　基本信息统计

变量	属性	人数（人）	比例（%）
性别	男	156	33.1
	女	316	66.9
年龄	20 岁以下	35	7.5
	20~35 岁	117	24.8
	35~50 岁	153	32.4
	50~65 岁	130	27.5
	65 岁以上	37	7.8

续表

变量	属性	人数（人）	比例（%）
学历	初中及以下	87	18.4
	高中或专科	141	29.9
	大学本科或大专	220	46.6
	硕士研究生及以上	24	5.1
职业	党政机关人员	63	13.3
	企事业单位人员	176	37.3
	学生	47	10.0
	个体经营者	31	6.6
	退休人员	119	25.2
	自由职业者	35	7.4
	其他	1	0.2

由表 7-11 可知，从性别构成来看，受访人数中男性占 33.1%，女性占 66.9%；从年龄结构来看，30~50 岁的人数最多，约占受访者的 1/3，20~35 岁及 50~65 岁的受访者人数基本相同，约各占 1/4 的比重；从学历结构来看，大学本科或大专人群占比最多，为 46.6%，几乎占一半；从职业结构来看，企事业单位人员和退休人员人数最多，两者占比合计超过六成。

7.5.3 社区公共文化服务现状分析

7.5.3.1 公共文化服务设施供需情况

从供给情况看，如表 7-12 所示，通过将现有社区公共文化服务设施与所在居住城区进行交叉列联分析，可以得出：在五个中心城区中，健身设施、宣传栏和文化休闲广场是社区提供的最普遍、数量最多的社区公共文化服务设施，而其他的服务设施提供的数量相对较少，尤其是文化多功能厅的数量在五个城区中普遍较少，老年人活动室、棋牌室的数量在调查数据中占比居中。

表 7-12 社区公共文化服务设施×所住辖区交叉制表 单位：人次

		所住辖区					
		东湖区	西湖区	青山湖区	青云谱区	红谷滩新区	合计
社区公共文化服务设施	阅览室	34	27	19	24	20	124
	健身设施	86	60	48	49	45	288
	老年活动室	32	47	24	28	24	155
	文化休闲广场	49	52	44	33	36	214
	棋牌室等	16	31	21	28	17	113
	宣传栏	70	57	55	50	42	274
	书画室	2	14	5	8	5	34
	球场	11	8	15	15	17	66
	游泳馆	1	7	6	9	9	32
	文化多功能厅	1	10	10	6	6	33
	其他	4	3	5	0	1	13
合计		306	316	252	250	222	1346

注：该表对应问卷中的第 9 题，为多选题，所以表中列合计并不等于各个城区受访者人数。表 7-13 至表 7-16 中的数据与该表特点相同，后文不再标注。

从需求情况看，如表 7-13 所示，五个中心城区的受访者普遍希望能够提供阅览室、健身设施、老年人活动中心和休闲文化广场四种服务设施。与供给情况对比可知，阅览室有着很大的需求，但供给明显较少。同时，其他服务设施，如棋牌室、书画室、球场等需求量也很大，远远超过社区提供的数量，供不应求，难以满足居民生活文化需求。而健身设施、老年人活动中心和休闲文化广场这三者社区提供的数量较多，需求也较大，供需基本平衡。

表 7-13 希望提供的社区公共文化服务设施×所住辖区交叉制表 单位：人次

		所住辖区					
		东湖区	西湖区	青山湖区	青云谱区	红谷滩新区	合计
希望社区提供的公共文化服务设施	阅览室	87	55	58	39	42	281
	健身设施	95	74	55	50	39	313
	老年人活动室	92	54	42	37	27	252
	文化休闲广场	99	61	48	34	32	274

续表

		所住辖区					
		东湖区	西湖区	青山湖区	青云谱区	红谷滩新区	合计
希望社区提供的公共文化服务设施	棋牌室等	58	43	38	36	25	200
	宣传栏	50	44	43	36	24	197
	书画室	47	34	31	21	19	152
	球场	45	35	41	26	30	177
	游泳馆	55	43	55	39	37	229
	文化多功能厅	56	50	44	40	35	225
	其他	0	2	1	1	0	4
合计		684	495	456	359	310	2304

7.5.3.2 文化活动类别

通过调查、分析社区举办过的公共文化活动类别可以发现，群众文艺表演是居民参与、社区开展过的最多的公共文化活动（见表 7-14）。与此同时，文体竞赛、科普文化宣传和知识宣传讲座三类文化活动社区举办的次数较少；就业技能培训举办的次数最少。值得注意的是，在调查中，每个城区都有少部分居民从来没参加过社区公共文化活动或不知道社区举办过公共文化活动。尤其是在东湖区的受访者中，有 50 人在其他项中填写没有参加过社区举办的公共文化活动。

表 7-14 社区组织过的文化活动×所在辖区交叉制表 单位：人次

		所住辖区					
		东湖区	西湖区	青山湖区	青云谱区	红谷滩新区	合计
社区组织过的文化活动	文体竞赛	28	30	14	17	21	110
	群众文艺表演	61	67	53	47	45	273
	科普文化宣传	38	47	40	39	31	195
	艺术鉴赏培训	12	19	18	24	9	82
	知识宣传讲座	24	32	19	31	30	136
	就业技能培训	5	11	5	14	11	46
	其他	50	18	14	8	4	94
合计		218	224	163	180	151	936

如表 7-15 所示，从调查的社区居民对于社区公共文化活动类别的需求结果来看，居民不仅对组织群众文艺表演的需求较大，也希望社区能够大力开展科普文化宣传，传播更多的科普知识，增长更多的文化知识。除此之外，文体竞赛、艺术鉴赏培训、知识宣传讲座也有一定的需求量，与社区的供给情况相当，供需大致平衡。由于调查对象处于需要进行就业技能培训的年龄段人群较少，因此，在五个城区中，对于就业技能培训的供需情况相对较少。

表 7-15　希望社区组织的文化活动×所在辖区交叉制表　　单位：人次

		所住辖区					合计
		东湖区	西湖区	青山湖区	青云谱区	红谷滩新区	
希望社区组织的文化活动	文体竞赛	63	45	39	31	30	208
	群众文艺表演	95	66	50	43	26	280
	科普文化宣传	69	67	59	46	40	281
	艺术鉴赏培训	41	46	48	38	34	207
	知识宣传讲座	33	42	43	38	31	187
	就业技能培训	27	23	18	17	16	101
	其他	1	5	0	1	0	7
合计		329	294	257	214	177	1271

7.5.3.3　社区公共文化活动开展的频率情况

社区公共文化活动开展的频率直接关系到社区居民对于社区公共文化服务的感知情况。频率越高，则社区公共文化服务建设越完善，居民对于社区公共文化服务建设的满意度越高。由图 7-7 可知，社区每年开展两次所占百分比最多，每年三次以上和基本不举行的所占百分比较少。

另外，从社区居民活动开展频率的要求看，有 40.5%的受访者希望能以每月一两次的频率举办社区公共文化活动（见图 7-8），以此推断，居民对于活动频率的要求一年要到达 10 次以上，而从现状来看，举办社区公共文化活动的频率难以满足社区居民的需求。

7.5.3.4　得知社区开展相关活动的渠道

社区公共文化服务的开展离不开传播渠道的拓展。目前来看，社区公共文化服务的传播途径有社区物业、居委会的宣传、邻居与朋友告知、报纸新闻媒体的宣传和新兴网络媒体的宣传。从数据的分析结果来看，五个中心城

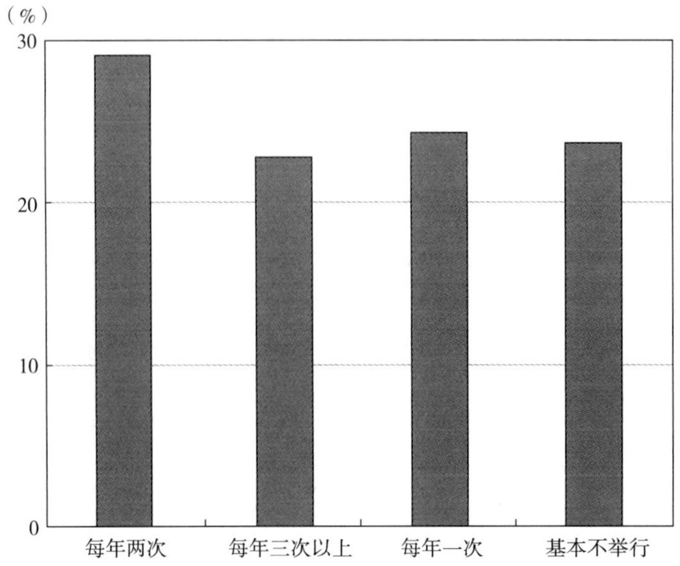

图 7-7　所在社区开展文化活动的频率

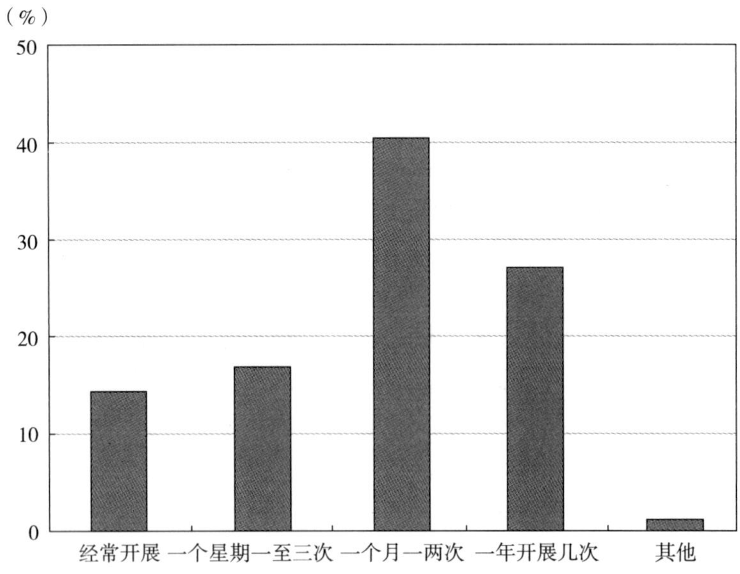

图 7-8　希望开展社区公共文化活动的频率

区的受访者普遍认为，最主要的信息来源渠道是物业宣传部门的宣传和邻居的告知，然后是报纸等传统媒介和网络渠道，具体如表7-16所示。

表7-16　得知社区公共文化服务的渠道×所住辖区交叉制表　单位：人次

		所住辖区					合计
		东湖区	西湖区	青山湖区	青云谱区	红谷滩新区	
得知社区公共文化服务的渠道	社区物业部门宣传栏	62	61	54	47	49	273
	邻居告知	65	53	36	30	26	210
	报纸、电视、新闻媒体	25	24	16	17	12	94
	网络	11	8	10	8	6	43
	其他	30	9	12	7	3	61
合计		193	155	128	109	96	681

7.5.3.5　社区公共文化活动的主要组织者

通过调查社区公共文化活动的主要组织者我们发现，在东湖区，社区公共文化活动的主要组织者是居民，说明该区的居民社区生活氛围非常融洽，能自己组织社区公共文化活动；其他四个中心城区的主要组织者是社区居委会，即社区居委会在组织社区公共文化活动的过程中发挥着引导性的作用（见表7-17）。

表7-17　文化活动的主要组织者×所住辖区交叉制表　单位：人次

		所住辖区					合计
		东湖区	西湖区	青山湖区	青云谱区	红谷滩新区	
文化活动的主要组织者	居民	70	25	18	14	8	135
	社区居委会	56	53	39	31	30	209
	物业管理中心	6	8	16	11	14	55
	社会中的相关机构	7	6	7	5	4	29
	政府部门	0	9	8	8	6	31
	其他	1	3	4	2	3	13
合计		140	104	92	71	65	472

7.5.3.6 社区工作经费来源

针对一定数量的社区工作者，我们对他们认为的社区工作经费来源问题和社区公共文化服务建设中存在的问题进行了调查。

对于社区工作经费来源的问题调查，结果如表 7-18 所示。社区工作经费主要是来自民政局等政府部门的专项拨款，然后是从政府所拨办公经费中抽出，而企业赞助和收取社区成员费用占比较小。

表 7-18 社区工作经费来源 单位：人，%

		响应	
		人数	比例
社区公共文化经费来源	民政局等政府部门的专项拨款	104	42.6
	从政府所拨办公经费中抽出	55	22.5
	企业赞助	38	15.6
	适当收取社员费用	38	15.6
	不清楚	9	3.7
合计		244	100.0

7.5.3.7 社区公共文化建设中存在的问题

在社区公共文化服务的建设中，问题与进步是共存的。关于“社区公共文化服务建设中存在的问题”的调查结果如表 7-19 所示，可以看出，大多数社区工作者认为经费不足是社区公共文化服务建设的最严重问题，以致难以提高社区公共文化服务的质量。同时，社区的休闲场所过少、绿化面积有限也在很大程度上影响了居民对于社区公共文化服务的满意度。居民参与度不够、积极性不高和社区组织的日常文化活动较少，也一定程度上制约了社区公共文化服务的发展。

表 7-19 社区公共文化建设中存在的问题 单位：人，%

		响应	
		人数	比例
社区公共文化服务建设中存在的问题	经费不足	94	20.1
	环境卫生问题	42	9.0
	绿化面积有限	65	13.9

续表

		响应	
		人数	比例
社区公共文化服务建设中存在的问题	休闲场所过少	64	13.7
	日常文化活动较少	56	12.0
	居民参与度不够	59	12.6
	社区治安不健全	45	9.6
	社区工作人员较少	43	9.2
合计		468	100.0

社区公共文化服务建设是社区建设的核心内容，对提高居民的综合素质水平、增强社区凝聚力和促进居民和谐共处等方面有着重要影响。通过对样本的观察与分析，我们得出如下结论：

南昌市社区公共文化服务的建设取得了长足进步，但与老百姓对社区公共文化服务的要求相比还有一定差距。具体表现在以下方面：总体上社区的公共文化服务的供给难以满足社区居民的需求，尤其是对于社区公共文化服务设施的提供、社区公共文化活动类别的组织两方面，需要大幅度提升设施的供给数量、丰富文化活动的类型。同时，社区公共文化服务的传播渠道比较单一。居民组织文化活动的自主权较小，居民对社区公共文化服务的参与度较低。社区目前开展公共文化活动的频率比较能满足社区居民的需求。另外，通过对社区工作者的调查发现，社区公共文化服务存在严重的资金短缺问题，而大多数建设经费单一来源于民政局等政府部门的拨款，经费来源途径和金额数量有限。

7.5.4 南昌市社区公共文化服务满意度指数测评

我们以南昌市五个中心城区为代表，选择结构方程模型的 PLS 建模技术，利用 SmartPLS2.0 软件构建社区公共文化服务满意度指数模型（反映型测量模型），并以 Bootstrapping 方法对模型的估计结果进行检验和评价。

7.5.4.1 满意度指数模型的建立

通过前面的潜变量与显变量的选定及变量之间的因果关系分析，可得出社区公共文化服务满意度指数模型的路径，如图 7-9 所示。

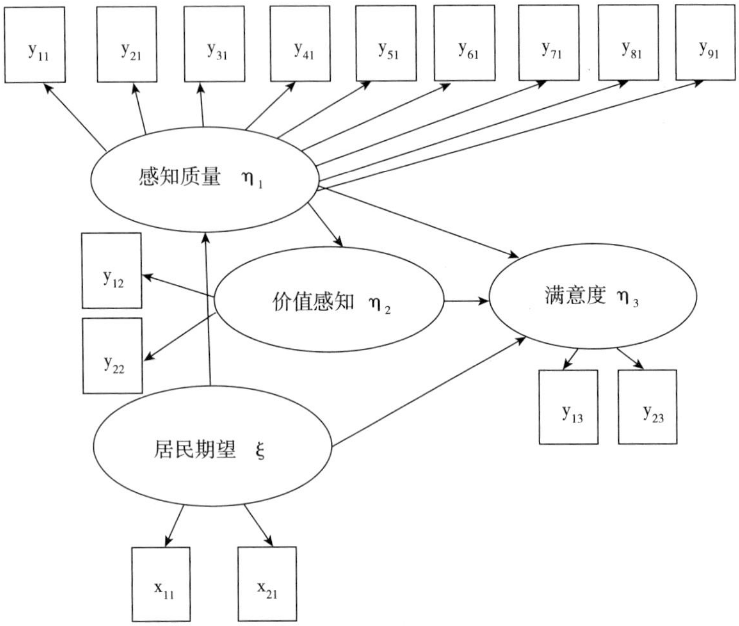

图 7-9　社区公共文化服务满意度指数模型的路径图

结构变量与对应测量变量的符号如表 7-20 所示。

表 7-20　结构变量与对应测量变量的符号

结构变量	符号	测量变量	符号
居民期望	ξ	对满足其基本文化需求的期望（EXP1）	x_{11}
		对社区公共文化设施和文化活动的期望（EXP2）	x_{21}
感知质量	η_1	公共文化服务设施（QUA1）	y_{11}
		社区公共文化活动类型（QUA2）	y_{21}
		活动频率（QUA3）	y_{31}
		宣传方式（QUA4）	y_{41}
		服务态度（QUA5）	y_{51}
		规章制度（QUA6）	y_{61}
		社区治安（QUA7）	y_{71}
		社区生活环境（QUA8）	y_{81}
		社区医疗卫生条件（QUA9）	y_{91}

续表

结构变量	符号	测量变量	符号
价值感知	η_2	情感提升（VALU1）	y_{12}
		自我提升（VALU2）	y_{22}
满意度	η_3	社区公共文化服务的整体满意度（SAT1）	y_{13}
		与预期的水平相差程度（SAT2）	y_{23}

7.5.4.2 信度检验

对收集的数据结果进行信度检验，可以反映出调查问卷的可靠性和有效性，即通过调查问卷所得到的结果是否具有说服力。在此，我们选用克朗巴哈 α 系数和合成信度指标作为检验标准，对问卷内部一致性进行信度检验，具体结果如表 7-21 所示。

表 7-21 信度检验结果

	Cronbach's Alpha（α）	Composite Reliability（ρ_r）
EXPECTION	0.780557	0.901012
QUALITY	0.954328	0.961115
SATISFATION	0.876771	0.941898
VALUE	0.862556	0.935695

通常，Cronbach's Alpha 值界于 0.65~0.70 是最小可接受值；界于 0.70~0.80 表示相当好；界于 0.80~0.90 表示非常好。而 ρ_r 值越高，各变量内部一致性越高。由表 7-21 可知，α 系数值接近或大于 0.80，ρ_r 的值高于 0.9，说明此问卷中各变量具有比较好的内部一致性、可靠性和稳定性较高。

7.5.4.3 模型的效度检验

通常采用共同因子 H^2（Communality）和载荷系数（Loading）检验外部测量模型的收敛效度；用平均方差提取率 AVE（Average Variance Exracted）可检验其区别效度；用多元相关平方 R^2 来检验内部结构模型的效度；用冗余度 f^2 来检验模型的整体预测能力。检验结果如表 7-22、表 7-23 所示。

表 7-22 测量变量与其对应结构变量的外部权重和外部载荷系数

	指标	外部载荷（Loading）	外部权重（Weight）
EXPECTION	EXP1	0.912567	0.571878
	EXP2	0.898305	0.532250
QUALITY	QUA1	0.879770	0.136692
	QUA2	0.872743	0.133840
	QUA3	0.879841	0.132804
	QUA4	0.887342	0.136156
	QUA5	0.841317	0.122644
	QUA6	0.848570	0.126421
	QUA7	0.770634	0.115378
	QUA8	0.854863	0.133540
	QUA9	0.866372	0.128974
SATISFATION	SAT1	0.947439	0.547896
	SAT2	0.939531	0.511853
VALUE	VALU1	0.938315	0.536064
	VALU2	0.936957	0.530444

表 7-23 各指标的检验结果

	Communality（H^2）	AVE	R Square	Redundancy
EXPECTION	0.819865	0.819865	—	—
QUALITY	0.733370	0.733370	0.790701	0.579245
SATISFATION	0.890179	0.890179	0.830441	0.353349
VALUE	0.879161	0.879161	0.893191	0.785274
AVERAGE	0.830644	0.830644	0.838111	0.572623

注：EXPECTION（居民期望）为外生变量，没有 R^2 与 f^2 指标。

载荷系数其实是说明潜变量与其对应显变量之间的相关关系的检验指标。一般要求载荷系数大于 0.7，表明显变量能较好地反映潜变量的特征。由表 7-22 可知，所有显变量的载荷系数都大于 0.7，即显变量的测量效果较好。

根据共同因子 H^2 和 AVE 的计算公式可知，平均提取方差 $AVE=H^2$，表 7-23 中的数据验证了两者之间的关系。一般来说，H^2 和 AVE 指标大于 0.5，表示潜变量解释的方差大于测量误差引起的方差。平均共同因子值为0.83，远远大于0.5，说明潜变量的收敛效度和区别效度较好，潜变量能较好地反映显变量。

多元相关平方 R^2 表示内部结构方程关系的预测能力。通过梳理文献可知，欧洲顾客满意度指数对 R^2 的要求为0.65；美国顾客满意度指数模型中的要求为平均0.75；Chin（1998）认为，R^2 大于0.66，则内部结构模型具有较好的拟合效果。总体而言，通过与本文模型的 R^2 检验结果对比可知，所有潜变量的 R^2 都大于0.7，说明模型内部关系对于整体模型的解释能力和预测能力较强。

从冗余度 f^2 的角度来看，冗余度 f^2 是检验整体预测拟合的指标。如果 H^2 检验外部测量模型的效度，R^2 检验内部结构模型的效度，那么 f^2 就是 H^2 和 R^2 的乘积。一般而言，整个模型的冗余度 f^2 大于0.325，即 H^2 的标准0.5与 R^2 的欧盟标准0.65的乘积，表明模型的整体预测能力较好。从检验结果可知，整个模型的总平均冗余度 f^2 为0.57，大于0.325，故模型的整体预测能力较好。

以上检验结果表明，社区公共文化服务满意度指数模型的整体拟合效果较好，模型具有有效性和可靠性。

7.5.4.4 相关系数检验

相关关系包含潜变量之间、潜变量与显变量、显变量之间三种关系。本书采用Kendall相关系数对潜变量之间和潜变量与显变量之间的相关关系进行检验（$\alpha=0.01$）。其中，潜变量与显变量之间的相关关系即模型的外部载荷系数，如表7-22所示。其余两个相关关系结果如表7-24和表7-25所示。

表7-24 潜变量之间的相关关系

	EXPECTION	QUALITY	SATISFATION	VALUE
EXPECTION	1.000000			
QUALITY	0.889214	1.000000		
SATISFATION	0.853001	0.903431	1.000000	
VALUE	0.787989	0.945088	0.856607	1.000000

从检验结果来看，三者相关关系的系数都为正，且系数值较高，均在0.5以上，说明三者的相关程度较高；且显变量之间的相关关系均在 $\alpha=0.01$ 时通过了显著性检验，这说明所构建的模型能有效证实潜变量之间的相关性假设。

表 7-25　各显变量之间的相关关系

	x_{11}	x_{21}	y_{11}	y_{21}	y_{31}	y_{41}	y_{51}	y_{61}	y_{71}	y_{81}	y_{91}	y_{12}	y_{22}	y_{13}	y_{23}
x_{11}	1. 000														
x_{21}	0. 576	1. 000													
y_{11}	0. 627	0. 596	1. 000												
y_{21}	0. 632	0. 608	0. 749	1. 000											
y_{31}	0. 608	0. 602	0. 711	0. 772	1. 000										
y_{41}	0. 621	0. 581	0. 684	. 0714	0. 800	1. 000									
y_{51}	0. 601	0. 559	0. 601	0. 621	0. 624	0. 693	1. 000								
y_{61}	0. 618	0. 610	0. 644	0. 612	0. 621	0. 659	0. 744	1. 000							
y_{71}	0. 696	0. 513	0. 520	0. 528	0. 504	0. 564	0. 582	0. 619	1. 000						
y_{81}	1. 000	0. 576	0. 627	0. 632	0. 608	0. 621	0. 601	0. 618	0. 696	1. 000					
y_{91}	0. 701	0. 567	0. 695	0. 659	0. 653	0. 660	0. 597	0. 603	0. 596	0. 701	1. 000				
y_{12}	0. 690	0. 643	0. 739	0. 742	0. 704	0. 743	0. 665	0. 670	0. 631	0. 690	0. 706	1. 000			
y_{22}	0. 637	0. 693	0. 669	0. 641	0. 647	0. 627	0. 573	0. 648	0. 581	0. 637	0. 627	0. 718	1. 000		
y_{13}	0. 620	0. 599	0. 892	0. 848	0. 739	0. 699	0. 629	0. 640	0. 541	0. 620	0. 672	0. 746	0. 651	1. 000	
y_{23}	0. 621	0. 581	0. 684	0. 714	0. 800	1. 000	0. 693	0. 659	0. 564	0. 621	0. 660	0. 743	0. 627	0. 699	1. 000

注：所有非主对角线上的元素在置信度（双测）为 0. 01 时是显著的。

7. 5. 4. 5　模型的参数估计检验

模型的参数估计检验采用的是 Bootstrapping 再抽样方法。Bootstrapping 再抽样方法是指通过进行有放回的反复随机再抽样，对每一组再抽样样本进行相同的模型估计，用得到的多组参数估计值构造 T 统计量，对构造的模型路径中的参数进行检验。设原假设 H_0：被检验的某项系数的数值为 0，显著性水平 $\alpha=0.05$，自由度 df=200，则 T 检验的临界值为 $|t_{\frac{\alpha}{2}}|=1.972$。对模型的路径系数、外部载荷和外部权重进行检验，结果如表 7-26、表 7-27、表 7-28 所示。

表 7-26　路径系数

	Original Sample（O）	Sample Mean（M）	Standard Deviation (STDEV)	Standard Error (STERR)	T Statistics (|O/STERR|)
EXPECTION→QUALITY	0. 889214	0. 888892	0. 013136	0. 013136	67. 694342
EXPECTION→SATISFATION	0. 277911	0. 277839	0. 057586	0. 057586	4. 826014

续表

	Original Sample（O）	Sample Mean（M）	Standard Deviation (STDEV)	Standard Error (STERR)	T Statistics (｜O/STERR｜)
QUALITY→SATISFATION	0.502818	0.501420	0.101816	0.101816	4.938500
QUALITY→VALUE	0.945088	0.944840	0.006078	0.006078	155.488381
VALUE→SATISFATION	0.162409	0.163462	0.079612	0.079612	2.040005

表 7-27　外部载荷

	Original Sample（O）	Sample Mean（M）	Standard Deviation (STDEV)	Standard Error (STERR)	T Statistics (｜O/STERR｜)
EXP1←EXPECTION	0.912567	0.912509	0.007405	0.007405	123.240473
EXP2←EXPECTION	0.898305	0.897637	0.013038	0.013038	68.900470
QUA1←QUALITY	0.879770	0.879415	0.011278	0.011278	78.007070
QUA2←QUALITY	0.872743	0.872584	0.018309	0.018309	47.667503
QUA3←QUALITY	0.879841	0.879122	0.015638	0.015638	56.262235
QUA4←QUALITY	0.887342	0.886862	0.014389	0.014389	61.668868
QUA5← QUALITY	0.841317	0.840152	0.018912	0.018912	44.484818
QUA6←QUALITY	0.848570	0.847483	0.018658	0.018658	45.479511
QUA7←QUALITY	0.770634	0.769226	0.030081	0.030081	25.618289
QUA8←QUALITY	0.854863	0.853998	0.016819	0.016819	50.826611
QUA9←QUALITY	0.866372	0.866189	0.013592	0.013592	63.740720
SAT1←SATISFATION	0.947439	0.947177	0.004525	0.004525	209.390951
SAT2←SATISFATION	0.939531	0.939065	0.006709	0.006709	140.036483
VALU1← VALUE	0.938315	0.938192	0.007650	0.007650	122.661389
VALU2←VALUE	0.936957	0.936632	0.009182	0.009182	102.047612

表 7-28　外部权重

	Original Sample（O）	Sample Mean（M）	Standard Deviation (STDEV)	Standard Error (STERR)	T Statistics (｜O/STERR｜)
EXP1←EXPECTION	0.571878	0.572313	0.014902	0.014902	38.376278
EXP2←EXPECTION	0.532250	0.532254	0.009262	0.009262	57.463230

续表

	Original Sample（O）	Sample Mean（M）	Standard Deviation (STDEV)	Standard Error (STERR)	T Statistics (｜O/STERR｜)
QUA1←QUALITY	0.136692	0.136848	0.003205	0.003205	42.650962
QUA2←QUALITY	0.133840	0.134057	0.003823	0.003823	35.012175
QUA3←QUALITY	0.132804	0.132887	0.003087	0.003087	43.026786
QUA4←QUALITY	0.136156	0.136282	0.002661	0.002661	51.176503
QUA5←QUALITY	0.122644	0.122614	0.002604	0.002604	47.103360
QUA6←QUALITY	0.126421	0.126402	0.002852	0.002852	44.325120
QUA7←QUALITY	0.115378	0.115338	0.003706	0.003706	31.130442
QUA8←QUALITY	0.133540	0.133664	0.003015	0.003015	44.287128
QUA9←QUALITY	0.128974	0.129138	0.002964	0.002964	43.515286
SAT1←SATISFATION	0.547896	0.548165	0.007955	0.007955	68.870718
SAT2←SATISFATION	0.511853	0.512005	0.004962	0.004962	103.151754
VALU1←VALUE	0.536064	0.536288	0.008591	0.008591	62.399543
VALU2← VALUE	0.530444	0.530545	0.004764	0.004764	111.344646

由表 7-26 至表 7-28 的检验结果可知，模型中的路径系数、外部载荷系数和外部权重系数都通过了 T 检验，因此，拒绝原假设 H_0，可以认为模型中的测量变量系数显著不为 0。

7.5.4.6 社区公共文化服务满意度指数模型的评价

从模型的参数估计结果来看，模型潜变量与显变量的系数均不为 0，即模型能很好地支持构建模型时提出的假设。从模型的效度和信度的检验结果来看，模型的整体预测能力较强，各变量具有比较好的内部一致性，可靠性和稳定性较高。从模型的相关关系来看，潜变量之间、显变量之间、潜变量与显变量之间的相关关系系数都比较高，说明模型能有效证实构想假设。

综上所述，社区公共文化服务满意度指数模型预测能力较好，比较合理、有效地解释了变量之间的关系。最终得出公共服务满意度指数模型的路径图和载荷系数，如图 7-10 所示。

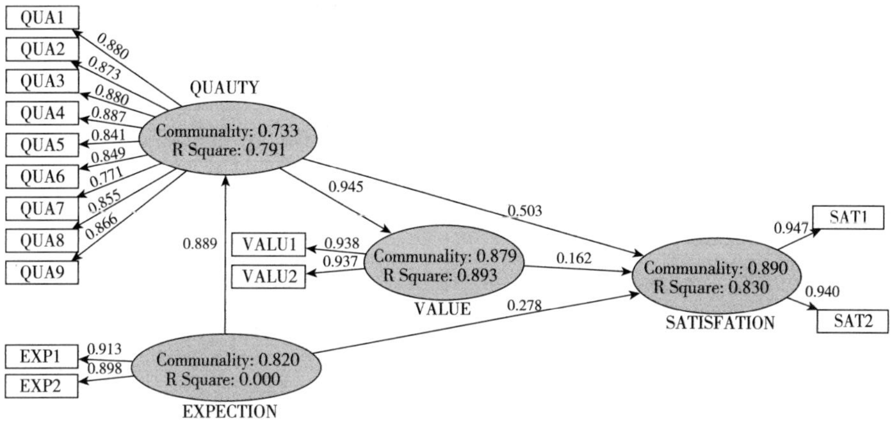

图 7-10　社区公共文化服务满意度指数模型路径

7.5.5　南昌市五个城区的社区公共文化服务满意度对比分析

基于社区公共文化服务满意度指数模型的参数估计结果，得到满意度指数模型的显变量与潜变量之间的外部权重（见表 7-28）。接着，通过计算公式，得出对应于每个潜变量的满意度指数，再生成每个城区的满意度指数分值，最后进行满意度对比与分析。

7.5.5.1　满意度指数的计算

首先，求出显变量 MV 对应潜变量 LV 的数值：

$$\eta = \sum_{i=1}^{n} \omega_i y_i \tag{7-8}$$

其中，η 为 LV 得分，y_i 为 MV 得分，n 为 LV 对应 MV 的个数。

满意度指数 SI 的计算公式如下：

$$SI = \frac{E(\eta) - \min(\eta)}{\max(\eta) - \min(\eta)} \times 100 \tag{7-9}$$

其中，E（η）为 LV 的均值，min（η）为最小值，max（η）为最大值，且 min（η）= $\sum_{i=1}^{n}\omega_i \min(y_i)$，max（$\eta$）= $\sum_{i=1}^{n}\omega_i \max(y_i)$。在本书中，设立的量表为五级李克特量表，故 min（y_i）= 1，max（y_i）= 5。将满意度指数 SI 的计算公式简化后如下：

$$SI = \frac{\sum_{i=1}^{n} \omega_i \overline{y_i} - \sum_{i=1}^{n} \omega_i}{4\sum_{i=1}^{n} \omega_i} \tag{7-10}$$

其次，根据调查数据和计算公式，得出社区公共文化服务各变量的满意度指数值，结果如表 7-29 所示。

表 7-29　各变量的满意度指数值

LV	INDEX	MV	INDEX
EXPECTION	66. 35	EXP1	66. 27
		EXP2	67. 12
QUALITY	67. 22	QUA1	65. 93
		QUA2	64. 75
		QUA3	63. 05
		QUA4	64. 87
		QUA5	68. 86
		QUA6	68. 64
		QUA7	68. 39
		QUA8	66. 27
		QUA9	63. 81
SATISFATION	66. 19	SAT1	66. 95
		SAT2	65. 89
VALUE	64. 44	VALU1	65. 76
		VALU2	64. 87

从表 7-29 中可以看出，对于 MV，满意度指数最高的是质量感知（QUALITY），最低的是价值感知（VALUE）；在 LV 中，满意度指数最高的是服务态度（QUA5），最低的是活动频率（QUA3）。这与前面供需关系的分析结果一致。

7.5.5.2　满意度重要性矩阵

金勇进教授认为，当问卷中没有对各个变量的重要程度进行调查时，可以采用各个变量与整体满意度的相关程度作为重要性的评价依据。在此，我们通过满意度重要性矩阵，对社区公共文化服务各个变量的满意度和重要性进行分析，为给政府提供有针对性的政策建议提供理论依据。

（1）三个原因潜变量的满意度重要性矩阵。利用金勇进教授的方法，对社区公共文化服务的三个原因潜变量的满意度重要性进行了矩阵分析，具体如图 7-11 所示。

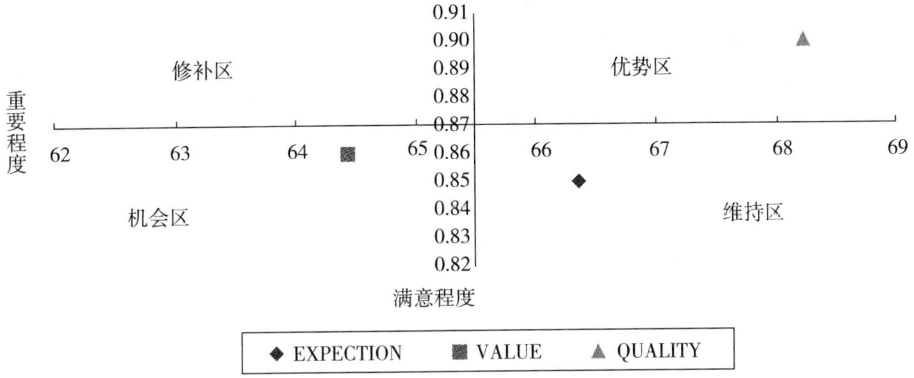

图 7-11　三个原因潜变量的满意度重要程度矩阵

由图 7-11 可知，在满意度重要程度矩阵中，QUALITY（质量感知）处在优势区，即高满意度、高重要程度。整体而言，受访居民对社区公共文化服务的质量感知满意度较高，并且此变量重要程度较高，在社区公共文化服务建设中应受到重要关注。EXPECTION（居民期望）处在维持区，具有高满意度、低重要程度。也就是说，需要加大对居民期望的重视程度，维持此变量的满意程度。VALUE（价值感知）处在机会区，满意度不高且重要程度较低，说明社区提供的公共文化服务难以满足居民的高层次精神文化需求，同时在社区公共文化服务的建设中也没有受到重视。

（2）显变量的满意度重要性矩阵。对三个潜变量的 13 个显变量进行满意度重要程度的计算，得出满意度重要性矩阵如图 7-12 所示。

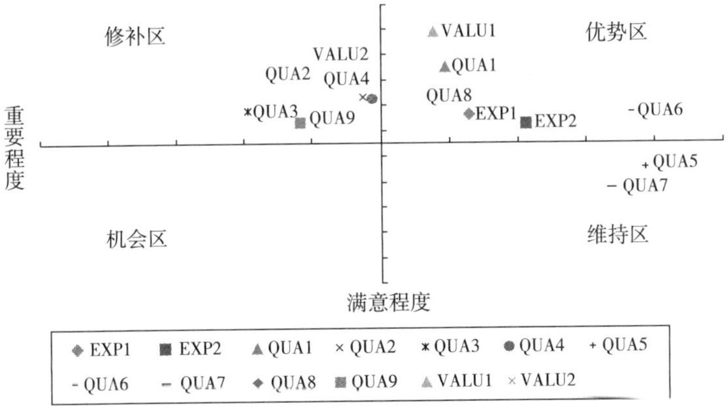

图 7-12　显变量的满意度重要性矩阵

从图 7-12 中可以看出，VALU1（情感提升）、QUA1（社区公共文化服务设施）、QUA8（社区生活环境）、QUA6（规章制定）、EXP1（对满足基本文化需求的期望）和 EXP2（对社区公共文化设施和文化活动的期望）都处在优势区，即以上变量对于社区的公共文化服务建设而言，应保持受重视程度和居民的高满意度。QUA5（服务态度）和 QUA7（社区治安）处在维持区，满意度较高，但需要加强重视程度。QUA2（社区公共文化活动类型）、QUA3（活动频率）、QUA4（宣传方式）、QUA9（社区医疗卫生条件）和 VALU2（自我提升）处在修补区，居民对于这些变量的满意度较低，但重要程度很高，需要在建设社区公共文化服务的过程中不断提升其满意度，以提高社区公共文化服务的满意度。

7.5.5.3 南昌市五个中心城区的满意度对比分析

本书对社区公共文化服务的实证调研是基于南昌市五个中心城区的数据。因此，进一步对南昌市五个中心城区的满意度进行对比分析，以期发现南昌市社区公共文化服务满意度区域之间的差距。

（1）五个中心城区的整体满意度对比。将五个中心城区的潜变量“整体满意度”的满意度指数值作为对比五个中心城区的整体满意度的评价标准，并将五个城区的满意度情况分为两类，即高满意度区和低满意度区，结果如图 7-13 所示。

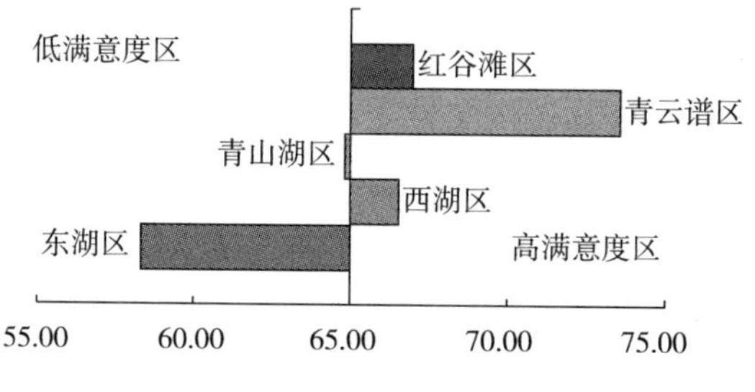

图 7-13　五个中心城区的整体满意度对比

从图 7-13 中可以清晰地看出，青云谱区的整体满意度值最高，红谷滩区和西湖区其次，较中间的是青山湖区，满意度最低的是东湖区。因此，青山湖区和东湖区被划分为低满意度区，红谷滩区、青云谱区和西湖区被划分为高满意度区。

（2）五个中心城区具体满意度情况分析。

1）低满意度区的具体满意度情况分析。由图 7-13 可知，就整体满意度而言，东湖区和青山湖区的整体满意度较低。就两者的具体原因显变量进行了计算分析，结果如表 7-30 所示。

表 7-30　低满意度区的具体原因显变量满意度指数值

MV	东湖区	青山湖区
EXP1	60.29	67.39
EXP2	63.00	67.17
QUA1	61.14	64.35
QUA2	57.57	65.22
QUA3	57.86	62.61
QUA4	59.86	64.78
QUA5	66.29	67.61
QUA6	65.00	69.57
QUA7	63.71	68.70
QUA8	60.29	67.39
QUA9	58.29	63.91
VALU1	61.14	65.00
VALU2	59.86	64.78

从表 7-30 中可以清晰地看出，东湖区的 QUA2（社区公共文化活动类型）满意度指数最低，只有 57.57；其次较低的变量是 QUA3（活动频率）和 QUA9（社区医疗卫生条件）。满意度指数值较高的是 QUA5（服务态度）和 QUA6（规章制定），分别为 66.29 和 65。因此，东湖区需要加强社区公共文化活动的组织频率，丰富文化活动的内容，同时还要提高社区的医疗卫生条件。由于东湖区的人口密度是五个城区中最大的，城区建立年代也较久远，故各个方面的满意度较低。

在青山湖区的满意度指数中，最低的是 QUA3（活动频率），但高于东湖区的此指标，为 62.61。其次比较低的是 QUA9（社区医疗卫生条件）和 QUA1（社区公共文化服务设施）两个指标值。满意度最高的是 QUA6（规章制度）和 QUA7（社区治安）。青山湖区的人口密度较低，但是调查结果显示，此区的活动频率满意度较低。因此，需要加强组织社区公共文化活动的次数，提高社区医疗卫生条件，增加公共文化服务设施的数量。

2）高满意度区的具体满意度情况分析。处于高满意度区的是青云谱区、西湖区和红谷滩区。具体三个城区的原因显变量的满意度指数值如图 7-14 所示。

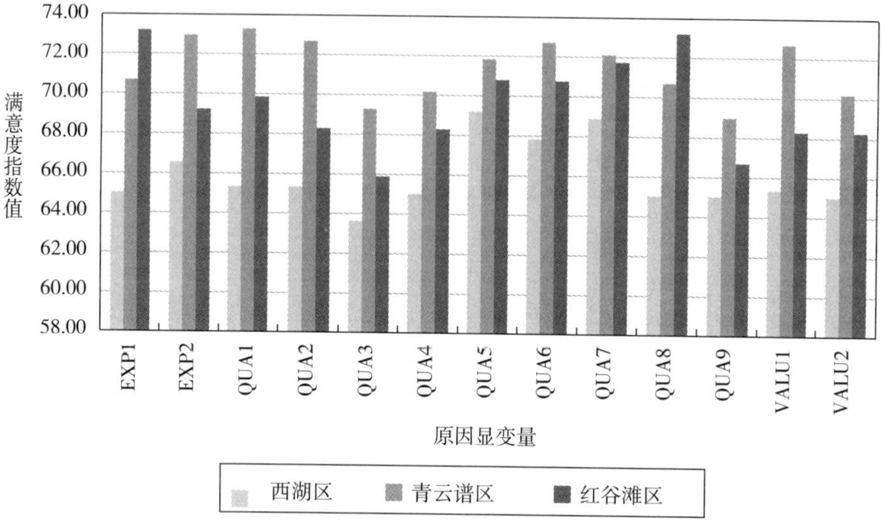

图 7-14　高满意度区的原因显变量满意度指数值

从图 7-14 中可以看出，从西湖区内部看，与其他原因显变量相比，QUA5（服务态度）和 QUA7（社区治安）指标值最高，QUA3（活动频率）指标值明显最低；而青云谱区的各个指标值都比较高，相对较低的是 QUA3（活动频率）和 QUA9（社区医疗卫生条件），最高的是 QUA1（社区公共文化设施）和 EXP2（对社区公共文化活动和服务设施的期望）。这说明青云谱区的居民认为与期望中的社区公共文化活动和服务设施建设相差较小，满意度较高。

红谷滩区作为一个新城区，各方面软硬件设施都比较先进，因此，其 QUA1（社区公共文化服务设施）指标值较高。同时，QUA8（社区生活环境）、EXP1（居民期望）指标值也较高。比较低的值是 QUA3（活动频率），说明社区组织公共文化活动的次数较少，难以满足居民的需求。

7.5.5.4　主要结论与建议

第一，在影响社区公共文化服务满意度的要素中，居民对质量感知和价值感知两个要素非常关注，并且这两个要素对整体满意度的高低起到至关重要的作用；居民期望这一影响要素反映居民对社区公共文化服务的需求情况，对居民感知和整体满意度有直接影响，但在社区工作者眼中并未引起真正重视，以致整体满意度情况不理想。

第二，南昌市五个调研城区的社区公共文化服务发展总体状况如下：纵向看，社区公共文化服务取得长足进步，但与社区居民对社区提供的公共文化服务的实际需求相比还有差距，存在的问题也不少。突出的四点问题包括：一是社区与社区之间公共文化服务水平及满意度差异大；二是社区提供的公共文化服务设施方面数量少、质量差、使用寿命较短、无人进行保修与维护；三是组织的文化活动类别非常单一，不能覆盖所有年龄段的社区居民的需求；四是公共文化服务资金短缺严重，且资金来源途径单一。

第三，针对调研社区，提出了四点政策建议：一是要积极贯彻落实国家公共文化惠民政策。尤其是要加强基层（如社区）文化网点的建设，提升服务质量，让社区居民能真正享有读书、看报、听广播、公共文化鉴赏、公共文化活动参与等基本公共文化权利。二是尽快制定基本公共文化服务均等化的实施标准，积极推进基本公共文化服务均等化进程。结合各个社区人口基数、经济水平等具体情况，合理配置公共文化服务资源，逐步缩小社区公共文化服务水平差距。三是要转变公共文化发展理念，努力探索以政府为主、社会为补充的公共文化供给模式。政府可以借助财政、税收及金融等政策措施，积极鼓励一些文化企业、非营利机构的艺术团体建立社区公共文化发展基金，利用政府及非营利机构的力量共同参与社区公共文化建设，实现社区公共文化服务供给主体的多元化。四是加大社区公共文化服务活动的投入力度，提高社区公共文化经费规模和比率。增加社区公共文化服务设施，并积极保护和延长设备的使用寿命；增加社区组织活动的频率及社区公共文化服务的传播渠道，利用新兴网络渠道如微博、微信等，以丰富社区活动的形式与内容，吸引更多社区成员加入到公共文化建设与享用之中。特别是随着人口老龄化进程的加速，社区老年人口占比加大以及居民的保健意识日益增强，社区公共文化活动中必须有一定的与饮食、保健及疾病有关的公共文化科普活动，如名医讲座，养生保健、疾病防治讲座等，真正做到文化惠民。

应该看到的是，社区公共文化服务的内涵十分丰富，可谓是“横看成岭侧成峰”，有社区公共文化服务投入、产出及影响等诸多方面，这种巨大的信息量，仅凭一两种测度分析方法是无法实现对我国社区公共文化服务满意度的精确测量的。本书仅从影响社区公共文化服务的核心要素出发，在构建满意度指数评价模式，利用结构方程方法模型，结合南昌市五个中心城区的社区调研资料的基础上，尝试性地对社区公共文化服务满意度进行评价，并对社区之间的满意度差距进行对比分析。当然，从研究结论本身来说，有其特殊性，只能起窥见一斑的功效。但是，作为一种公共文化服务质量的测评思路与方法是可以供其他地区借鉴的。

7.6 本章小结

本章首先通过对三大经典满意度评价模型进行评述，发现任何一类满意度评价模型都必须有较强的理论性、简洁可操作性和可拓性等特征；其次基于社区公共文化服务内涵与外延，对影响社区公共文化服务活动满意度的要素进行剖析，在此基础上构建了我国社区公共文化满意度评价模型；最后以南昌市五个中心城区为例，依据结构方程模型对南昌市五个中心城区的社区公共文化服务活动的满意度评价进行实证分析。所得的结论如下：第一，在影响社区公共文化服务满意度的要素中，居民对质量感知和价值感知两个要素非常关注，并且这两个要素对整体满意度的高低起到至关重要的作用。第二，南昌市五个调研城区的社区公共文化服务发展总体状况为：纵向看，社区公共文化服务取得长足进步，但与社区居民对社区提供的公共文化服务实际需求相比还有差距，存在的问题也不少。突出的四点问题为：①社区与社区之间公共文化服务水平及满意度差异大；②社区提供的公共文化服务设施方面数量少、质量差、使用寿命较短、无人进行保修与维护；③组织的文化活动类别非常单一，不能覆盖所有年龄段的社区居民的需求；④公共文化服务存在资金短缺严重且资金来源途径单一问题。本章的研究内容为后续对策建议的提出提供了新思路和依据。

第❽章
我国基本公共文化服务均等化测度

8.1 导言

基本公共文化服务的发展与公平是一个国家和谐与文明的重要体现。加强公共文化建设，完善基本公共文化服务体系，让每一个公民均等化分享公共文化资源，是构建和谐社会语境下政府必须履行的基本职能之一，也是改善民生、化解矛盾、促进社会公平的有效措施。

随着经济的持续、快速发展，我国民众的消费理念得以转变，消费结构得以提升，老百姓追求的更多是精神方面的享受，向往公平、正义与共享成为新时代人们的主流价值导向。而我国长期社会经济发展的非均衡性，造成了我国城乡之间、区域之间以及阶层之间的基本公共文化服务享用的差异过大，影响了社会协调发展的进程，成为构建和谐社会的一大障碍。正是基于我国基本公共文化服务供给的非均等化状况，我国主要领导人在多个场合、多次强调各级政府必须努力构建基本公共文化服务体系，发展文化艺术、新闻出版、广播电影电视、档案等事业，繁荣发展哲学社会科学，倡导全民阅读，按照公益性、基本性、均等性、便利性的要求，让大众免费或优惠地享有基本公共文化服务。可见，如何科学地评估我国基本公共文化服务均等化差异，无疑将成为执行这些基本国策的理论依据和分析基础。因此，如何科学评估一个国家或地区的公共文化发展现状、绩效及均等化差异等问题，已成为统计与公共管理部门必须面对的理论与实践课题，理应引起政府管理部门及相关学者的研究兴趣。

8.2 基本公共文化服务均等化研究理论与方法综述

8.2.1 基本公共文化服务均等化的内涵剖析

自党的十六届五中全会第一次提出“公共服务”的理论命题以来，国内许多学者围绕公共服务理论问题展开研究。对一些基本问题，如什么是“基本公共文化服务均等化”，学者们仁者见仁，智者见智。但迄今为止，学界对基本公共文化服务均等化问题的研究才刚刚起步，理论界并未给出一个统一的、明确的定义，并且缺乏相应有深度的理论研究。

国际基本公共文化均等化研究理论主要来源于西方的均等化思想与公共服务理论的研究。在国内，基本公共文化服务均等化还算是一个相对较新的概念，主要研究集中在公共文化均等化的内涵、均等化的标准与评判及均等化现状评估等方面。

所谓“均等”，包含均衡、平等和公平的意思。平等与公平的含义是不同的，平等强调无差异，意味着资源分配均匀，而公平则强调公道、公正。是否承认存在差异，是公平与平等最大的区分。无差异一定是平等，但有差异不一定不公平，差异过大或过小都可能导致不公平。“化”则预示着一种过程。提倡基本公共文化服务均等化，从本质上讲是追求公民文化享用的一种公平，这种公平与区域、阶层、城乡、性别、年龄、职业等因素无关。

“基本公共文化服务均等化”的内涵有两层：一是每个人享受公共文化产品或服务的机会均等或平等；二是每个人享受公共文化服务的结果应是均等或平等的，即无论区域、阶层、城乡、性别、年龄、职业的差别，每一个人享受的公共文化服务的数量和质量上都应大体相等。在现实语境下，结果均等比机会均等更重要。

国内研究者大多是从基本文化权益、机会均等、过程合理、结果公正等角度对基本公共文化服务均等化的内涵进行分析和界定。尽管学者们的说法不同，但主要观点基本一致，都赞成基本公共文化服务均等化就是指政府应努力确保公民平等地享受标准基本一致的公共文化服务，以保障和实现国民的基本文化发展权利。杨永和朱春雷（2008）认为，基本公共文化服务均等化是指向大众提供的公共文化产品及服务大致上是相同的。边继云（2009）认为，公共文化服务均等化是根据公平性的原则，在尊重公民文化权利的基础上，保证所有公民都能享有相对均等的文化产品及服务。曹爱军（2011）

认为，政府在为民众提供公共文化服务的过程中应明确树立公共文化均等化发展的价值目标，要在统筹城乡、地域的基础上，通过政府及民间机构等多元主体，提供基本公共文化服务，确保基本公共文化服务的均等化发展。刘志宽和连海燕（2013）认为，基本公共文化服务均等化要求政府为社会公众提供基本的、在不同阶段具有不同标准的、最终大致均等的公共文化产品和基本公共文化服务。

综观国内研究成果，关于基本公共文化服务均等化的内涵、模式、现状分析的研究已经取得了一定成果，但基本上还是停留在理论的论证与阐述上，基本公共文化服务均等化的实施标准还未完全建立，对不同区域、阶层等之间的公共文化服务均等化差异研究不足，因此，针对政府的相关政策建议就缺少有力的科学依据，这也正是本书着力解决的问题和力图实现的目标之一。

8.2.2 基本公共文化服务均等化的测评方法

在我国，对基本公共文化服务均等化的定量评估尚处于探索阶段，多数学者还是集中研究公共文化服务发展指数、绩效指标体系构建及评估，并从2006年开始尝试建立我国公共文化服务指标体系。例如，陈威（2007）把公共文化服务体系的评估指标分成发展规模、政府投入及社会参与三类。孔进（2010）则从公共文化活动、政府公共文化投入、公共文化服务发展规模三个维度提出了我国公共文化服务供给能力指标体系。毛少莹（2014）提出应从五个维度对地区之间基本公共文化服务的发展绩效差距进行评估，包括发展规模、政府投入、运作机制、社会参与、公众满意度。

关于基本公共文化服务均等化系数的测度研究，张雷宝（2009）分别基于变异系数、基尼系数、泰尔指数对浙江省10项公共基础设施服务指标进行均等化分析，结果显示，浙西南地区的非均等化现象较浙东北地区要严重。陈晓红（2011）运用洛伦兹曲线、基尼系数和泰尔指数对我国公共图书馆资源配置均衡性进行实证分析的结果表明，我国公共图书馆数量和阅览室座席数量配置的公平性优于藏书量和举办活动次数配置的公平性，并且我国东、中、西部三大区域之间、区域内的公共图书馆服务还不均等。王洛忠和李帆（2013）测算了我国“十一五”时期以来基本公共文化服务发展指数和基尼系数，结果表明，我国地区间基本公共文化服务非均等特征明显，东部地区的均等化程度高于中西部地区。

8.3 我国基本公共文化服务均等化测度方法选用

从统计的角度看，测量差异方面的方法有很多，如用变异系数可以说明评价对象的相对差异，分位数系数可测量评价对象的两极分化程度，库兹涅茨比率、基尼系数广泛用于收入分配是否公平，以及根据信息理论中的熵概念建立的泰尔指数（Theil Index），它们均可以用来衡量评估对象的不平等程度。当然，还可以构建基本公共文化服务均等化指标体系，用多元统计分析方法计算基本公共文化服务综合指数。就衡量不平等程度而言，最常用的方法还是基尼系数，因此，本书中选用基尼系数，评价我国所有地区的基本公共文化服务均等化的总体差异情况，分析我国三大区域之间和各区域内部的基本公共文化服务均等化差异程度，剖析基本公共文化服务均等化的总体差异构成，测定区域内及区域间差异对总差异形成的贡献程度。

8.3.1 洛伦兹曲线和基尼系数

洛伦兹曲线又叫劳伦兹曲线，由经济学家马克思·劳伦兹（1905）提出，是用以表示收入分配的曲线。将一定地区（一个国家、一个省等）内的全部调查人口按人口收入由低到高顺序排列后，按各组人数相等的原则平均分为若干组（通常分为5组），分别计算各组人口和收入所占总体的累计百分比，以人口累计百分比为横轴、收入累计百分比为纵轴，画出一条收入累计百分比随人口累计百分比变化的实际收入分配曲线——洛伦兹曲线，如图8-1所示。

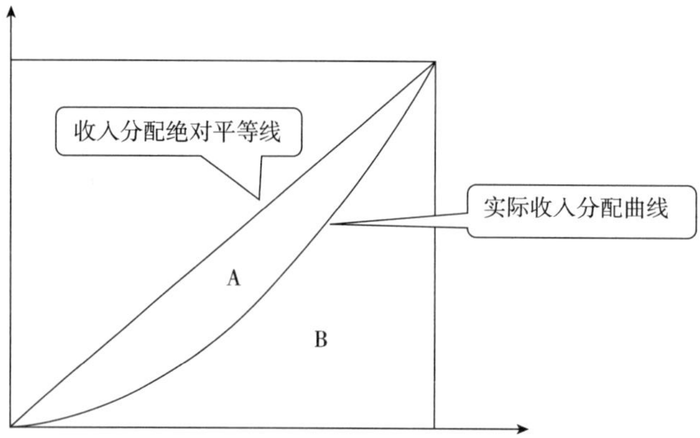

图8-1 洛伦兹曲线

洛伦兹曲线是一条向右下方凸起的曲线，反映了一个国家或地区的经济收入分配不平等的程度。通常，洛伦兹曲线的弯曲度越大，表明这个地区的收入分配状况越不平等。洛伦兹曲线虽然常用来形象化地说明不平等问题，但它不能用一个确切的数字来表示收入分配的不平等程度。在洛伦兹曲线的基础上，1922 年意大利经济学家基尼提出了基尼系数这一概念。设洛伦兹曲线和收入分配绝对平等线之间的面积为 A（见图 8-1），洛伦兹曲线与对角线之间的面积为 B，用公式表示为：

$$基尼系数=A/(A+B) \tag{8-1}$$

在现实生活中，实际的洛伦兹曲线总是介于收入分配绝对平等线与绝对不平等线之间，所以基尼系数也总是介于 0 和 1 之间。洛伦兹的弧度越小，基尼系数也越小，意味着收入分配越趋于平等；反之，基尼系数越大，收入分配就越趋向不平等。迄今为止尚未能找到一种有效的方法，准确拟合洛伦兹曲线方程来求出精确的基尼系数值，目前常被使用的方法主要有：间接拟合法、几何计算法、曲线拟合法（常用的曲线有指数曲线、多项式曲线和幂函数曲线）。

以上是对原始洛伦兹曲线和基尼系数的基本概念和方法阐述，本书将收入这一指标转换成各省份的某个公共文化资源指标，衡量该指标在东、中、西部之间的分配差异。我们以文化事业费作为分析指标（文化事业费是反映政府公共文化投入的核心指标），利用人均文化事业费对东、中、西部的各省份的数据进行了排序，然后再计算人口累计百分比和文化事业费累计百分比，经过反复尝试，得到了比较平滑的人均文化事业费洛伦兹曲线，希望可以看出不同省份之间的文化事业费投入量是否均匀分布，最后计算基尼系数研究它们的分布达到不平衡的程度。本章借助 Excel 进行具体的洛伦兹曲线绘制，采用曲线拟合法近似估计方程。

8.3.2 泰尔指数

衡量基本公共文化服务均等程度的另一指标是泰尔指数。1967 年，荷兰经济学家 H. Theil 利用信息理论中的熵概念提出用泰尔指数反映收入的不平等程度。与基尼系数相比，借助泰尔指数能进行差异来源分析，即将公共文化服务均等化的总体差异分解为组间差异和组内差异，从中测度组内、组间差异对总差异的贡献，实现总差异的分解。一般而言，泰尔指数越大，说明公共文化服务均等化的相互差距越大，当其取值为 0 时，说明公共文化服务均等化内部没有差异。

依据公共文化事业费指标，先将全国 31 个省份按东、中、西划分为三大区域，然后依次计算每个区域的泰尔指数，计算三大区域间的泰尔指数、区域内的泰尔指数和总泰尔指数，并观察以上三个泰尔指数的变动规律及走势，从而实现对全国、三大区域之间、各区域内部基本公共文化服务非均衡程度的测度。泰尔指数公式为：

$$T=\sum(g_i/G)\log[(g_i/G)/(p_i/p)] \tag{8-2}$$

其中，T 为泰尔指数，反映区域基本公共文化服务均等化总体差异；g_i 为第 i 个子区域的公共文化事业费投入量；p_i 为第 i 个子区域的人口总量；G 为区域公共文化事业费总投入量；P 为区域人口总数。如果把全国划分为东、中、西部三大区域，利用对泰尔指数的分解，可以进一步测度区域内差异、区域间差异及其对所有区域总体差异的影响。泰尔指数的分解计算式为：

$$\begin{aligned} T &= T_b + T_w = \sum G_i \times \log(G_i/P_i) + \sum G_i T_{wi} \\ T_{wi} &= \sum (g_i/G_i) \times \log[(g_i/G_i)/(p_j/P_i)] \\ G_i &= \sum g_j \quad j \in i(i=1,2,\cdots,n) \\ P_i &= \sum p_j \quad j \in i(i=1,2,\cdots,n) \end{aligned} \tag{8-3}$$

其中，T_b 和 T_w 分别代表区间差异和区内差异；G_i 为第 i 个区域经济公共文化事业费投入占总区域公共文化事业费投入的份额；P_i 为第 i 个区域人口占总区域的份额；g_j 为第 j 个子公共文化事业费投入所占总区域的份额；p_j 为第 j 个子区域人口占总区域的份额。泰尔指数越大，表明区域差异越大。

本书以东部、中部、西部三大经济区域作为研究单位，选择“十一五”规划以来的连续时间序列，通过泰尔指数测算反映十年来我国公共文化服务东、中、西部三大区域公共文化服务均等化差异的演变轨迹。

8.4 我国基本公共文化服务均等化评估

8.4.1 基尼系数的测算

8.4.1.1 东、中、西部基尼系数的测算过程（2006~2015 年）

考虑到计算方法及过程的重复性问题，本书具体以 2015 年东、中、西部公共文化服务基尼系数的计算过程为例，其他年份的基尼系数只列出最终的计算结果。

东部地区包括 11 个省份，分别是北京、天津、河北、辽宁、上海、江苏、浙江、福建、山东、广东、海南。先计算各个地区的人均文化事业费并排序，然后计算各个地区的人口百分比和文化事业费百分比，从而形成从第 1 组到第 11 组的人口累计百分比和文化事业费累计百分比（见表 8-1）。

表 8-1　东部地区人口及文化事业费累计百分比　　单位：%

	人口累计百分比	文化事业费累计百分比
河北	13.046	5.103
山东	30.362	14.94
辽宁	38.173	20.495
福建	44.887	26.286
广东	63.824	43.042
江苏	77.948	57.781
天津	80.567	61.599
浙江	90.348	75.984
海南	91.941	78.47
北京	95.703	88.238
上海	100.000	100.000

选用多项式方程进行曲线拟合，直到次数增加为 4，所有的数据点才全部落在线上，可决系数 R^2 为 0.9994，符合拟合标准，四次函数为：

$y = 2.2925X^4 - 3.8188X^3 + 2.4738X^2 + 0.0421X$

洛伦兹曲线如图 8-2 所示。

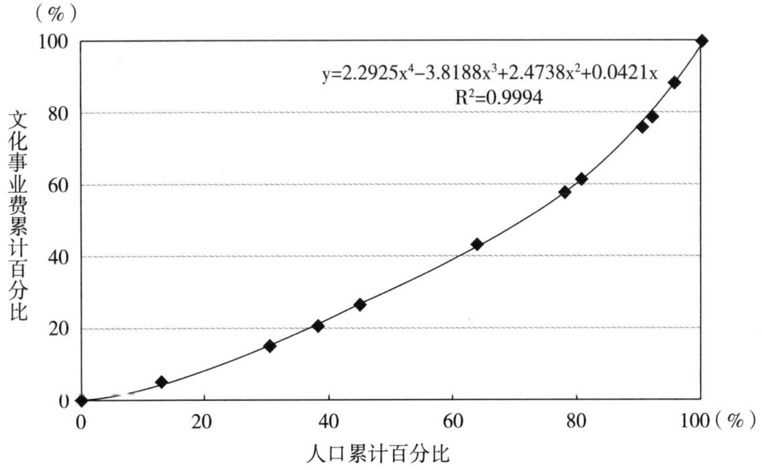

图 8-2　2015 年东部地区文化事业费洛伦兹曲线拟合

则所求定积分为：

$$\int_0^1 (2.2925X^4 - 3.8188X^3 + 2.4738X^2 + 0.0421X)\,dx = 0.3582$$

那么，A=0.5-0.3582=0.1418

基尼系数=A/（A+B）=0.1418/0.5=0.2835

中部地区包括江西、河南、湖南、湖北、山西、吉林、黑龙江、安徽、内蒙古9个省份，所得数据及散点图如表8-2及图8-3所示。

表8-2 中部地区人口及文化事业费累计百分比　　单位：%

	人口累计百分比	文化事业费累计百分比
河南	20.840	13.638
安徽	34.189	23.026
江西	44.201	30.606
湖南	59.014	42.830
黑龙江	67.504	50.960
湖北	80.343	63.981
山西	88.379	75.896
吉林	94.470	85.320
内蒙古	100	100

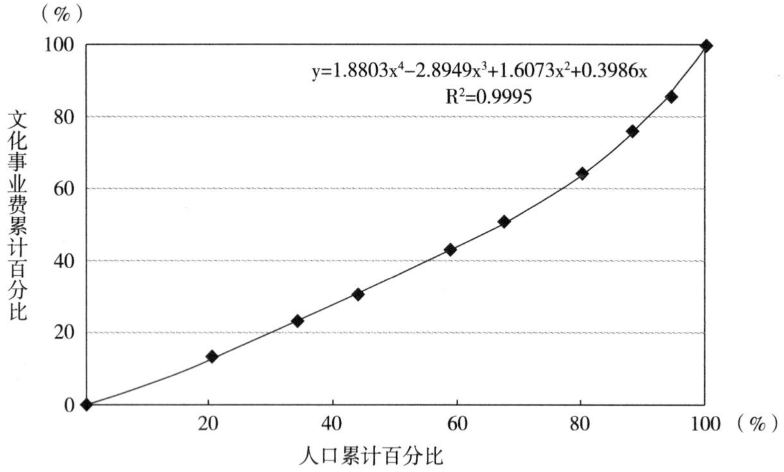

图8-3 2015年中部地区文化事业费洛伦兹曲线拟合

选用多项式方程进行曲线拟合，当次数选择 4 次时，所有的数据点已经全部落在拟合的线上，且可决系数 R^2 为 0.9992，符合拟合标准，四次函数为：

$$y=1.8803X^4-2.8949X^3+1.6703X^2+0.3986X$$

则所求定积分为：

$$\int_0^1 (1.8803X^4 - 2.8949X^3 + 1.6703X^2 + 0.3986X)\,dx = 0.3830$$

那么，A=0.5-0.3830=0.1170

基尼系数=A/（A+B）=0.1170/0.5=0.2339

西部地区有云南、贵州、四川、重庆、陕西、甘肃、青海、宁夏、新疆、广西、西藏 11 个省份。所得数据及散点图如表 8-3 及图 8-4 所示。

表 8-3　西部地区人口及文化事业费累计百分比　　单位：%

	人口累计百分比	文化事业费累计百分比
贵州	10.258	7.187
广西	24.081	16.952
云南	37.810	27.615
四川	61.557	50.218
甘肃	69.120	57.538
重庆	77.820	66.526
陕西	88.846	80.755
宁夏	90.761	83.579
新疆	97.393	93.869
青海	99.086	97.628
西藏	100.000	100.000

选用多项式方程，当次数选择 4 次时，所有的数据点已经全部落在拟合的线上，且可决系数 R^2 高达 0.9998，符合拟合标准，四次函数为：

$$y=0.9393X^4-1.4605X^3+0.9699X^2+0.5438X$$

则所求定积分为：$\int_0^1 (0.9393X^4-1.4605X^3+0.9699X^2+0.5438X)\,dx=0.4315$

那么，A=0.5-0.4315=0.0685

基尼系数=A/（A+B）=0.0685/0.5=0.1369

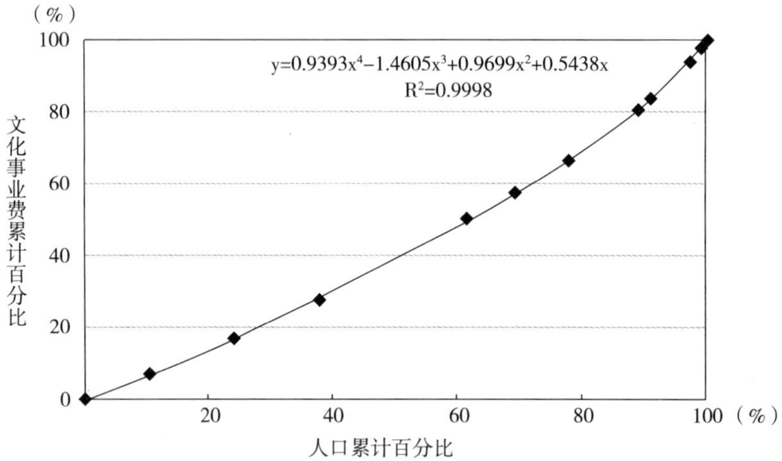

图 8-4　2015 年西部地区文化事业费洛伦兹曲线拟合

8.4.1.2　分析结论及结果比较

在计算得到 2006~2015 年的基尼系数后，我们得出了“十一五”规划以来我国东、中、西部的公共文化服务基尼系数，汇总如表 8-4 和图 8-5 所示。

表 8-4　全国及东、中、西部公共文化事业服务基尼系数汇总

年份	2006	2007	2008	2009	2010	2011	2012	2013	2014	2015
东部	0. 3395	0. 3816	0. 3466	0. 3251	0. 3237	0. 3181	0. 3090	0. 3010	0. 2921	0. 2835
中部	0. 2161	0. 2374	0. 2246	0. 2240	0. 2454	0. 2294	0. 2317	0. 2252	0. 2330	0. 2339
西部	0. 2178	0. 1961	0. 1602	0. 1477	0. 1735	0. 1541	0. 1625	0. 1642	0. 1433	0. 1369
全国平均	0. 3414	0. 3502	0. 3097	0. 2814	0. 2867	0. 2805	0. 2799	0. 2769	0. 2535	0. 2430

从表 8-4 及图 8-5 中可以看出：

（1）总体而言，东部地区公共文化服务基尼系数明显高于中、西部地区，并且超过了全国平均水平（除 2006 年近似相等外）；而中、西部的基尼系数一直在全国平均水平以下。

（2）由全国公共文化服务基尼系数平均水平的变化可以看出，该值从 2007 年以来一直保持逐步递减的趋势，2009~2013 年基本稳定在 0. 28 左右。这表明，全国人民之间人均能享有的文化事业费的差距已经明显地缩小。

（3）观察中部地区公共文化服务基尼系数的变化，该系数从 2006 年的

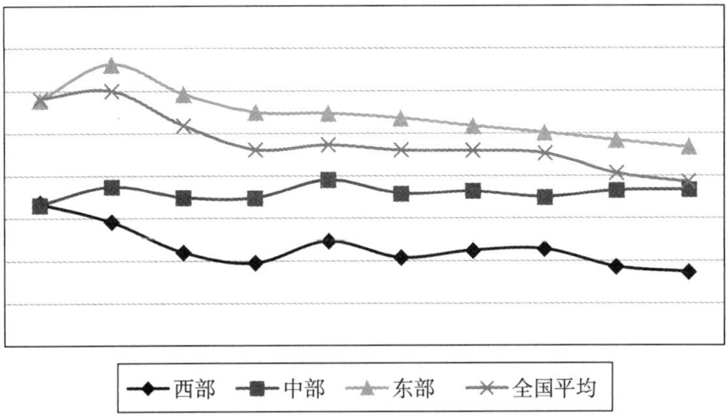

图 8-5 全国及东、中、西部公共文化事业服务基尼系数趋势图

0. 2161 逐步缓慢上升到 2015 年的 0. 2339，一直维持在 0. 22 上下浮动，中部地区各省份所享有的人均文化事业费相差不大。

（4）相比之下，东部地区基本公共文化服务的非均等化程度较高。以 2015 年的数据为例，在所有东部地区省份中，上海的人均文化事业费是河北的 7 倍，是山东的 5 倍。可见，东部地区的公共文化服务水平非均等的主要原因是受上海、北京、浙江等地的影响，它们所占东部地区总人口的比重为 17. 8%，却享有公共文化资源总量的 36%。但是，总体上来看，随着国家公共文化服务均等化政策的实施，东部地区这种非均等化趋势有逐年缩小的趋势。

（5）西部地区的公共文化服务基尼系数除个别年份以外，大多在 0. 20 以下，并且逐年缩小的趋势明显。总体上看，该区域内公共文化服务均等化程度最高。西部地区的公共文化服务基尼系数在 2009 年降至最低点 0. 1477 后，2010 年升至 0. 1735，而后迅速降至 2015 年的 0. 1369。仔细分析可以发现，西藏与青海两地 2010 年的文化事业费增长率分别为 62. 9%和 60. 8%，远远超过该年西部地区平均增长率 27. 5%。而在 2011 年，两地的文化事业费投入在其他地区稳步增加的情况下出现了负增长，分别由 21050 万元降为 19239 万元、41114 万元降至 34114 万元，从而导致了西部地区公共文化基尼系数在 2010 年与 2011 年发生了如此大的变动。

8. 4. 2 泰尔指数的测算

8. 4. 2. 1 全国各区域总差异测度分析

借用泰尔指数的一步分解式测量公式，即可算出 2006～2015 年全国各省份文化事业费指标区域总差异的泰尔指数值，如图 8-6 所示。

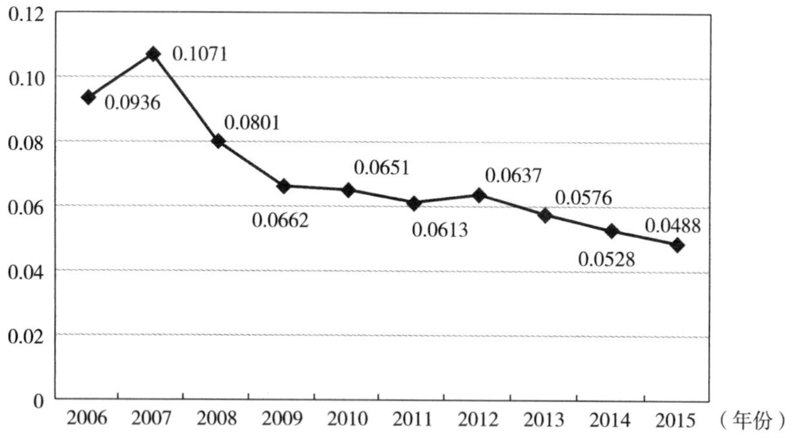

图 8-6　我国泰尔指数演变

与基尼系数全国平均水平变化趋势相似，我国公共文化事业费的泰尔指数也是在 2007 年骤增后，逐步缓慢递减至平稳水平，总体来看，其从 2006 年的 0. 0936 减少到了 2015 年的 0. 0488。我国社会经济改革的不断深入，以及西部区域的大开发及振兴东北地区的战略实施，进一步带动了内陆地区的快速发展，使得沿海与内陆的区域差异逐年缩小。

8. 4. 2. 2　东、中、西部三大区域间基本公共文化服务均等化差异

根据泰尔指数具有地区构成分解的特性，对全国的区域总差异进一步空间分解，即将全国区域总差异分解成东、中、西部三大区域间的差异及其各自区域内部的差异。测算结果如表 8-5 所示。

表 8-5　三大区域间泰尔指数及其占区域总差异的比重

年份	区域间泰尔指数	全国泰尔指数	比重（%）
2006	0. 0406	0. 0936	43. 35
2007	0. 0249	0. 1071	23. 28
2008	0. 0160	0. 0801	19. 98
2009	0. 0098	0. 0662	14. 79
2010	0. 0076	0. 0651	11. 64
2011	0. 0097	0. 0613	15. 8
2012	0. 0112	0. 0637	17. 55

续表

年份	区域间泰尔指数	全国泰尔指数	比重（%）
2013	0.0106	0.0576	18.36
2014	0.0095	0.0528	18.05
2015	0.0088	0.0488	17.95

2006~2015 年，总体上三大经济区域之间享有文化事业费的差异逐步缩小，从 2006 年的 0.0406 递减至 2010 年的谷底（0.0076）后，区域间差异变化略微回升后呈平缓趋势，近几年变化幅度不大。从区域间差异占全国区域总差异的比重来看，年度变化趋势与泰尔指数保持一致，从 2006 年的 43.35%降到了 20%以下，在全国泰尔指数整体下降的情况下，比重递减得更快，这表明三大区域之间的文化事业费差异已经不是造成全国总差异的主要因素。

8.4.2.3 东、中、西部区域内部差异

进一步对区域内进行分解后，可以得到东、中、西部的内部泰尔指数，据此得到 2006~2015 年三大区域间和区域内的泰尔指数（见表 8-6 和图 8-7）。

表 8-6　三大区域间及区域内的泰尔指数

年份	区域内	东部	中部	西部
2006	0.0646	0.0866	0.0319	0.0379
2007	0.0822	0.1172	0.0403	0.0304
2008	0.0641	0.0948	0.0383	0.0204
2009	0.0564	0.0824	0.0362	0.0214
2010	0.0576	0.0781	0.0443	0.0297
2011	0.0516	0.0734	0.0417	0.0185
2012	0.0525	0.073	0.044	0.0218
2013	0.047	0.064	0.0409	0.0208
2014	0.043	0.0597	0.0451	0.0165
2015	0.0393	0.0544	0.0462	0.0146

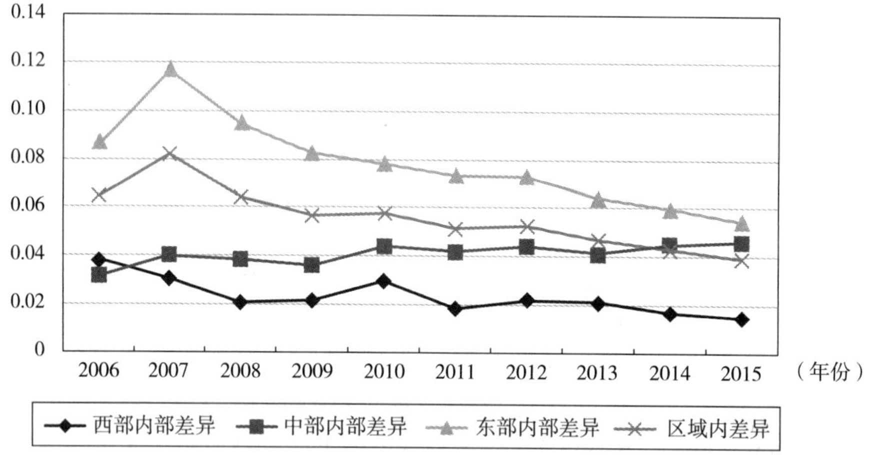

图 8-7　东、中、西部地区内部差异演变

从表 8-6 及图 8-7 中可以看出：

（1）总体而言，东部地区公共文化服务泰尔指数明显高于中、西部地区。随着经济的发展，三大区域的内部差异均有所缩小，不过其加权和占全国总差异的比重逐年递增，维持在 80%左右，占主导地位。

（2）观察中部地区公共文化服务泰尔指数变化，该指数从 2006 年的 0.0319 逐步缓慢上升到 0.0450 左右后维持稳定，中部各省份所享有的文化事业费相差不大。

（3）相比之下，东部地区基本公共文化服务的不均等化程度较高，并且在 2007 年出现峰值（0.1172），之后较匀速地减小到 0.05 左右。这与基尼系数的分析结论也是一致的。

（4）西部地区的公共文化服务泰尔指数大体上在 0.02 上下浮动，该区域内公共文化非均等现象并不严重，在 2010 年出现小幅度增长，与基尼系数分析结果相同。

8.5　主要结论及启示

对基本公共文化服务均等化的测度研究是公共文化服务测度研究中的重要内容之一。从基尼系数、泰尔指数的测算结果看，“十一五”规划以来，全国基本公共文化服务均等化区域差异程度及其变化态势如下：

不论是从基尼系数还是泰尔指数的测算结果看，全国基本公共文化服务均等化差异较大的年份是2007年和2008年，其余年份的差异并不明显，而且基尼系数、泰尔指数均呈逐年递减的态势，说明全国不同地区基本公共文化均等化差异有逐年下降之势。因此，“十一五”规划以来，我国公共文化发展战略的调整以及基本公共文化服务均等化政策的实施，对缩小区域基本公共文化均等化差异有一定作用。

从我国东、中、西部三大区域之间基本公共文化服务的测度结果看，受三大区域自身社会经济发展水平差异的影响，三大区域之间的公共文化事业费的泰尔指数差异显著，东部区域泰尔指数明显高于中、西部地区，其泰尔指数分别是中部、西部的2~3倍和3~4倍，有的年份甚至高达6倍（如2009年）。以2015年数据为例，在东部地区，上海市人均文化事业费为151.34元，是河北省的6倍多和山东省的近5倍。东部地区内部基本公共文化服务水平均等化差异主要是受北京、天津、上海、浙江等省份的文化事业费高强度投入的影响，这些地区的人口占东部所有地区总人口的比重累计只为17.8%，却享有东部区域公共文化事业费累计36%。

西部区域的泰尔指数最低，表明西部地区各个省份所享有的基本公共文化服务均等化差异最小。东部地区泰尔指数相对差异较大，应引起政府部门的重视，国家提倡基本公共文化服务均等化发展政策，但东部在基本公共文化均等化实施上效果并不理想。不过，无论东部地区还是中、西部地区，它们的泰尔指数是逐年下降的，说明三大区域基本公共文化服务水平的均等化差异是逐年递减的。

基本公共文化服务均等化总泰尔指数构成分析显示：“十一五”规划以来，全国基本公共文化服务总泰尔指数中，区域间泰尔指数占比大约在15%~45%，而区域内泰尔指数占比却高达55%~85%。可见，全国的基本公共文化服务均等化差异主要来自三大区域的内部差异。而且，区域内泰尔指数占比呈现先升后降的态势。因此，基本公共文化服务均等化差异的缩小，不仅要关注三大区域之间的均等化差异，更主要关注区域内的均等化差异问题，它是造成目前我国基本公共文化服务非均等化的重要原因。

从公共文化事业费的具体指标分析看，历年来中部地区人口数占全国总人口接近1/3，其拥有的基本公共文化服务事业费却不到15%；中部地区历年的人均文化事业费平均水平低于全国平均水平，甚至比西部区域还低，最低的人均文化事业费不到东部区域的1/3，不到西部地区的1/2，呈中部下陷之势。因此，尽管中部地区各省份的基本公共文化服务均等化差异不大，但在三大区域中，中部地区目前处于一种低水平的均衡状态。西部地区则恰好相反，随着我国西部大开发战略的实施，国家财政对西部地区的投入逐年倾斜，其基本公共文化服务事业费总量增长率明显高于中部地区，加之西部区域土地广袤、人烟稀少，导致西藏、新疆等地区的人均基本公共文化服务占有率越来越高，如2015年西藏的人均文化事业费为178.46元，全国第一。相比之下，中部的河南、安徽、江西等人口稠密的省份，其自身经济发展水平不行，加之缺乏政府对公共文化强有力的财力支撑，致使中部省份的人均基本公共文化事业费在全国的排位一直较低。

基本公共文化服务的内涵十分丰富，凭借一两个测度值是无法精确度量我国基本公共文化服务均等化差异的，更全面的考察应从影响基本公共文化服务的各大因素出发，如公共文化基础设施、公共文化投入水平、公共文化供给状况等维度，观察其各大指标均等化实现程度。本书仅从公共文化事业费、人均公共文化事业费的视角，利用基尼系数、泰尔指数从总体、区域间、区域内对我国基本公共文化服务均等化差异进行分析研究，其研究结论只能起窥见一斑的功效。但是，由于我国政府是基本公共文化服务的供给主体，公共文化事业费指标反映了政府部门对公共文化服务的投入情况，其在基本公共文化供给中的核心地位与作用是其他指标不可替代的。

因此，缩小基本公共文化服务均等化差异有以下可行做法：

首先，政府就积极推进基本公共文化服务均等化进程，尽快制定基本公共文化服务均等化标准，并在实践中逐步完善；其次，要结合区域内各省份人口基数、经济水平等具体情况，优化政府的财政投入结构，确保公共文化事业费的增速高于同期国民经济的增长速度，逐步提高公共文化事业费的投入力度；再次，要转变公共文化发展理念，努力探索以政府供给为主、社会补充为辅的多主体公共文化服务供给模式，以增加公共文化服务供给，缩小地区基本公共文化均等化差异；最后，推进基本公共文化服务均等化建设，要同时关注区域间和区域内的基本公共文化服务均等化差异，特别是区域内的基本公共文化服务均等化差异，它是目前影响我国基本公共文化服务均等化差异的主要原因。

8.6 本章小结

基本公共文化服务均等化是构建和谐社会、文化自信语境下各级政府必须高度关注的问题，也是研究公共文化服务测度不可回避的话题。因此，如何评估一个国家或地区的公共文化服务均等化差异，已成为统计与公共管理部门必须面对的理论与实践课题。

本部分在回顾、梳理公共文化服务理论与测度方法的基础上，利用基尼系数和泰尔指数对“十一五”以来我国基本公共文化服务均等化差异进行了定量分析。研究结果表明：我国公共文化服务政策对基本公共文化服务均等化有明显影响，全国基本公共文化服务均等化差异较小且有缩小之势；东部地区均等化差异明显高于中、西部地区；三大区域内的均等化差异是形成全国基本公共文化服务非均等化的主要原因。此外，本部分对如何缩小基本公共文化服务区域均等化差异给出了相应的政策建议。

第❾章 我国公共文化服务整体发展绩效测度

9.1 导言

20世纪90年代以来，发达国家或地区的公共部门绩效管理运动进入鼎盛状态，绝大多数发达国家和地区都通过对公共部门开展绩效评估实践，来考察政府施政绩效，并以制度与法律的形式使该工作规范化与常态化。因此，公共文化服务作为公共服务的重要内容，随着公共服务绩效评估的发展与实践，其绩效评价的整体框架在一些经济发达的国家和地区已经形成，并成为政府绩效评价的主要组成部分。

党的十六大以来，发展公共文化服务、构建完善的公共文化服务体系是我国政府公共服务管理的重要内容。因此，如何科学地反映公共文化发展水平绩效成为我国各级政府部门高度关注的话题之一。国家“十二五”及“十三五”文化发展规划纲要均提出，要建立政府对公共文化事业投入的绩效考评机制，制定公共文化服务指标体系和绩效考核办法，明确服务标准和服务规范，加强评估考核。从国家层面上看，强化公共文化服务评估无疑是一项十分紧迫的工作。因此，从20世纪90年代中期开始，我国通过借鉴发达国家及地区的评估经验，逐渐将公共文化服务评估引入政府绩效评估之中。但是，由于我国公共文化服务绩效评价和考核起步较晚，完整的评价指标体系和绩效评估方法处于研究阶段，还有许多问题值得研究，如评估指标的选择、评估体系的形成及评估方法的选择等。总体上看，我国多数地区公共文化服务绩效评估处于盲目与自发状态，以官方评估为主，或者是本部门公共文化服务发展活动的总结性汇报。

绩效评估的目的要求通过评估，了解公共文化服务的供需状况、存在的问题，剖析主要原因，以改进公共文化服务质量，从而保障公民基本的文化权利的实现。理论和实践表明，国内大多数的这种所谓的“评估”，难以达到评估的真正目的，这对于科学评估我国公共文化服务来说，无疑是一种缺憾。

9.2 公共文化服务绩效评估的内涵与原则

9.2.1 绩效评估的内涵与外延

“绩效”（Performance）一词源于国外，是指一主体在一定时间与条件下完成某一任务所取得的业绩、成绩、效果、效率和效益。随着人们对绩效问题研究的不断深入，对绩效的认识也日益深入，国内外学者对于绩效有许多新的解释。有人认为，绩效具有多维结构，考评的因素不同，其结果也会不同。例如，Bates 和 Holton（1995）指出：“绩效是一个多维建构，观察和测量的角度不同，其结果也会不同。”由于认知角度不同，不同学科领域的绩效内涵会有所差异：从管理学角度看，绩效是组织者为了实现经营目标而在不同方面表现出的有效输出，包括组织绩效和员工个人绩效两个方面；从经济学角度看，绩效是一种员工与组织之间的双向承诺关系，既包含员工对组织的责任承诺，也包含组织对员工的薪酬承诺；从社会学角度看，绩效是指社会成员根据社会分工所应承担的那部分职责。

目前对绩效的界定主要有微观和宏观两个层面。微观层面主要有结果观、行为观和潜力观三种观点。结果观认为“绩效应该定义为工作的结果，因为这些工作结果与组织的战略目标、顾客满意度及所投资金的关系最为密切”；行为观认为“绩效是与一个人在其中工作的组织或组织单元的目标有关的一组行为”“绩效是行为，应该与结果区分开，因为结果会受到系统因素的影响，而这些行为完全能由个体自身控制”；潜力观则认为“观察研究对象的绩效不仅仅注重过去的行为与结果，而更应该关注其未来的发展潜力，应将其潜力与素质等一并纳入绩效测评的范畴”。

从宏观层面看，绩效内涵更宽，如一国或一地区发展绩效就属于宏观绩效的范畴。宏观绩效主要体现在其发展目标的实现上，如一国的宏观经济目标要求促进经济高速稳定增长、保持价格水平基本稳定、实现充分就业目标、维持国际收支平衡。因此，宏观经济层面的绩效就是指一国的宏观经济的这几大目标的实现程度如何，宏观经济绩效的表现内容也集中在这几大经济目标上。我国的公共文化服务发展的主要目标是到 2020 年，我国基本建成覆盖城乡、便捷高效、保基本、促公平的现代公共文化服务体系；保障公民的基本文化权益，基本公共文化服务均等化水平稳步提高。因此，公共文化服务的绩效就表现在其发展目标的实现程度上。本书主要从以下几个方面观察我国公共文化发展绩效，即投入、产出、效果三个环节。

首先，公共文化服务的投入。具体包括人、财、物的投入，这是构建公共文化服务体系的基础。研究公共文化资源投入规模及结构可帮助我们将有限的资源合理配置，以取得最大产出和获得最大效用，为区域间的优化配置资源、提高公共文化服务发展绩效提供科学的参考依据。

其次，公共文化服务的产出。产出是公共文化服务的活动内容，包括基本公共文化产品和服务、辅助公共文化产品和服务。公共文化服务产出是公共文化服务体系建设的重点，是公众文化享用与消费的保障，在投入一定的前提下，如何尽可能提供丰富的、满足百姓需求的公共文化产品与服务，是公共文化服务的中间目标。

最后，公共文化服务的发展效果。发展效果是一切公共文化服务活动的最终目标。公共文化的投入及产出必须让群众满意，而满意的直接体现就是百姓对公共文化活动的参与，对文化产品和服务的消费。因此，公共文化服务的效果主要应从社会公众对各个机构所提供的公共文化产品与服务是否满意的角度进行衡量。如果公众对公共文化产品与服务满意或喜欢，那么他们就愿意参与到这些项目中来，如果这些机构提供的产品或服务不是公众所需、所想的，那么公众的参与率就不会高，即通常所说的“用脚投票”。因此，本文主要选取了公众参与指标来反映公共文化服务的效果。

9.2.2 绩效评估的原则

开展公共文化服务绩效评估研究，有利于提升政府的公共文化服务水平与管理能力，为评价政府公共文化政策实施成效以及国与国之间、地区与地区之间公共文化服务发展绩效对比分析提供了测量工具。结合公共文化服务理论及国际公共文化服务评价经验，在开展我国公共文化服务绩效评价时必须遵循以下几条原则：

一是理论与实践相结合。理论来自实践，理论是对实践的智慧性总结，并对实践的发展起着重要的指导作用。在整个公共文化服务绩效评价的研究过程中，必须始终贯彻理论方法研究与评价实践应用有机结合。

二是实证分析与规范分析相结合。开展公共文化服务绩效统计评价研究的根本目标在于研究探索出一套简便易行、行之有效的评价体系，重点是对于统计评价方式、方法的研究。因此，在研究过程中，应坚持实证分析与规范分析相结合、以实证分析为主的原则。

三是定性分析与定量分析相结合。绩效评估的核心是评估对象的确定、评价指标的设置、评价标准的制定、评价方法的选择。要完成这些任务，仅靠定性分析是不够的，必须以定性分析为基础，运用现代计量经济和统计分析方法，对部门、单位、项目的经济绩效，进行量化分析与评定。

四是科学性与可行性相结合。遵循公共文化服务理论和公共文化服务活动的自身特点，评价指标的定义、分类、范围、数据收集、计算方法、权重确定等都要真实、规范，有科学依据。可行性是指评价体系内容应简单明了，有较强的可比性，而且数据易于获取，便于操作。开展绩效评估既要从理论上注意它的完整性与科学性，又要注意到它在现实中的可行性与适用性，只有做到科学性与可行性相结合，所构建的评价体系才能准确、可靠、简洁地描述评估对象和实现评估目的。

9.3 公共文化服务绩效评估指标体系

要具体、深入把握我国公共文化服务发展绩效，需要构建相应的评价指标体系，并借用一定方法对公共文化服务发展绩效进行评价。因此，评价指标的选取、指标体系的构建以及评价方法的选用对分析结果具有举足轻重的作用。

9.3.1 指标体系设计的总体思路

建立一套科学、系统的公共文化服务发展绩效评价指标体系，以此来准确评价我国地区之间公共文化服务发展绩效高低，是一项艰巨的工作。要完成这项工作，首先必须以公共文化服务理论、统计综合评价相关理论为指导，其次必须充分借鉴国内外这方面的经验，吸收相关方面的专家学者、工作者及政策管理者的意见，从实际出发、从科学出发。指标体系的构建，要沿着以下思路进行：一方面，要参考国内外的指标体系与模式，吸收先进经验。只有建立在综合并借鉴国内外专家学者观点的基础上，指标体系才有解释力。为此要注意文献的充足性，听取、借鉴国内专家学者的意见。国外关于公共文化服务发展绩效的测评研究，无论是从理论基础还是从实践操作看，都较国内先进，既注重理论的先进性，又注重操作的可行性，更注重结果的可信性。国内在理论研究和实证方面都还显不足。因此，构建公共文化服务发展绩效评价指标体系，首先要跟踪当前国际上比较前沿的指标体系，在充分掌握国际上有代表性的指标体系的基础上，努力吸收其精华。另一方面，由于这套指标主要是用来衡量我国公共文化服务发展绩效的，因此要充分考虑我国地区公共文化服务发展的实际情况，在具体指标选取上，要注意选取各地区共有的指标，并且在指标统计口径与适用范围等方面保持一致。

9.3.2 评价指标体系的构建

在遵循公共文化服务绩效评估理论及指标设计思路与原则的基础上，本书在指标体系具体设置时以4E法则和LFA框架为基础，从投入、产出、效果三个维度构建指标体系，并在三个维度的基础上形成七个二级评价目标层，分别是人力投入、物力投入、财力投入、基本公共文化产品与服务、辅助公共文化产品和服务、参与的广度和参与的深度。在这七个评价目标的基础上，选取了数据可得性、可比性较强的50个定量指标（见表9-1）。

表9-1 我国公共文化服务绩效评价指标体系

<table>
<tr><th>一级指标</th><th>二级指标</th><th>三级指标</th></tr>
<tr><td rowspan="13">公共文化投入</td><td rowspan="3">人力</td><td>主要机构从业人员（人）</td></tr>
<tr><td>主要机构专业技术人才所占比例（%）</td></tr>
<tr><td>乡镇文化站从业人员占主要机构从业人员比例（%）</td></tr>
<tr><td rowspan="6">物力</td><td>主要机构数（个）</td></tr>
<tr><td>建筑面积（万平方米）</td></tr>
<tr><td>总藏量（万册）</td></tr>
<tr><td>电子图书（万册）</td></tr>
<tr><td>藏品数（件、套）</td></tr>
<tr><td>文化文物部门所属机构各种设备购置费（万元）</td></tr>
<tr><td rowspan="4">财力</td><td>文化事业费（万元）</td></tr>
<tr><td>文物部门财政拨款（万元）</td></tr>
<tr><td>人均文化事业费（元）</td></tr>
<tr><td>文化事业费占财政支出的比重（%）</td></tr>
<tr><td rowspan="7">公共文化产出</td><td rowspan="7">基本公共文化产品与服务</td><td>公共图书馆外借书册数（万册次）</td></tr>
<tr><td>图书馆阅览室座席数（个）</td></tr>
<tr><td>基本陈列、举办展览（个）</td></tr>
<tr><td>演出场次（万场次）</td></tr>
<tr><td>群众文化机构组织文艺活动次数（次）</td></tr>
<tr><td>公共广播节目套数（套）</td></tr>
<tr><td>公共电视节目套数（套）</td></tr>
</table>

续表

一级指标	二级指标	三级指标
公共文化产出	辅助公共文化产品和服务	讲座次数（次）
		公共图书馆举办培训班数（个）
		群众文化机构举办训练班班次（次）
		公共图书馆少儿阅览室座席数所占比重（%）
		艺术表演团体农村演出场次占国内演出场次的比重（%）
		群众文化机构为未成年人组织的文艺活动次数所占比重（%）
		群众文化机构为特殊群体组织文艺活动次数所占比重（%）
公共文化服务效果	参与的广度指标	公共图书馆总流通人次（万人次）
		公共图书馆有效借书证（万个）
		公共图书馆网站访问量（页次）
		观看演出人次（万人次）
		参观展览人次（万人次）
		群众文化机构组织文艺活动参加人次（万人次）
		参加讲座人次（万人次）
		公共图书馆举办培训班参加培训人次（万人次）
		群众文化机构举办训练班参与培训人次（万人次）
	参与的深度指标	公共图书馆人均借书数（册）
		博物馆馆均参观人次（万人次/个）
		展览次均人数（人次/个）
		博物馆未成年人参观人次所占比例（%）
		各类演出场均观看人次（人/场）
		群众文化机构组织文艺活动次均参加人次（人次/次）
		艺术表演团体国内演出农村观看人次所占比重（%）
		各类讲座次均参与人次（人次/次）
		公共图书馆举办培训班次均培训人次（人次/个）
		群众文化机构举办训练班次均培训人次（人次/次）
		广播节目综合人口覆盖率（%）
		（农村）广播节目综合人口覆盖率（%）
		（农村）电视节目综合人口覆盖率（%）
		电视节目综合人口覆盖率（%）

9.3.2.1 反映公共文化投入的指标构成

公共文化服务的性质决定了政府应该是公共文化服务的主要提供者，承担着公共文化发展战略、规划的制定，提供公共文化服务必要的投入与供给，保障公民的基本公共文化权利的实现等职责。而必要的公共文化投入是政府实现其上述职能的重要经济保障。因此，公共文化投入是公共文化服务的生产成本的反映，是绩效评估的重要内容，具体包括人、财、物三方面的投入。

人力投入的指标包括主要机构从业人员、专业技术人才占主要机构从业比例及乡镇文化站从业人员占主要机构从业人员比例。根据《中国文化文物统计年鉴》(2016)，主要机构包括图书馆、文化站、文化馆、艺术表演团体、艺术表演场馆和博物馆（下文主要机构含义与此同）。主要机构从业人员由上述6种主要机构的从业人员求和而得，反映从事公共文化服务的人员规模。我们认为，从业人员不论在哪种机构，其主要的职能都是为公众提供公共文化服务，具有同质性，合并处理是合理的、可行的，后文也有部分指标在同质性的前提下进行了同样的处理，在此不再一一说明。合并处理还有一个优势，就是可以避免选入太多指标进入体系，减少指标之间的信息重叠与相关。专业技术人才①是指具有中级职称、副高职称和正高职称的从业人员，专业技术人才所占比例反映从业人员的技术结构和从业人员的质量。乡镇文化站从业人员占主要机构从业人员比例则是从公平性法则出发，关注对农村公共文化服务的人力投入。

物力投入选取了主要机构数、总建筑面积、总藏量、电子图书、藏品数和文化文物部门所属机构各种设备购置费，除文化文物部门所属机构各种设备购置费外，其余均为实物量指标，且均为存量指标，反映一年内投入公共文化服务的物质总量。主要机构数、总建筑面积②也由6种机构的相应指标汇总求和而成；总藏量由公共图书馆总藏量和群众文化机构的藏书数合计而得，反映所有能供公民阅读的图书总量；电子图书由公共图书馆提供，反映信息化建设情况；藏品数由博物馆提供。这5个指标均选用了存量指标，原因是不论其是否新增，均投入到当年的公共文化服务中。文化文物部门所属机构各种设备购置费则是一个流量指标，反映新增物力投入的总量。

尽管公共文化服务实施主体呈现多元化态势，但主体依然是政府部门，况且由于市场力量的投入情况比较复杂，往往不具有经常性特点，因此研究

---

① 根据《中国文化文物统计年鉴》，专业技术人才统计中文化馆和文化站合并称为群众文化机构。

② 公共图书馆、群众文化机构为总建筑面积，博物馆、艺术表演团体和艺术表演场馆为实际使用面积。

中我们主要依据文化事业费、文物部门财政拨款、人均文化事业费和文化事业费占财政支出的比重四个指标，从政府投入角度反映公共文化服务的财力投入情况。

文化事业费是指某一地区内各级政府财政用于发展公共文化服务的经费支出总和。从公共文化实行机构来看，一般包括国有博物馆、图书馆、艺术馆、纪念馆、文化团体、社区公共文化以及新闻、通信、广播、电视、出版等部门的经费拨款。可以看出，文化事业费与公共文化服务水平息息相关，其规模代表了各级政府财政对公共文化服务的资金投入情况，是反映公共文化发展的核心指标之一。文物部门财政拨款则反映文物部门所属机构的财政拨款总额，包括文物科研机构、文物保护管理机构、博物馆、其他文物机构。人均文化事业费是将文化事业费按人口因素加以平均，这一指标能够消除人口对文化事业费的影响，是公共文化服务绩效评价中认可度比较高的指标之一。文化事业费占财政支出的比重则可说明各地区对公共文化事业的支持力度和重视程度。

9.3.2.2 反映公共文化产出的指标构成

公共文化服务的复杂性决定了公共文化服务的产出形式的多样性。本书主要从公共文化服务执行机构的活动来观察我国公共文化服务的产出情况，具体包括公共文化产品与服务和辅助公共文化产品与服务。

基本公共文化产品与服务是根据各单位的主要服务内容设计的，包括公共图书馆外借书册数，图书馆阅览室座席数，基本陈列、“三馆”[①] 举办展览数，各类艺术表演团体及艺术场馆的演出场次，群众文化机构组织文艺活动次数，公共广播节目套数，以及公共电视节目套数 7 个指标。公共图书馆外借书册数和图书馆阅览室座席数反映公共图书馆的主要职能——提供借书和阅览服务。基本陈列、举办展览这一指标汇总了在公共图书馆、博物馆及群众文化机构举办的所有展览，我们认为虽然举办展览的场所不同、内容各异，但其最终目标都是为公众提供享受公共文化服务的载体，其功效是等同的，可以将其汇总。演出场次则汇总了艺术表演团体的国内演出场次和艺术表演场馆的演出场次。群众文化机构组织文艺活动次数是群众文化机构的主要职能的反映。公共广播节目套数和公共电视节目套数用来反映通过广播、电视等载体向公众提供文化服务的数量。

辅助公共文化产品与服务则考察以上主要机构在其基本服务完成之外为公众提供的其他服务的情况，如公共图书馆、群众文化机构举办的讲座和培

① 三馆指博物馆、图书馆和群众文化艺术馆。

训，公共图书馆为少儿提供体的阅览服务，艺术表演团体为农村观众进行的演出，群众文化机构为未成年人及特殊群体组织的文艺活动等。主要选取了讲座次数、公共图书馆举办培训班数、群众文化机构举办训练班班次、公共图书馆少儿阅览室座席数所占比重、艺术表演团体农村演出场次占国内演出场次的比重、群众文化机构为未成年人组织的文艺活动次数所占比重、群众文化机构为农民工及残障人士等特殊群体组织文艺活动次数所占比重 7 个指标加以反映。公共图书馆少儿阅览室座席数所占比重、群众文化机构为未成年人组织的文艺活动次数所占比重从关注下一代的角度出发，体现未来导向的价值取向。在很多国家的公共文化绩效评价中均会选取一些此类指标，如英国的最佳价值体系（BVPIs）的“文化与相关服务”指标中的“由学校所组织的，参观、使用美术馆或博物馆的学生数量（BV170c）”；美国的图书馆协会一直在倡导“从出生就阅读”计划，举办面向少年儿童的活动成为了公共图书馆的重点之一。艺术表演团体农村演出场次占国内演出场次的比重、群众文化机构为农民工及残障人士等特殊群体组织文艺活动次数所占比重是从公平性原则出发设计的指标，反映公共文化服务的均等化状况。

9.3.2.3 反映公共文化服务效果的指标构成

公共文化的投入及产出，最终目标是要社会公众的参与，对文化产品和服务的消费，因此公共文化服务的效果主要应从社会公众对各个机构所提供的公共文化产品与服务是否满意的角度进行衡量。如果公众对公共文化产品与服务满意或喜欢，那么他们就愿意参与到这些项目中来；如果这些机构提供的产品或服务不是公众所需、所想，那么公众的参与率就不会高，即通常所说的“用脚投票”。因此，本书主要选取了公众参与广度与深度的指标来反映公共文化服务的效果。

参与的广度指标主要用来反映社会公众参与各主要机构提供的各项公共文化与服务中的总体情况，可以通过公共图书馆的总流通人次、有效借书证、网站访问量、观看演出人次、参观展览人次、社区文化机构组织文艺活动参加人次、参加讲座人次、公共图书馆举办培训班数参加培训人次、群众文化机构举办训练班参与培训人次九个指标来衡量①。与前面指标一样，对于性质相同的产品与服务的参与人次进行了合并汇总，如观看演出人次、参观展览人次、参加讲座人次等指标均是由不同机构相应指标汇总而得。公共图书馆

① 最初设计指标时，参与的广度指标选取了有线电视用户数来反映通过电视这一载体参与公共文化服务的广度，但这一指标从 2012 年才开始统计，而本书的评价时间选取的是“十二五”期间，已有统计数据的有 2011~2015 年，因此删除。

有效借书证这一指标常被选用反映图书馆的服务是否便捷、被公众认可。如在美国，当地居民想要办理借书证很简单，仅需提供一张能证明自己居住地的物品（如水、电缴费单或驾照等）和一张照片。而在我国，即便是在“免费开放政策”后，办理借书证的手续也相对复杂，有的还需要缴纳一定的手续费或者押金。可见，要让广大群众想到去图书馆，愿意去图书馆，提高公共图书馆在公民心中的存在感、认同度，需要依靠公共图书馆提供便捷易达的服务来实现。

参与的深度指标是反映政府部门公共文化服务效率的，讲效率就要求公共文化服务资源的利用程度最大化，它在一定程度上反映了公共文化服务的投入利用情况以及产出质量状况，是公共文化服务绩效评价必须关注的内容。反映参与深度的指标有 14 个：公共图书馆人均借书数、博物馆馆均参观人次、展览次均人数、博物馆未成年人参观人次所占比例、各类演出场均观看人次、群众文化机构组织文艺活动次均参加人次、艺术表演团体国内演出农村观看人次所占比重、各类讲座次均参与人次、公共图书馆举办培训班次均培训人次、群众文化机构举办训练班次均培训人次、广播节目综合人口覆盖率、（农村）广播节目综合人口覆盖率、电视节目综合人口覆盖率、（农村）电视节目综合人口覆盖率①。

公共图书馆人均借书数通过外借书册与有效借书证对比而得，从质的角度反映公众对借书服务的认可程度。博物馆馆均参观人次、展览次均人数、博物馆未成年人参观人次所占比例、各类演出场均观看人次、群众文化机构组织文艺活动次均参加人次、各类讲座次均参与人次、公共图书馆举办培训班次均培训人次、群众文化机构举办训练班次均培训人次均由参加该项服务的总人次与该项服务供给的总次数对比而得。博物馆未成年人参观人次所占比例、艺术表演团体国内演出农村观看人次所占比重考虑了特殊人群的参与热度。广播（电视）综合人口覆盖率是一项国际通用指标，调查区域内采用无线、有线、卫星等技术手段能够收听（收看）到各类广播（电视）节目中任意一套节目的人口数占全国总人口数的百分比，这一指标在统计年鉴中可以直接获取，是衡量群众文化娱乐生活和文化设施建设的最基本指标。

---

① 和有线电视用户数相同的原因，最初选入参与深度指标的有线电视用户数占家庭总户数的比重及农村有线电视用户数占家庭总户数的比重两个指标，在实证分析时不得已被删除。

9.4 评估方法的选用

9.4.1 综合评价法

综合评价法是在确定研究对象评价指标体系的基础上，运用统计方法对各指标的重要程度即其权重进行确定，根据所选择的评价模型，利用综合指数的计算形式，定量地对某现象进行综合评价的方法。目前该方法已在各类综合评价研究领域得到广泛应用。

具体评价模型为：

$$ESI_i = 100 \times \sum_{j=1}^{m} C_{ij} \cdot w_j \qquad (9\text{-}1)$$

其中，ESI_i 为 i 地区的综合评价指数；w_j 为第 j 个指标的权重；C_{ij} 为 i 地区第 j 个指标的无量纲化值；m 为评价指标个数。

在评价模型确定的前提下，应用综合评价法的关键问题是各评价指标权重的确定。常用的确定评价指标权重的方法有德尔菲法、层次分析法（AHP）和主成分分析法（PCA）等。专家评分法和层次分析法中的权重确定都属于主观定权法，主观定权法中评价指标权重会随专家个人认识程度不同而发生变化，导致人为给出的权重往往不能真实体现研究指标的实际重要程度。主成分分析法又依赖于变量之间的相关程度，构造原始指标体系时可能会挑选一些信息重叠较多的指标。本书在确定权重时采用客观赋权法中的熵权法进行计算。熵权法进行综合评价时不仅可得到各评价指标的权重，同时还可对初始评价指标进行筛选，以提取最能反映评价对象绩效状况的相关指标，从而保证评价指标能最大限度地提供评价所需的各类信息。

熵权法结合评价指标的固有属性，判断指标效用价值，根据指标的相对变化程度对系统整体影响程度确定指标权重值，也即对相对变化程度较大的指标赋予较大权重；反之，赋予较小的权重。这种赋权法在一定程度上避免了主观因素产生的偏差，同时计算原理也相对简单，便于实际操作应用。信息熵值越高，表示系统结构越均衡，差异越小，或者变化越慢；反之，信息熵值越低，系统结构越波动，差异越大，或者变化越快。因此，根据熵值大小，即不同指标值的变异程度，计算其权重，最后根据确定的权重计算最终评价值。

假定有 n 个待评项目，m 个评价指标，形成原始数据矩阵为 $X_{m\times n}$，矩阵中的元素为 x_{ij}（i=1，2，…，n；j=1，2，…，m），代表 i 地区第 j 个指标的初始观察值。主要步骤如下：

第一步，数据标准化处理以消除指标的不同量纲影响。对 x_{ij} 进行标准化，通常采用极值法对统计数据进行标准化。算法如下：

$$x'_{ij}=\frac{x_{ij}-\min_i(x_{ij})}{\max_i(x_{ij})-\min_i(x_{ij})} \tag{9-2}$$

第二步，计算第 j 个指标下第 i 个项目的指标值的比重 p_{ij}：

$$p_{ij}=x'_{ij}/\sum_{i=1}^{n}x'_{ij} \tag{9-3}$$

第三步，计算第 j 个指标的熵值 e_j：

$$e_j=-k\sum_{i=1}^{n}p_{ij}\cdot \ln p_{ij} \tag{9-4}$$

其中，$k=\frac{1}{\ln n}$。

第四步，计算第 j 个指标的熵权 w_j：

$$w_j=(1-e_j)/\sum_{j=1}^{m}(1-e_j) \tag{9-5}$$

熵权法表明，当评价对象在某个指标上的值相差越大，其熵值越小，熵权越大，说明该指标向决策者提供的有用信息越多。当评价对象确定以后，再根据熵权对评价指标进行调整、增减，以利于做出更精确、可靠的评价。

9.4.2 探索性空间数据分析

探索性空间数据分析（ESDA）是空间统计分析的基本研究方法，一般包括全局空间自相关分析和局部空间自相关分析。

9.4.2.1 全局空间自相关分析

全局自相关分析是描述研究区域内所有对象之间的空间关联程度，以说明空间对象之间是否存在显著的空间分布模式，判断整个研究区域某一要素或现象在空间是否有集聚特性存在的空间统计分析方法。在空间统计分析中，全局空间自相关分析主要采用全局空间自相关统计量（如 Moran's I、Geary'sC、GeneralG）进行度量。Moran's I 统计量是一种应用非常广泛的空间自相关统计量，其基本形式为：

$$I=\frac{n}{S_0}\cdot\frac{\sum_{i=1}^{n}\sum_{j=1}^{n}w_{ij}(x_i-\bar{x})(x_j-\bar{x})}{\sum_{i}^{n}(x_i-\bar{x})^2} \tag{9-6}$$

其中，x_i 表示第 i 个空间位置上的观测值，$\bar{x}=\frac{1}{n}\sum_{i=1}^{n}x_i$，$w_{ij}$ 是空间权

重矩阵 W 的元素，S_0 是空间权重矩阵 W 的所有元素之和。

空间权重矩阵的确定有多种方法，本书采用连通性标准来构建空间权重矩阵。Moran's I 取值范围从-1 到+1。当 Moran's I 的值为正时，存在正相关，相似的观测值（高值或低值）趋于空间集聚。当 Moran's I 的值为负时，存在负相关，相似的观测值趋于分散分布，即不同的属性值倾向于集聚在一起。当 Moran's I 的值趋于 0 时，表明全域上呈现随机分布的情形。Moran's I 的绝对值越大，表示空间分布相关性越强。

对于 Moran's I，可以用统计量 Z 进行检验。

9.4.2.2 局部空间自相关分析

局部空间自相关用于反映在整个大区域中，一个局部小区域单元上的某种地理现象或某一属性值与相邻局部小区域单元上同一现象或属性值的相关程度，能够有效检测由于空间自相关引起的空间差异，判断空间对象属性取值的空间热点区域或高发区域等，弥补全局空间自相关分析的不足。局部空间自相关可通过局部空间关联指标 LISA① 来进行，其中最广泛使用的是局部 Moran's I_i。局部 Moran's I_i 被定义为：

$$I_i = \frac{n(x_i - \bar{x})\sum_j w_{ij}(x_j - \bar{x})}{\sum_i (x_i - \bar{x})^2} = \frac{nz_i \sum_j w_{ij} z_j}{z^T z} = z'_i \sum_j w_{ij} z'_j \qquad (9-7)$$

其中，z'_i 和 z'_j 是标准化的观测值。

9.5 我国公共文化服务绩效的实证分析

根据 9.3 节中设计的指标体系，以“十二五”时期作为研究目标期，指标数据主要采集自《中国文化文物统计年鉴》（2012~2016），《中国统计年鉴》（2012~2016）作为辅助数据来源。通过对同一指标名称相同年份的数据值进行比较可以发现，两本年鉴在公共文化相关指标的统计口径是统一的，不会产生统计口径带来的分析偏误。

① LISA（Local Indicators of Spatial Association）并不是特指某一指标，所有同时满足下面两个条件的统计量都可以认为是局部空间关联指标：每一个观测值的 LISA 表示该值周围相似观测值在空间上的集聚程度；所有观测值的 LISA 之和与全局空间关联度量指标之间成比例。

9.5.1 我国公共文化服务绩效测算

9.5.1.1 绩效评价指标体系最终确定

运用熵权法对公共文化服务绩效进行评价，需要在众多公共文化服务相关评价指标中，重点考虑统计值相差较大的指标，对差异不显著的指标予以剔除。在此基础上将各指标权重代入综合评价模型中，才可得到较为客观的综合评价结果。

运用熵权法对公共文化服务绩效评价体系中的众多指标进行差异测算发现，表 9-2 中 6 个指标的熵权太小，在整个指标体系中所占的份额偏小，提供的信息有限，因此在后续的实证分析中，我们将其剔除，这样实证分析的指标体系就由 44 个三级指标构成（见表 9-3）。

表 9-2 部分指标熵权

单位：%

年份	公共图书馆少儿阅览室座席数所占比重	博物馆未成年人参观人次所占比重	广播节目综合人口覆盖率	（农村）广播节目综合人口覆盖率	电视节目综合人口覆盖率	（农村）电视节目综合人口覆盖率
2015	0.65	0.58	0.48	0.68	0.79	0.70
2014	0.41	0.54	0.47	0.66	0.66	0.81
2013	0.79	0.48	0.44	0.59	0.84	0.60
2012	0.76	0.60	0.45	0.59	0.72	0.57
2011	0.76	0.69	0.55	0.77	0.92	0.84

9.5.1.2 评价指标权重计算与分析

根据所构建的评价指标体系，采集 2011~2015 年我国 31 个省份的数据，根据熵权法的计算步骤，计算各年份各指标的熵权，得各评价指标权重及排序如表 9-3 所示。

表 9-3 各三级指标的权重及排序

三级指标	2015 年		2014 年		2013 年		2012 年		2011 年	
	权重（%）	排序	权重（%）	排序	权重（%）	排序	权重（%）	排序	权重（%）	排序
公共图书馆有效借书证	5.25	1	5.23	1	3.85	5	3.66	6	3.34	7
观看演出人次	4.94	2	4.92	2	3.92	4	3.99	4	3.50	6

续表

三级指标	2015年		2014年		2013年		2012年		2011年	
	权重（%）	排序	权重（%）	排序	权重（%）	排序	权重（%）	排序	权重（%）	排序
电子图书	4.2	4	4.68	3	5.16	2	3.70	5	3.58	4
演出场次	4.82	3	4.44	4	5.07	3	4.84	1	5.32	2
公共图书馆网站访问量	4.1	5	3.73	5	3.50	6	4.29	3	6.52	1
公共图书馆外借书册数	3.15	8	3.53	6	3.35	7	2.88	11	2.79	10
人均文化事业费	3.18	6	3.23	7	3.10	9	3.30	7	3.08	9
公共图书馆总流通人次	3.16	7	3.11	8	3.20	8	3.17	9	3.21	8
文化文物部门所属机构各种设备购置费	2.63	11	2.85	9	2.39	14	3.28	8	1.97	24
藏品数	2.75	10	2.82	10	2.96	10	2.97	10	2.25	14
群众文化机构组织文艺活动参加人次	2.35	13	2.65	11	2.11	17	2.40	14	2.22	15
群众文化机构举办训练班参与培训人次	2.25	16	2.53	12	2.10	18	2.02	23	2.34	13
群众文化机构组织文艺活动次均参加人次	1.8	30	2.52	13	1.78	28	1.25	39	1.65	32
群众文化机构举办训练班班次	2.15	18	2.46	14	1.97	22	2.01	24	2.15	20
文物部门财政拨款	2.31	14	2.43	15	2.04	20	2.82	12	1.95	25
建筑面积	2.42	12	2.29	16	2.44	13	2.66	13	2.45	12
参观展览人次	2.23	17	2.19	17	2.23	16	2.30	16	2.20	16
总藏量	2.26	15	2.15	18	2.61	11	2.17	17	2.12	21
文化事业费	2.02	23	2.12	19	2.06	19	2.04	22	1.87	28
参加讲座人次	2.05	20	2.07	20	1.84	24	2.11	18	2.19	17
公共图书馆举办培训班参加培训人次	2.13	19	2.00	21	1.68	33	2.39	15	2.67	11
基本陈列、举办展览	1.98	24	1.97	22	1.88	23	2.10	20	1.97	23
博物馆馆均参观人次	1.35	40	1.97	23	0.81	43	1.30	38	1.31	41
主要机构从业人员	1.85	28	1.93	24	1.80	26	1.93	27	1.62	34
各类演出场均观看人次	1.92	26	1.89	25	1.98	21	2.01	25	1.82	30
主要机构数	2.05	21	1.88	26	6.02	1	2.10	19	2.17	19

续表

三级指标	2015年		2014年		2013年		2012年		2011年	
	权重（%）	排序	权重（%）	排序	权重（%）	排序	权重（%）	排序	权重（%）	排序
群众文化机构组织文艺活动次数	1.87	27	1.84	27	1.77	29	1.96	26	1.88	26
公共电视节目套数	1.84	29	1.83	28	1.83	25	1.79	30	1.74	31
公共图书馆举办培训班数	2.04	22	1.81	29	1.70	32	2.06	21	3.53	5
公共广播节目套数	1.8	31	1.75	30	1.75	30	1.86	28	1.87	27
讲座次数	1.74	32	1.74	31	1.63	34	1.74	31	1.86	29
公共图书馆人均借书数	1.50	34	1.74	32	1.70	31	1.13	41	1.39	38
文化事业费占财政支出的比重	1.94	25	1.72	33	2.34	15	1.83	29	2.18	18
艺术表演团体农村演出场次占国内演出场次的比重	1.55	33	1.69	34	1.80	27	1.61	32	1.07	42
展览次均人数	1.40	36	1.64	35	1.26	39	1.20	40	1.49	36
图书馆阅览室座席数	1.37	37	1.53	36	1.51	36	1.50	35	1.43	37
公共图书馆举办培训班次均培训人次	1.30	41	1.32	37	0.67	44	1.57	33	1.65	33
乡镇文化站从业人员占主要机构从业人员比例	1.37	38	1.31	38	1.22	40	1.55	34	1.38	39
群众文化机构举办训练班次均培训人次	1.04	43	1.25	39	1.46	37	0.84	44	0.61	44
群众文化机构为特殊群体组织文艺活动次数所占比重	2.87	9	1.21	40	2.60	12	4.55	2	3.67	3
专业技术人才所占比例	1.43	35	1.12	41	1.53	35	1.49	37	1.57	35
艺术表演团体国内演出农村观看人次所占比重	1.03	44	1.11	42	0.92	42	1.10	42	1.00	43
各类讲座次均参与人次	1.36	39	1.07	43	1.42	38	1.03	43	1.36	40
群众文化机构为未成年人组织的文艺活动次数所占比重	1.25	42	0.73	44	1.04	41	1.50	36	2.06	22

从图 9-1 可以看出，2011～2015 年的折线图走势相同，重合率较高，只有几个指标权重变异较大，这说明大部分指标的排序在五年间变动不大。从各项评价指标权重分布上看，权重排在前 8 位的指标基本相同，折线图波动很小，分别是公共图书馆有效借书证、观看演出人次、电子图书、演出场次、公共图书馆网站访问量、公共图书馆外借书册数、人均文化事业费、公共图书馆总流通人次。除电子图书和人均文化事业费属于投入指标外，其余全部是效果指标，对公共文化服务绩效有重要影响，这与公共文化服务绩效以结果和公民导向的评估理念是相吻合的。

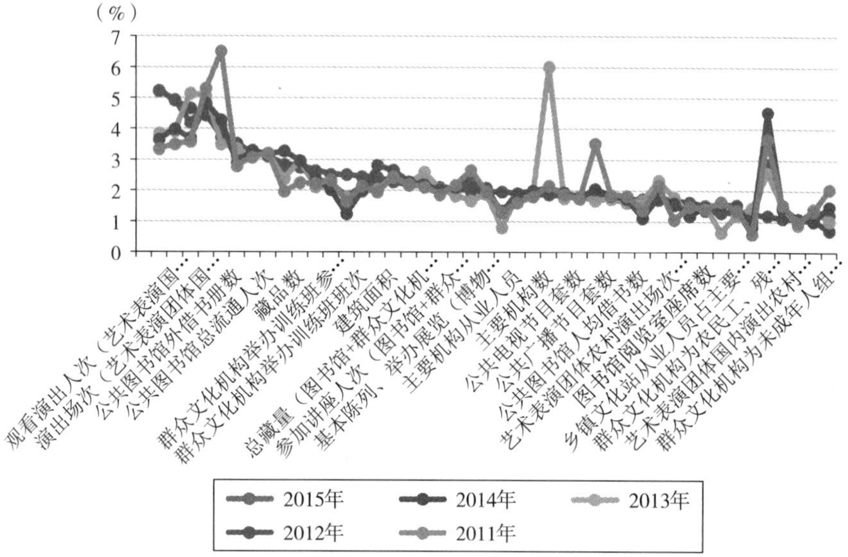

图 9-1 三级指标权重折线趋势

公共图书馆举办培训班次均培训人次、乡镇文化站从业人员占主要机构从业人员比例、群众文化机构举办训练班次均培训人次、群众文化机构为农民工及残障人士等特殊群体组织文艺活动次数所占比重、主要机构专业技术人才所占比重、艺术表演团体国内演出农村观看人次所占比重、各类讲座次均参与人次、群众文化机构为未成年人组织的文艺活动次数所占比重 8 项指标在这五年中均排名靠后，贡献较弱。这些指标均为质量指标，说明扣除相关总量指标的影响后，从质的角度来看，各年份各省、市、自治区的差异并不明显。其中，公共图书馆举办培训班次均培训人次、群众文化机构举办训练班次均培训人次、群众文化机构为农民工及残障人士等特殊群体组织文艺活动次数所占比重、艺术表演团体国内演出农村观看人次所占比重、各类讲座次均参与人次、群众文化机构为未成年人组织的文艺活动次数所占比重等指标均是与辅助公共文化产品和服务相关的指标，虽然构成这些指标的总量指标取值差异较大，但扣除相关指标影响后差异不甚明显，要么反映原始指标是高水平相似，要么说明原始指标是低水平相似，观察原始指标，除艺术表演团体国内演出农村观看人次所占比重外，其余指标值均为低水平相似，差异较小，说明这些辅助产品和服务在各地的实施效果并不明显，有流于形式之疑。

进一步地，根据各三级指标的权重汇总出各二级指标和一级指标的权重，具体数据如表 9-4 和表 9-5 所示。

表 9-4　二级指标层各维度的权重　　单位：%

年份	人力投入	物力投入	财力投入	基本公共文化产品与服务	辅助公共文化产品与服务	参与广度	参与深度
2015	4.02	17.41	9.05	17.75	10.15	28.45	13.17
2014	4.36	16.66	9.50	16.90	9.66	28.43	14.49
2013	4.55	21.59	9.54	17.15	10.74	24.43	12.00
2012	4.97	16.89	9.98	16.92	13.46	26.33	11.45
2011	4.57	14.53	9.08	16.99	14.34	28.19	12.30

由表 9-4 可知，2011~2015 年，参与广度指标权重最大，对公共文化服务绩效的影响最大，在 7 个二级维度中"一枝独秀"，以 2015 年为例，其比排名第二的基本公共文化产品与服务高出 10.70 个百分点。基本公共文化产品与服务的权重保持稳定，五年间均在 17%左右。权重排名第三的是物力投入，其权重五年间呈现出小幅波动的特征，从 2011 年的 14.53%增加至 2013 年的 21.59%，后又回落至 2015 年的 17.41%，但总体上呈现出增长的特点。另外，物力投入的权重也相对较高，说明在公共文化绩效的评价中公众享受公共文化的载体（如各种场馆、图书、藏品等）也非常重要。这三个维度的总权重在 60%左右。对公共文化绩效影响最小的两个指标分别为财力投入和人力投入，两者合计基本为 14%，大约只有参与广度指标的 1/2。权重系数的差异说明，要提升公共文化服务绩效，投入水平固然重要，但用较少的投入带来更大的公共文化服务影响更为重要。辅助公共文化产品与服务的权重在五年间总体呈现出逐渐下降的趋势，反映出我国各省份对辅助公共文化的重视程度有所下降。参与深度的权重 2011 年为 12.3%，2012~2015 年逐年增

大，2014 年增加至 14.49%，比 2011 年增加了 2.19 个百分点。

从各维度权重的波动幅度来看，参与的广度、物力投入以及辅助公共文化产品与服务 3 个维度的权重波动较大，其他 4 个维度的权重波动较小。根据计算公式，权重波动较小，说明该维度在五年间的熵值波动与所有指标的总熵值波动基本保持同比例变动，即该维度对应的原始指标在五年间各地区间的差异相对较小，各地区发展较均衡；权重波动较大则说明该维度在五年间的熵值波动与所有指标的总熵值波动幅度差异较大，也即该维度对应的原始指标在五年间各地区间的差异较大，各地区发展不平衡。

由表 9-5 可知，综合五年来看，在相同的指标体系下，一级指标层中，公共文化效果的权重最大，公共文化投入的权重次之，公共文化产品的权重最小，整体上体现了结果和公民导向的评估理念。以 2015 年为例，公共文化效果的权重为 42.40%，公共文化投入的权重为 30.56%，公共文化产品的权重为 27.04%。

表 9-5　一级指标层各维度的权重　　单位：%

年份	公共文化投入	公共文化产品	公共文化效果
2015	30.56	27.04	42.40
2014	30.52	26.56	42.92
2013	35.68	27.89	36.43
2012	31.85	30.38	37.77
2011	28.19	31.33	40.48

9.5.2　我国公共文化服务绩效的综合评价

9.5.2.1　*总绩效评价分析*

根据熵权法综合评价法对我国公共文化服务绩效进行综合评价，首先将二级指标的标准化值与其相应的指标权重代入式（9-1）计算得到各二级指标的绩效值，其次将二级指标的绩效值与权重代入式（9-1）计算得到各一级指标的绩效值，最后将一级指标的绩效值与权重代入式（9-1）计算得到各省份 2011~2015 年的总绩效值，具体如表 9-6 所示。

表 9-6　2011~2015 年各省份公共文化服务绩效及排名

省份	2015 年		2014 年		2013 年		2012 年		2011 年	
	绩效	排名	绩效	排名	绩效	排名	绩效	排名	绩效	排名
广东	66. 55	1	63. 45	2	64. 53	2	69. 58	1	68. 63	1
浙江	62. 63	2	66. 46	1	64. 93	1	61. 1	2	58. 05	2
江苏	56. 07	3	52. 15	3	59. 36	3	60. 35	3	52. 42	3
四川	47. 46	4	45. 3	4	47. 99	5	48. 59	4	42. 17	5
山东	46. 01	5	45. 01	5	54. 27	4	48. 32	5	42. 24	4
上海市	42. 13	6	43. 72	6	42. 11	6	43. 14	6	39. 55	6
河南	39. 74	7	38. 68	7	41. 52	7	41. 02	7	37. 72	7
湖南	35. 21	8	34. 27	8	35. 11	9	35. 57	9	30. 77	11
安徽	33. 93	9	33. 52	9	35. 75	8	36. 49	8	35. 09	8
福建	33. 15	10	31. 07	10	35. 01	10	31. 48	13	25. 39	17
湖北	32. 4	11	30. 72	11	33. 16	12	34. 26	11	31. 46	10
陕西	30. 74	12	29. 76	12	33. 57	11	35. 31	10	33. 96	9
河北	29. 33	13	29. 4	13	30. 81	15	29. 63	17	26. 53	14
北京市	29. 09	14	28. 7	14	31. 69	14	30. 1	15	26. 84	12
云南	29. 04	15	28. 66	15	31. 78	13	30. 36	14	25. 34	18
辽宁	28. 93	16	26. 35	16	30. 08	16	32. 51	12	26. 76	13
山西	27. 47	17	25. 09	17	25. 59	21	25. 74	20	23. 69	21
江西	26. 6	18	24. 55	18	28	18	28. 84	19	24. 99	19
重庆	26. 3	19	24. 32	19	25. 9	20	28. 92	18	26. 05	16
广西	25. 03	20	24. 19	20	29. 26	17	30. 03	16	26. 38	15
新疆	24. 6	21	22. 98	21	26. 75	19	25. 38	21	23. 27	22
内蒙古	23. 62	22	21. 85	22	24. 76	22	21. 59	25	21. 29	25
甘肃	22. 37	23	21. 21	23	24. 56	23	24. 63	22	24. 07	20
贵州	21. 6	24	20. 4	24	21. 96	24	22. 45	23	21. 58	24
吉林	20. 9	25	18. 99	25	15. 25	27	13. 89	28	14. 62	28
黑龙江	19. 81	26	18. 02	26	19. 64	26	22. 09	24	19. 5	26
天津	15. 69	27	17. 7	27	21. 78	25	21. 52	26	22. 58	23
宁夏	14. 72	28	15. 47	28	14. 33	28	13. 59	29	14. 55	29
海南	14. 49	29	12. 56	29	12. 35	30	12. 71	30	10. 2	31

续表

省份	2015 年		2014 年		2013 年		2012 年		2011 年	
	绩效	排名	绩效	排名	绩效	排名	绩效	排名	绩效	排名
西藏	11.96	30	12.39	30	14.23	29	15.66	27	16.6	27
青海	10.76	31	11.47	31	10.1	31	10.22	31	11.23	30

注：表中数据最终按照 2015 年的总绩效进行了排序。

由表 9-6 可知，2015 年我国各省份公共文化绩效排名第一的是广东省，绩效值为66.55，比排名第二的浙江省高3.92，更是遥遥领先其他省份，是排名最后的青海省（10.76）的 6 倍多，可见差异之悬殊。公共文化绩效值高的一组包括排名最前的 11 个省份，分别是广东省、浙江省、江苏省、四川省、山东省、上海市、河南省、湖南省、安徽省、福建省、湖北省，其中有 6 个省份分布在我国东部地区，4 个分布在中部地区，1 个分布在西部地区。公共文化绩效值中等的一组包括排名 12~21 的 10 个省份，分别是陕西省、河北省、北京市、云南省、辽宁省、山西省、江西省、重庆市、广西壮族自治区、新疆维吾尔自治区，地理分布较为分散，其中有 3 个省份分布在我国东部地区，2 个分布在中部地区，5 个分布在西部地区。内蒙古自治区、甘肃省、贵州省、吉林省、黑龙江省、天津市、宁夏回族自治区、海南省、西藏自治区和青海省排名后面 10 位，落入公共文化绩效水平低的一组，其中西部地区 5 个，东部地区 2 个，中部地区 3 个。我国公共文化服务绩效总体上呈现出从东向西依次递减的空间分布格局。

由表 9-7 可知：

（1）2011~2015 年，公共文化服务绩效排在前 5 位的省份未发生改变，只是在排序上略有不同，它们分别是广东省、浙江省、江苏省、四川省、山东省，除四川省以外，其余四个省份均分布在东部地区。浙江省、广东省、江苏省始终占据前三强。排名最后的 4 个省份也保持不变，分别是宁夏回族自治区、海南省、西藏自治区和青海省。东高西低的空间分布格局基本保持不变。

（2）2011~2015 年，大多数省份的公共文化服务绩效排名比较稳定，所属水平组基本不变，仅有 5 个省份所属水平组发生了调整。其中有所提升的省份①有福建省（绩效排名从 2011 年的第 17 上升至 2015 年的第 10，从水平中等组上升至水平高组）、湖南省（由 11 名升至第 8 名，由低水平组升到中

① 仅列出绩效提升或下滑改变了其所在绩效水平组的省份。

等水平组)①、新疆（由22名升至21名，由低水平组到中等水平组）；排名出现下滑的有陕西省（从9名跌至12名，由高水平组落入中等水平组）、甘肃省（由20名落入23名，由中等水平组到低水平组）。其余省份的排名或有小幅变化，但在原有绩效水平组内上下波动。

表9-7 2011~2015年各地区公共文化综合绩效排名

省份＼年份	2015	2014	2013	2012	2011
广东	1	2	2	1	1
浙江	2	1	1	2	2
江苏	3	3	3	3	3
四川	4	4	5	4	5
山东	5	5	4	5	4
上海	6	6	6	6	6
河南	7	7	7	7	7
湖南	8	8	9	9	11
安徽	9	9	8	8	8
福建	10	10	10	13	17
湖北	11	11	12	11	10
陕西	12	12	11	10	9
河北	13	13	15	17	14
北京	14	14	14	15	12
云南	15	15	13	14	18
辽宁	16	16	16	12	13
山西	17	17	21	20	21
江西	18	18	18	19	19
重庆	19	19	20	18	16
广西	20	20	17	16	15

① 括号中前一个数字表示2011年排名，后一个数字表示2015年排名；后面的一组文字，前面的表示2011年所属绩效水平组，后面的表示2015年所属绩效水平组，下同。

续表

省份＼年份	2015	2014	2013	2012	2011
新疆	21	21	19	21	22
内蒙古	22	22	22	25	25
甘肃	23	23	23	22	20
贵州	24	24	24	23	24
吉林	25	25	27	28	28
黑龙江	26	26	26	24	26
天津	27	27	25	26	23
宁夏	28	28	28	29	29
海南	29	29	30	30	31
西藏	30	30	29	27	27
青海	31	31	31	31	30

（3）全国31个省份的公共文化服务绩效地区差异较大。2011~2015年，全国31个省份的公共文化服务绩效值最高与最低之比分别为（倍）：6.18、6.72、6.81、6.92和5.79，差距极为悬殊。

（4）北京、天津两市的排名相对靠后，与直觉反差较大。北京2011年排名第12，2015年排名第14，期间有微小波动。天津2011年排名第23位，2015年排名第27位，呈现逐年下滑态势。因此，依据评价体系内的各种统计数据，运用一定的方法进行测算，所得的综合评价结果并不一定完全支持我们的直觉。我们分析可能的原因，一是尽管这两个城市在公共文化机构数、从业人员数等总量水平不低，但是两座城市人口分布密集，按人均计算以后就没有优势了；二是这两个城市有部分中央直属的公共文化机构，对应的统计数据并未计入北京市和天津市的相应指标。比如，2015年，博物馆相应指标的统计数据为中央4个，从业人员3035人；北京40个，从业人员1260人；天津22个，从业人员783人①。虽然中央直属博物馆数目少，但其规模大，从业人员超过北京与天津从业人员的总量，那其对应的藏品数、展览数、参观人数等指标也相应会比较高，而这些数据并未统计在北京或天津的相应指

①《中国文化文物统计年鉴》(2016)。

标之中。另外，经文献查找发现，上海高校都市文化E-研究院所著的《2011年全国31个省市自治区公共文化服务指数蓝皮书》中使用了38个指标且利用主成分分析法对我国各省份的公共文化服务指数进行了测算，所得结果为北京排名第22，天津排名第27。2014年，该机构又重新选取了58个指标对我国各省份的公共文化服务指数进行了测算，所得结果北京与天津的排名还是在第22和第27。虽然我们研究中构建的公共文化服务绩效评估指标体系与该机构使用的指标体系不同，测算方法也不一致，但所得结论却惊人地相似。

9.5.2.2 总绩效空间格局变动分析

运用探索性空间数据分析方法对我国文化产业综合发展实力进行空间依赖性检测，可揭示其空间分布的具体特征。

（1）公共文化服务绩效空间分布存在正自相关性。图9-2至图9-6是公共文化服务绩效的Moran散点图①，从中可获得2011~2015年的Moran's I的值分别为0.1411、0.2018、0.2826、0.4066和0.2141，说明五年来我国31个省份公共文化服务绩效存在着显著的空间正自相关性，表现出相似值（高高或低低）之间的空间集聚，较高公共文化服务绩效的省份相对地趋于和较高公共文化服务绩效的省份相邻，而较低公共文化服务绩效的省份相对地趋于和较低公共文化服务绩效的省份集聚在一起。

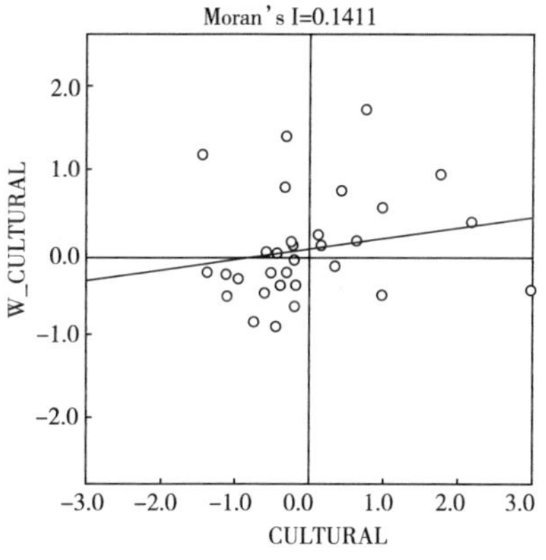

山西、江西、贵州、福建、广西、海南、重庆	山东、河南、江苏、安徽、湖北、浙江、湖南、上海
黑龙江、新疆、宁夏、西藏、云南、吉林、辽宁、天津、青海、甘肃、内蒙古、河北、北京	广东、陕西、四川

图9-2　2011年Moran's I指数（p=0.072）

① Moran散点图可用来探索空间关联的全局模式、识别空间异常和局部不平稳性等。将变量在每个位置上的观测值表示在横轴上，其空间滞后（标准化的局部空间自相关指标Moran's I）表示在纵轴上，则二者之间的相关关系就可以用坐标系中的散点形象地表现出来。变量观测值和其空间滞后之间的拟合程度（直线的斜率）恰好是Moran's I统计量。

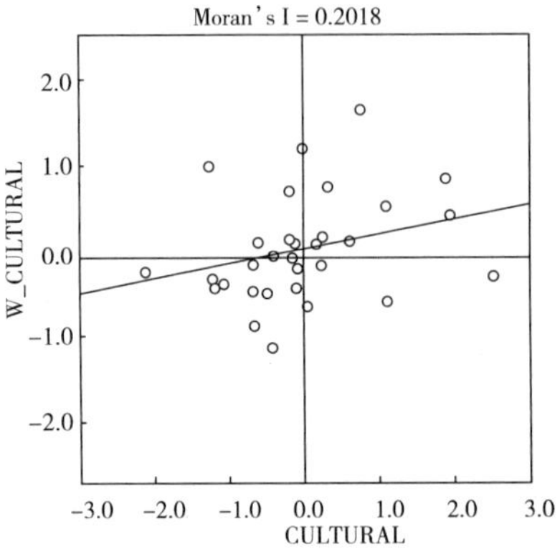

山西、江西、贵州、广西、海南、重庆	山东、河南、江苏、安徽、湖北、浙江、湖南、福建、上海
黑龙江、新疆、宁夏、西藏、云南、吉林、天津、青海、甘肃、内蒙古、北京	广东、辽宁、陕西、四川、河北

图 9-3　2012 年 Moran's I 指数（p=0.024）

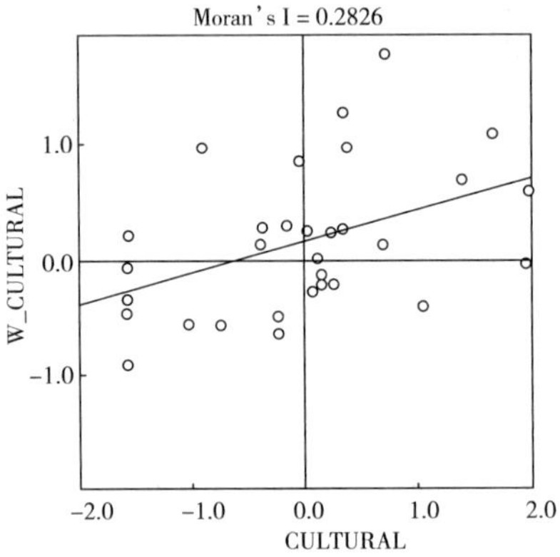

山西、宁夏、西藏、江西、湖南、贵州、海南、天津、重庆	山东、河南、江苏、安徽、湖北、浙江、福建、广西、河北、上海
黑龙江、新疆、吉林、青海、甘肃、内蒙古	云南、广东、辽宁、陕西、北京、四川

图 9-4　2013 年 Moran's I 指数（p=0.01）

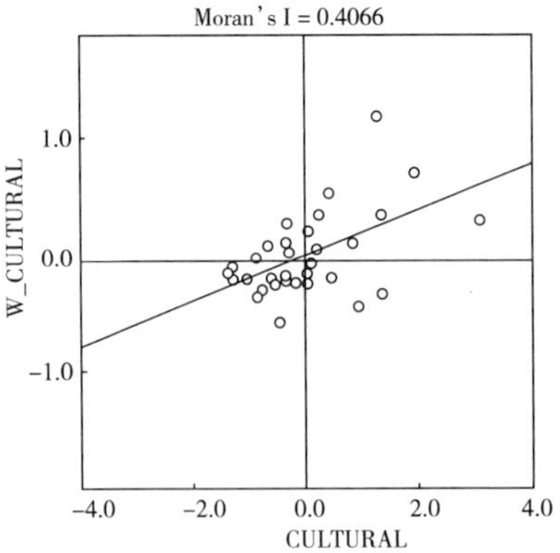

山西、宁夏、西藏、江西、贵州、天津、重庆	山东、河南、江苏、安徽、湖北、浙江、福建、重庆、上海
黑龙江、新疆、广西、广东、海南、吉林、辽宁、青海、甘肃、内蒙古	湖南、云南、陕西、北京、四川

图 9-5　2014 年 Moran's I 指数（p=0.001）

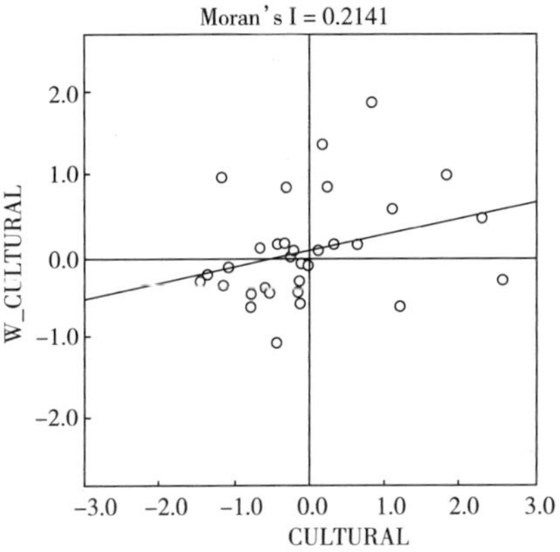

山西、江西、贵州、广西、海南、重庆	山东、河南、江苏、安徽、湖北、浙江、湖南、福建、上海
黑龙江、新疆、宁夏、西藏、云南、吉林、辽宁、天津、青海、甘肃、内蒙古、河北、北京	广东、陕西、四川

图 9-6　2015 年 Moran's I 指数（p=0.027）

（2）公共文化服务绩效以低低集聚为主，空间格局基本维持原状。全局 Moran's I 统计量解释了我国 31 个省份文化产业综合发展实力到底有无集聚，但却不能解释其具体空间位置和集聚的显著度。因此，继续使用局部 Moran's I_i 深入研究其局部空间自相关的特点，在此主要利用 Moran 散点图及其注释进行分析。

图 9-6 中 Moran 散点图及其注释显示了我国 2015 年公共文化服务绩效集聚的空间结构。由图 9-6 可知，有 9 个、13 个、6 个和 3 个省份分别分布在右上象限（H-H）、左下象限（L-L）、左上象限（L-H）和右下象限（H-L）。

右上象限（H-H）为高高集聚省份，表示公共文化服务绩效高的省份被其他综合发展实力高的省份所包围，包括：浙江省、山东省、江苏省、上海市、福建省、安徽省、湖南省、河南省、湖北省，主要分布在"雄鸡"的上腹部。这些省份和周边省份的公共文化服务绩效均较高，二者空间差异程度较小。

左上象限（L-H）为低高集聚省份，表示低公共文化服务绩效的省份被其他公共文化服务绩效高的省份所包围，包括江西省、广西壮族自治区、贵州省、重庆市、山西省、海南省，这些省份自身综合发展实力较低，周边省份公共文化服务绩效较高，二者空间差异程度较大。

左下象限（L-L）为低低集聚省份，表示低公共文化服务绩效的省份被其他公共文化服务绩效低的省份所包围，包括西藏自治区、青海省、天津市、宁夏回族自治区、黑龙江省、甘肃省、吉林省、内蒙古自治区、新疆维吾尔自治区、北京市、辽宁省、云南省、河北省，分布于从"雄鸡"的头部沿着脖子、脊背一直延伸至尾部的一大片区域，从东北延伸至西北。这些省份自身和周边省份的公共文化服务绩效均较低，二者空间差异程度较小。

右下象限（H-L）为高低集聚省份，表示公共文化服务绩效高的省份被其他公共文化服务绩效低的省份所包围，包括广东省、陕西省和四川省，这些省份自身公共文化服务绩效较高，周边省份公共文化服务绩效较低，二者空间差异程度较大。

综上所述，2015 年，我国大多数省份分布在右上象限（H-H）和左下象限（L-L），公共文化服务绩效的地理分布呈现出一定程度的空间集聚特征，且低低集聚的省份（13 个）比高高集聚的省份（9 个）多 4 个，表明我国公共文化服务绩效的空间依赖关系以低低集聚为主要特征。

图 9-2 至图 9-6 展示了我国五年间 31 个省份 Moran's I 指数的变动趋势，从 2011 年的 0.1411 增加到 2014 年的 0.4066，2015 年又回落到 0.2141。可见，我国地区间公共文化绩效空间依赖性增长缓慢，高高聚集区域和低低聚集区域变动相对较小，各省份的空间分布结构变动很小。五年来，山东省、河南省、江苏省、安徽省、湖北省、浙江省、湖南省、上海市和福建省共 9 个省份基本上处于高高聚集区域，其中福建省从低高集聚区调整到高高集聚区；山西省、江西省、贵州省、重庆市、海南省和广西壮族自治区基本上处于高低区域；黑龙江省、新疆维吾尔自治区、宁夏回族自治区、西藏自治区、云南省、吉林省、辽宁省、天津市、青海省、甘肃省、内蒙古自治区、河北省和北京市基本上处于低低区域；广东省、陕西省和四川省基本处于低高区域。高高区域和低低区域变动相对较小，低高和高低聚集区域变动相对较大，但总体上空间依赖仍然以低低集聚为主。

9.5.3 我国公共文化服务的一级指标绩效综合分析

根据前述汇总方法，各省份的公共文化服务一级指标绩效值在计算总绩效的过程中已经得到，有关一级指标绩效值的具体结果列于表 9-8 至表 9-14 中。

公共文化服务一级绩效值的差异比总绩效值的差异大。以 2015 年为例，公共文化服务总绩效值最大值为 66.55，最小值为 10.76，最大值为最小值的 6.19 倍。公共文化投入、公共文化产品、公共文化效果的最大值分别为最小值的 5.79 倍、8.15 倍、8.9 倍。从标准差系数来看，2015 年公共文化服务总绩效的标准差系数为 43.82%，公共文化投入、公共文化产品和公共文化效果的标准差系数分别为 47.62%、48.97%和 49.30%，同样显示各一级绩效值的离散程度大于总绩效值的离散程度。如表 9-8 所示，2011~2015 年各个一级绩效值的标准差系数基本都大于当年度的公共文化服务总绩效的标准差系数。因此，缩小地区之间公共文化差距，必须关注到公共文化服务的每个具体环节。

表 9-8　各一级绩效指标与总绩效指标的标准差系数　　单位：%

年份	公共文化投入	公共文化产品	公共文化效果	公共文化服务总绩效
2011	44.57	46.64	50.80	43.79
2012	47.46	44.47	49.11	43.87
2013	45.46	47.85	48.16	43.92
2014	48.97	49.03	49.06	45.03
2015	47.62	48.97	49.30	43.82

各地一级绩效值排序与总绩效排序之间呈现出高度的一致性，尤其以公共文化效果排序与总绩效排序最为相似。从表 9-9 至表 9-14 可以看出，2011～2015 年公共文化服务总绩效排序与各一级绩效值排序之间的 Spearman 等级相关系数最小值为 0.881（见表 9-14），呈现出高度正相关关系，其他年份的 Spearman 等级相关系数则更是高达 0.928、0.954、0.959、0.912。因此，提高公共文化服务绩效必须关注公共文化服务的各个环节，尤其是要注重公共文化的产出效果，因为它与公共文化服务总绩效值的相关程度最高。

具体到各省份，以 2015 年为例，总绩效排名前 3 位的广东省、浙江省、江苏省的各一级绩效值基本也排名前 3，说明这三个地区在公共文化建设中的各方面发展比较均衡，均发展较好。各一级绩效值排序与总绩效值排序基本一致的省份还有山东省、甘肃省、黑龙江省、宁夏回族自治区、青海省，除山东外，其余均属于总绩效低水平组。四川省、湖南省、吉林省、辽宁省、贵州省、广西壮族自治区、江西省属于“公共文化投入拉后腿组”，公共文化投入排序明显落后于总绩效排序。上海市、福建省、河北省属于“公共文化产品拉后腿组”，公共文化产品排序明显落后于总绩效排序。新疆维吾尔自治区、广西壮族自治区、北京市、福建省、河北省属于“公共文化效果拉后腿组”，公共文化效果排序明显落后于总绩效排序。可见，福建省和河北省的总绩效受公共文化产品和公共文化效果双重因素拖累，致使总绩效排名落后；陕西省、北京市属于“投入较好、产品及效果较差组”，重庆市则属于“效果较好、投入及产品较差”的类型。

表 9-9 2015 年公共文化服务一级绩效值及排序

地区	公共文化投入		公共文化产品		公共文化效果		公共文化服务	
	绩效	排序	绩效	排序	绩效	排序	总绩效	排序
广东	66.92	1	70.95	1	61.52	2	66.55	1
浙江	60.57	2	65.17	3	68.82	1	62.63	2
江苏	56.92	4	65.92	2	44.29	3	56.07	3
四川	39.54	8	63.30	4	38.25	5	47.46	4
山东	50.36	5	52.21	6	36.76	6	46.01	5
上海市	51.26	3	39.03	10	41.27	4	42.13	6
河南	28.03	9	55.27	5	35.99	8	39.74	7
湖南	23.71	17	48.55	7	32.95	9	35.21	8
安徽	25.65	11	37.66	11	36.55	7	33.93	9
福建	40.04	7	30.83	18	24.85	15	33.15	10
湖北	27.68	10	33.71	15	31.03	10	32.4	11
陕西	25.15	14	39.46	9	27.03	13	30.74	12
河北	44.45	6	24.05	23	22.00	20	29.33	13
北京市	24.82	16	41.25	8	23.69	17	29.09	14
云南	25.61	12	31.62	17	29.01	11	29.04	15
辽宁	21.98	19	36.70	13	23.05	18	28.93	16
山西	21.05	21	28.43	19	25.89	14	27.47	17
江西	17.53	26	33.42	16	24.04	16	26.6	18
重庆	19.01	24	24.92	22	27.73	12	26.3	19
广西	24.86	15	36.26	14	16.24	24	25.03	20
新疆	21.99	18	37.23	12	14.87	28	24.6	21
内蒙古	20.94	22	25.46	21	20.26	23	23.62	22
甘肃	25.57	13	25.76	20	15.30	26	22.37	23
贵州	17.38	27	21.62	25	21.79	21	21.6	24
吉林	17.27	28	15.44	27	22.41	19	20.9	25
黑龙江	18.23	25	21.92	24	15.46	25	19.81	26
天津	21.68	20	18.35	26	14.47	29	15.69	27
宁夏	11.99	31	9.75	30	21.48	22	14.72	28

续表

地区	公共文化投入		公共文化产品		公共文化效果		公共文化服务	
	绩效	排序	绩效	排序	绩效	排序	总绩效	排序
海南	19.77	23	12.11	28	7.73	31	14.49	29
西藏	12.02	30	8.71	31	14.93	27	11.96	30
青海	14.43	29	11.49	29	9.34	30	10.76	31

表 9-10　2015 年公共文化服务一级绩效排序与总绩效排序之间的等级相关系数

指标	公共文化投入	公共文化产品	公共文化效果	公共文化服务
公共文化投入	1.000	0.791	0.727	0.888
公共文化产品	0.791	1.000	0.804	0.913
公共文化效果	0.727	0.804	1.000	0.928
公共文化服务	0.888	0.913	0.928	1.000

注：所有相关系数均在 0.01 的水平下显著。

表 9-11　2014 年公共文化服务一级绩效排序与总绩效排序之间的等级相关系数

指标	公共文化投入	公共文化产品	公共文化效果	公共文化服务
公共文化投入	1.000	0.791	0.727	0.888
公共文化产品	0.791	1.000	0.804	0.913
公共文化效果	0.727	0.804	1.000	0.928
公共文化服务	0.888	0.913	0.928	1.000

注：所有相关系数均在 0.01 的水平下显著。

表 9-12　2013 年公共文化服务一级绩效排序与总绩效排序之间的等级相关系数

指标	公共文化投入	公共文化产品	公共文化效果	公共文化服务
公共文化投入	1.000	0.770	0.792	0.905
公共文化产品	0.770	1.000	0.834	0.896
公共文化效果	0.792	0.834	1.000	0.954
公共文化服务	0.905	0.896	0.954	1.000

注：所有相关系数均在 0.01 的水平下显著。

表 9-13　2012 年公共文化服务一级绩效排序与总绩效排序之间的等级相关系数

指标	公共文化投入	公共文化产品	公共文化效果	公共文化服务
公共文化投入	1.000	0.756	0.842	0.931
公共文化产品	0.756	1.000	0.861	0.897
公共文化效果	0.842	0.861	1.000	0.959
公共文化服务	0.931	0.897	0.959	1.000

注：所有相关系数均在 0.01 的水平下显著。

表 9-14　2011 年公共文化服务一级绩效排序与总绩效排序之间的等级相关系数

指标	公共文化投入	公共文化产品	公共文化效果	公共文化服务
公共文化投入	1.000	0.730	0.724	0.881
公共文化产品	0.730	1.000	0.773	0.895
公共文化效果	0.724	0.773	1.000	0.912
公共文化服务	0.881	0.895	0.912	1.000

注：所有相关系数均在 0.01 的水平下显著。

9.5.4　主要结论

本章主要结论如下：

从公共文化服务发展绩效指标体系看，尽管一个地区的公共文化服务绩效取决于其投入状况、产出水平以及服务效果，但从历年的权重构成以及投入、产出、效果一级指标与公共文化服务总体绩效值的相关系数看，公共文化服务效果是影响各地区公共文化服务绩效排序的主要因素，这一结论与公共文化绩效评估以结果和公民导向的评估理念是相吻合的。

各省份的公共文化服务绩效总体上呈现出从东向西依次递减的空间分布格局，地区差异明显。2011~2015 年，公共文化绩效值一直保持前十的省份分别是浙江省、广东省、江苏省、山东省、四川省、上海市、河南省、安徽省、湖南省、福建省，大多数是东、中部省份；而落在最后十名的省份基本是甘肃省、内蒙古自治区、贵州省、天津市、黑龙江省、吉林省、海南省、西藏自治区、宁夏回族自治区和青海省，主要是西部省份。因此，我国公共文化服务绩效东强西弱的空间分布格局十分明显。另外，2011~2015 年，全国 31 个省份的公共文化服务总绩效值最高与最低之比分别为（倍）：6.18、6.72、6.81、6.92 和 5.79，差距极为悬殊。

公共文化服务绩效排序相对稳定。排在前五位的省份未发生改变，只是在排序上略有不同，它们分别是广东省、浙江省、江苏省、四川省、山东省。排名最后的 4 个省份也保持不变，分别是海南省、宁夏回族自治区、西藏自治区和青海省。仅有 5 个省份所属水平组发生调整，其中有所提升的是福建省、湖南省、新疆维吾尔自治区 3 个省份；排名出现下滑的有陕西省、内蒙古自治区 2 个省份。其余省份的排名或有小幅变化，但未改变其所属的绩效水平组。可见，我国公共文化服务发展绩效空间分布格局的东高西低的基本特征多年保持不变。

北京、天津两市的公共文化服务绩效综合排名相对靠后，与人们的感觉反差较大。例如，北京市排名从 2011 年的第 12 位下滑到 2015 年的第 14 位，而且多数年份位居第 14 名；天津市 2011 年排名第 23 位，到 2015 年排名第 27 位，基本上呈逐年下滑的态势。在公共文化服务建设上，这两个城市与它们的城市自身形象极不匹配。

公共文化服务绩效空间分布存在正自相关性，总体上呈缓慢增强态势。2011~2015 年的 Moran's I 指数分别为 0.1411、0.2018、0.2826、0.4066 和 0.2141，表明我国 31 个省份的公共文化服务绩效存在显著的空间正自相关性，呈现高高集聚或低低集聚等空间集聚模式。但五年来，我国公共文化服务绩效以低低集聚为主，说明我国公共文化服务绩效普遍水平不高，还有很大的提升空间。

公共文化服务绩效以低低集聚为主，空间格局基本维持原状。Moran I 散点图及其注释显示了我国公共文化服务绩效集聚的空间结构。研究发现，我国各省份的空间分布结构变动很小，仅有福建省从低高集聚区调整到高高集聚区，其他的省份空间绩效分布基本维持原状，空间依赖仍然以低低集聚为主。

公共文化服务各个一级绩效值的差异比总绩效值的差异大。无论是将公共文化服务总绩效的最大值与最小值比较，还是计算其标准差系数，其波动幅度均小于各一级指标绩效值的差异。实现基本公共文化服务均等化是近年来我国公共文化发展追寻的目标，因此，缩小地区之间公共文化服务发展的差距，必须从关注公共文化服务的投入、产出及效果每个具体环节做起。

9.6 本章小结

本章在回顾与总结绩效评价理论与方法的基础上，基于结果和公民导向的评估理念，以“4E”原则和LFA框架为指导，遵循指标体系设计思路，结合我国公共文化服务发展特征，构建了我国公共文化服务绩效评估指标体系；采用熵权法和综合评价法测算了我国31个省份的公共文化服务绩效水平；结合探索性空间数据分析方法对各地区公共文化服务绩效的空间分布特征进行了描述和分析。首先，梳理了绩效评价理论与方法，剖析每种评价方法的特征，对评价方法的选择进行了说明。由于选择熵权法是根据资料本身的特征进行评价，未预先给定各评价因素的权重，因而不存在人为确权的主观因素，故其评价结果相比其他方法更客观。其次，应用综合评价指标对我国公共文化服务绩效进行综合评价。2011～2015年，我国公共文化服务绩效整体上呈上升趋势，但地区差异较大。同时也注意到，尽管改善公共文化投入、产出及效果对公共文化服务绩效提升均能起到一定的作用，但是核心的要素是提高公共文化服务的产出效果，即要提高公共文化服务的大众参与的广度与深度。当然，各个因素对公共文化服务绩效的影响不同，但它们共同构成了公共文化服务发展不可或缺的动力。最后，利用探索性空间数据分析发现，我国公共文化服务绩效总体上呈现出东高西低、阶梯式的空间分布格局，集聚趋势明显，但公共文化服务绩效值集聚水平还处于劣势，大部分省份处于低水平集聚；具有显著的空间自相关性，显示相邻地区对本地区的公共文化服务发展产生显著的正溢出效应，说明在推动本地区公共文化发展的同时，还会带动邻近省份公共文化服务的发展，这在一定程度上实现了相邻区域公共文化服务的共同发展。本章研究内容为后续对策建议的提出提供了新思路和依据。

第⑩章

总结、对策建议及研究展望

10.1 总结

加强公共文化建设，建立覆盖城乡的基本公共文化服务体系，让每一个公民均等化分享公共文化资源，是我国历届政府高度关注的问题。尤其是党的十六大以来，随着我国公共文化服务政策的落实执行，我国公共文化服务事业取得了巨大的成就，公共文化服务体系已逐步建立，广大百姓已享有读书、看报、听广播、看电视等基本公共文化权利。看到成绩的同时，也应该认识到我国公共文化服务建设进程中还面临诸多问题。因此，如何科学地测度公共文化服务发展水平、影响因素及整体发展绩效，成为我国政府部门及科学研究工作者高度关注的话题之一。为此，本书在借鉴并吸收前人相关研究成果的基础上，通过对现有公共文化服务理论、测评方法研究成果回顾、梳理与提炼，以公共文化服务理论研究为起点，以公共文化服务测度方法研究与公共文化服务水平、影响因素及发展绩效的测度实践为主要目标，借用统计学、计量经济学相关领域的方法和手段，遵循先理论剖析后方法应用、先单项分析后综合研究的思路，对我国主要的公共文化服务单项内容（公共图书馆服务、公共博物馆服务、群众文化与艺术机构服务、社区公共文化服务、公共文化服务均等化）以及公共文化服务整体发展绩效进行实证分析，实现了多角度、全方位的思考与总结，形成了较为全面、系统的研究成果，研究成果达到了预期研究水平。主要研究结论总结如下：

10.1.1 关于公共文化服务理论

本书认为，公共文化服务是文化领域的公共服务，属于公共服务的一部分，是指政府公共或准公共部门为满足社会公众基本文化需求，利用各种公共资源，向社会公众所提供的各种公益性文化产品和服务的总称。在现阶段，我国大众所享用的基本文化服务主要涉及听广播、看电视、读书看报、进行公共文化鉴赏、参与公共文化活动等方面。

界定公共文化服务范畴是实施公共文化服务测度的基础，公共文化服务测度取决于一国的公共文化发展模式和发展现状。我国公共文化服务的发展过程中，政府扮演着责任主体的角色，因此，政府公共文化服务的供给范围和标准就大致决定了公共文化服务的测度边界。本书认为，我国公共文化服务主要存在于以下公共文化服务机构之中：①公共图书馆；②公共博物馆；③文化馆；④群众艺术馆；⑤社区文化活动中心。

公共文化服务理论内涵十分丰富，包括公共文化服务的内涵及相关概念、影响因素理论、均等化理论、文化测度指标理论和公共文化服务绩效评估理论等。公共文化服务测度研究是一项理论与实践并进的研究课题，国外理论界并无公共文化服务理论的说法。国内自公共文化服务概念提出以后，相关研究日渐丰富，但尚不成熟。总体上看，公共文化服务理论研究现状是落后于实践的。

10.1.2 关于公共文化服务测度方法与测度体系

总的来看，对公共文化服务进行测度的具体方法是非常丰富的，有些方法如指标体系、因子分析等综合统计评价方法，由于简单易行，在国内的研究中应用比较普遍。当然，换个角度来看，也显示出国内研究者研究方法的单一性。平衡计分卡、数据包络分析法、描述偏好方法、显示偏好方法、非参数统计等，虽然引入国内的时间并不算晚，在其他领域也都得到了比较多的应用，但在公共文化服务测度领域，还几乎是空白。

我们认为，未来公共文化测度方面的研究应注重以下几个方面：一是注重新的方法在公共文化领域的应用，通过借鉴、摸索、试验、总结经验教训，逐步建立起相关的研究范式，广泛应用于公共文化的各领域，并为各级政府决策提供有效的信息，扩大此领域研究的影响力。二是注重对方法本身的研究，有些方法，如条件估值法，还有很多改进或发展出其他变式的空间，同时也需要发展出对这些方法的信度、效度的估计办法，以不断地对公共文化测度方法进行完善和改进。三是注重非市场条件下估值方法的应用，可以向政府和公众显示公共文化的巨大价值，引导公共资源的持续注入，以更好地满足人民日益增长的文化生活需要。

迄今为止，国际上并没有专门针对公共文化服务测度的统计体系。目前国际上较有影响的文化统计体系主要包括联合国文化统计框架、欧洲文化统计体系和文化卫星账户体系。联合国文化统计框架为国际文化统计提供了一套通用的定义、分类及测度思路，但并未涉及具体的测度方法。欧洲文化统计体系包括了指标体系的构建以及具体操作细则，更具完整性和全面性，可将其视为联合国文化统计框架在欧洲区域的实际操作版本。利用卫星账户核算文化活动这一设想，最初来自于法国国家统计与经济研究局，至今已有加拿大、芬兰、澳大利亚、苏格兰、西班牙、捷克和一些南美国家编制了文化卫星账户。其中，澳大利亚“文化和创意活动卫星账户”更有特色，其卫星账户更接近非营利机构卫星账户。国内最为权威的是文化产业分类（2012），它借鉴了联合国教科文组织的 FCS（2009），已经解决了概念与分类问题，但测度体系与方法还有待完善。

本书认为，研究国际文化统计测度体系只能为我国开展公共文化服务测度提供一种思路和借鉴，选择卫星账户模式可能更有利于我国文化统计框架的完善，同时为开展公共文化服务测度提供一些数据基础。

10.1.3 关于公共文化服务单项内容的测度

10.1.3.1 图书馆服务的测度

我国公共图书馆测度评价，无论是在评价体系上的研究还是在评价方法上的研究，都在一定程度上借鉴了国际公共图书馆评价的经验做法，但在评价体系设计上考虑了我国公共图书馆的发展特征，更注重我国的国情。总体上，我国公共图书馆的评价体系与方法在不断完善与改进，但与欧美发达国家差距还不小，主要表现在以下几方面：

其一，与国际四大图书馆测度评价体系相比，我国图书馆的评价体系不尽科学。我国公共图书馆的评价长期以来存在“重藏、轻用”“重建设、轻服务”的问题，虽然这种局面有所改善，但是我国针对地区的公共图书馆服务绩效评估统计指标还不是很完善，在馆藏方面缺少可获得性的指标；在读者方面缺少读者访问频率方面的指标；对员工仅统计人数，缺少员工的信息化水平和知识方面的指标；在服务方面则缺少检索和开馆时间方面的指标。另外，随着互联网的发展，公共图书馆的服务形式正在发生改变，有必要更多地从评价体系上反映这种服务方式的变革，尽管目前评价体系中有几个这种指标，但是不全面，必须细化。

其二，通常一套好的指标体系必须体现测度评估的性质和目的。我国公共图书馆的评价体系中总量指标过多，人均指标过少，没有充分考虑地区差异。如两个人口发展规模及人口素质差异较大的地区直接对比，评估结果的科学性和可比性就值得推敲。

其三，从评估客体看，目前国内公共图书馆评价更多的是以政府绩效考评的形式展开，多数评估以官方评估为主，即要么是政府主管部门对下级的检查考核、奖惩性评估，要么是本部门公共文化服务发展活动的总结性评估。理论和实践表明，这种评估主客体不分，自己考核自己的评估方式存在着许多人为的障碍，难以达到评估的真正目的。

其四，从评估方法看，相对单一。在公共图书馆测度评价研究中，国内评价方法比较单一，而国外常用的平衡计分卡、描述偏好方法、显示偏好方法在我国公共图书馆测评中几乎是空白。因此，未来公共图书馆测评方面应注重对方法本身的研究；同时，也需要发展出对这些方法的信度、效度的估计办法。

其五，从实证分析结论看，基于数据来源的原因，本书对我国公共图书馆综合发展水平的测度分析只能根据现有指标构建出投入产出总量和资源均量两个指数。从投入产出总量指数看，我国公共图书馆综合发展水平较高的地区是广东省、浙江省和江苏省，而且从发展趋势看，这三个地区不但各指标绝对数持续增加，和其他地区的差距也持续扩大；从资源均量指数上看，由于广东省和浙江省是我国人口分布比较密集的省份，其人均指数便被挤出前三甲，位居全国前三名的是上海市、天津市、北京市。无论从总量指数还是均量指数看，作为祖国首都北京在公共图书服务馆水平上没有明显优势。从空间对比分析看，三大区域之间的公共图书馆综合发展水平还是有一定差异的，东部区域综合指数远高于中、西部地区，但中部与西部对比没有明显的差距。尽管公共图书馆发展水平会受地区社会、经济发展水平的制约，但也不完全如此，如东部的天津市、河北省甚至北京市，其公共图书馆发展水平并没有明显的优势，而地处西部的四川省，在公共图书馆发展水平上却好于其社会经济发展水平。地区之间图书馆发展水平相对差异悬殊，应引起文化主管部门的关注，它与国家提倡的公共文化服务均等化发展政策是背道而驰的。

10.1.3.2 博物馆服务的测度

我国博物馆测度评价已经积累了一定的经验，但与较早开展博物馆评估的欧美国家相比还有一定差距。因此，借鉴国外在博物馆绩效评估中的做法，改进我国博物馆业服务评估体系、评估方法是可取之举。本书主要通过数据驱动的非参数回归模型技术，构建了博物馆业发展的动态计量模型，尝试对我国区域博物馆业发展差异化的影响因素进行实证分析。其结论如下：

其一，从我国公共博物馆发展现状及其影响因素分析看，我国平均每万人拥有博物馆数呈现缓慢上升的趋势，但西部地区的平均每万人拥有博物馆数明显高于东、中部地区。中部和东部地区的从业人员数基本相同，差别不大；西部地区明显低于东部和中部地区。财政对博物馆业的平均投入水平东部最高，中、西部地区投入水平依次下降。我国三大区域经济发展水平从东部到中、西部地区依次递减。东、中、西部三大区域的城市化水平与其经济发展水平分布情况相似，也是东部地区远高于中、西部地区。城镇居民人均文化消费支出均呈增长态势，东部地区的城镇居民人均文化消费支出水平高于中、西部地区，中部与西部地区几乎没有差异，甚至前几年还落后于西部地区。

其二，依据博物馆服务发展理论，采用非参数可加回归模型，从经济学角度探讨我国区域博物馆业发展不平衡的深层次原因。研究表明，不同驱动因素对不同区域博物馆业发展的影响方向与影响强度是不同的，存在着显著的差异。

其三，从全国层面看，城市化水平是影响全国博物馆发展水平的主要因素；从三大经济区域看，城镇居民文化娱乐消费支出是影响东部博物馆发展的主要因素，经济发展水平是制约中部地区博物馆发展的主要因素，城市化水平是影响西部博物馆发展水平的重要因素。

其四，制定我国博物馆发展政策不能“一刀切”，必须结合各区域博物馆发展的具体情况及主要影响因素，做到有所为和有所不为。

10.1.3.3 群众文化艺术服务的测度

国内在群众文化艺术的相关理论与测度方法研究方面相当匮乏，基本上处于自发和断断续续的研究状态，尤其是针对群众文化艺术馆的测评研究几乎是空白。近几年国内有学者对群众文化艺术馆业发展影响因素进行了剖析，但迄今为止，对群众文化艺术馆业发展方面进行定量测评的文献还没出现。

从群众文化艺术馆发展现状及其影响因素现状分析看，我国群众文化艺术馆业随着经济发展，其规模逐年提升，但是人均拥有水平提升不明显。三大区域中，平均每万人拥有群众文化艺术馆数平稳发展，呈现出“西强、中弱、‘东垫底’”的发展格局。群众文化艺术馆从业人员总量平稳增加，但中部拥有从业人员最多；财政投入逐年攀升，东部区域投入优势明显；城市化水平提升缓慢，区域差异并不显著；经济发展水平东部区域遥遥领先，区域落差逐年加大；人均文化消费支出东部领先，中、西部齐头并进。

基于文化艺术馆业发展相关理论，采用分位数回归模型，对东、中、西部区域的群众文化艺术馆发展影响因素进行定量测评，发现从业人员数、财政投入、城市化水平、经济发展水平和文化娱乐消费支出对我国不同地区文化艺术馆业发展所起到的影响是客观存在的，并且这种影响在不同地区、不同的分位点各不相同。

由于从业人员数、财政投入、城市化水平、经济发展水平和文化娱乐消费支出对我国不同地区文化艺术馆业发展的作用不同，因此，在地区群众文化艺术馆发展政策制定上就不能搞“一刀切”，应该因地制宜，制定有针对性的政策措施，以有效促进各地区、各分位点省份群众文化艺术馆行业的发展。

10.1.3.4 社区公共文化服务的测度

对社区公共文化服务满意度的测度，可以借鉴顾客满意度测评模型。国外有一些经典的满意度评价模型，但用于政府公共文化服务满意度评价的还不多，尤其是对社区公共文化服务水平的测度。本书认为，社区公共文化服务满意度测评只能借鉴国内外典型顾客满意度指数模型的构造原理，结合社区公共文化服务的内涵与外延，剖析影响社区公共文化服务满意度水平的因素，选定社区公共文化服务满意度模型中的显变量和潜变量。本书认为，社区公共文化满意度包括居民期望、质量感知、价值感知 3 个显变量和 15 个潜变量，并基于此提出了社区公共文化服务满意度评价模型。

研究表明：首先，在影响社区公共文化服务满意度的要素中，居民对质量感知和价值感知两个要素非常关注，并且这两个要素对整体满意度的高低起到至关重要的作用。其次，基于南昌市五个调研城区的社区公共文化服务发展满意度评价表明，纵向看，社区公共文化服务取得长足进步，但与社区居民对社区提供的公共文化服务实际需求相比还有差距，如社区与社区之间公共文化服务水平的满意度差异大，社区提供的公共文化服务设施的数量与质量问题，文化活动类别与社区居民需求的差异问题以及社区公共文化服务资金短缺、来源途径单一问题等。最后，结合南昌市五个中心城区的社区调研资料只是尝试性地对社区公共文化服务满意度进行评价，就研究结论本身来说，有其特殊性，只能起窥见一斑的功效。但是，其作为一种公共文化服务质量的测评思路与方法是可以供其他地区借鉴的。

10.1.3.5 均等化测度

本书在回顾、梳理公共文化服务理论与测度方法的基础上，基于基尼系数、泰尔指数的测度指标对“十一五”规划以来全国基本公共文化服务区域均等化差异程度及其变化态势进行了测度分析。研究结果表明：我国公共文化服务政策对基本公共文化服务均等化有明显影响，全国基本公共文化服务均等化差异较小且有缩小之势；东部地区均等化差异明显高于中、西部地区；三大区域内的均等化差异是形成全国基本公共文化服务非均等化的主要原因。研究最后对如何缩小基本公共文化服务区域均等化差异给出了相应政策建议，即尽快制定基本公共文化服务均等化的标准并加以实施，加快推进基本公共文化服务均等化进程；优化政府的财政支出构成，加大政府公共文化事业费的投入强度，创新公共文化发展理念与思路，探索以政府供给为主、社会补充为辅的新型公共文化供给模式等。

10.1.4 关于公共文化服务整体发展绩效的测度

我国公共文化服务发展绩效评价是在借鉴发达国家及地区的评估经验的基础上，逐渐将公共文化服务评估引入政府绩效评估之中。但是，由于我国公共文化服务绩效评价和考核起步较晚，完整的评价指标体系和绩效评估方法还处于研究阶段，还有许多问题值得思索，如评估指标的选取、评估体系的构建及评估方法的确定等。总体上看，我国大多数地区公共文化服务绩效评估处于盲目与自发状态，且多以官方评估为主，或者是本部门公共文化服务发展活动的总结性汇报。

本书基于结果和公民导向的评估理念，遵循指标体系设计思路，结合我国公共文化服务发展特征，构建了我国公共文化服务绩效评估指标体系；采用熵权法和综合评价法测算了我国 31 个省份的公共文化服务绩效水平；结合探索性空间数据分析方法对各地区公共文化服务发展绩效值的空间分布特征进行了描述和分析。研究表明："十二五"期间，我国公共文化服务绩效整体上呈上升趋势，但地区差异较大。尽管改善公共文化投入、产出及效果对公共文化服务绩效提升均能起到一定的作用，但是核心的要素是提高公共文化服务的产出效果，即要提高公共文化服务的大众参与的广度与深度。另外，从探索性空间数据分析的结论看，我国公共文化服务绩效总体上呈现出东高西低、阶梯式的空间分布格局，集聚趋势明显，但大部分省份处于低水平集聚；空间自相关性分析表明，相邻地区对本地区的公共文化服务发展具有显著的正溢出效应，这意味着在推动本地区公共文化发展的同时，还会带动邻近省份公共文化服务的发展，实现相邻区域公共文化服务的共同繁荣。

10.2 对策建议

10.2.1 提升公共文化服务水平的对策建议

公共文化服务的发展与公平，是一个国家文明与和谐的象征。让每一个公民均等化分享公共文化资源，推进政府基本公共文化服务均等化，是各级政府必须履行的政府职能之一。为此，近年来，特别是党的十八大以来，党和政府都十分重视文化建设，强调构建现代公共文化服务体系，让大众均等化、标准化享受公共文化服务，是新时期我党治国理政的新理念和新战略目标之一。各级政府部门纷纷出台各种政策及措施，鼓励地方部门加大公共文化服务建设力度，加快基本公共文化服务体系的建设步伐。随着一系列公共文化服务相关政策的出台与落实执行，我国公共服务水平取得了显著进步：公共文化服务供给规模加大，公共文化服务类别日趋丰富，公共文化服务效能得到提高，基本公共文化服务标准化、均等化享用程度提升，一个覆盖城乡、惠及所有百姓的公共文化服务体系基本形成。但是，对本书的公共文化服务单项内容及整体绩效测度分析发现，与大众的精神文化需求相比，我国公共文化服务建设还存在不尽如人意之处，特别是在公共文化资源配置、文化产品供需、公共文化投入、人才队伍建设、地区差异等方面还有待进一步完善。因此，提升我国公共文化服务水平，必须关注以下几个方面：

第一，合理配置公共文化服务资源，改善公共文化服务发展条件，提升我国公共文化服务水平。公共文化服务发展水平与其自身发展条件、资源禀赋密切相关。改善公共文化服务发展条件，首先必须在公共文化资源合理配置上下功夫。公共文化服务依赖文化资源的社会流动。文化资源合理配置如果从市场的角度审视的话，则文化市场在合理配置文化资源的过程中应发挥基础性作用。因此，建立文化市场合理的价格机制，创造一个公平竞争的市场运行环境，维持文化市场的正常秩序，健全各项市场政策法规，才能够通过市场引导和调节各种文化资源的合理流向，实现文化资源的合理配置。但是，公共文化服务资源的配置必须更多地借助政府主导下的文化资源配置机制，通过政府部门的协调组织、制度约束及统筹分配引导公共文化资源的流向。政府部门在兼顾公平、效率及发展实际的前提下，通过直接或间接的服务形式，综合调配社会资本与市场力量。

第二，加大公共文化服务投入力度，优化投入方式，调动社会及民间组织积极参与公共文化建设，实现公共文化建设资金来源的多元化。政府在全面增加公共文化设施以及公益性文化事业投入强度的基础上，创新公共文化资金管理与投入方式，实现公共文化资金来源渠道的多元化。政府必须充分发挥宏观调控的作用，通过市场调节的方式来发挥财政投入的最大效能。一是政府部门要从财政投入方向、投入保障机制、改善管理三方面着力开展公共文化服务财政投入机制改革，以优化财政文化投入结构。要由原来的直接投入方式转为间接投入方式，可以通过政府采购、项目补贴、定向资助等投入形式，将有限的资金用于支持我国公共文化服务体制改革，用于落实重大公共文化服务项目落实，科学合理地运用公共文化资源。二是要实现投资主体的多元化。政府部门可以借助法规与具体的制度，完善投资公共文化服务建设的税收优惠政策，充分调动社会各界及民间非营利组织，积极鼓励各种社会力量投身到文化资源的建设中，让他们积极参与地方公共文化建设，采取有效的措施来拓宽投资路径，做到投资主体多元化。

第三，创新公共文化服务内容与供给方式，提升公共文化服务发展绩效。创新是引领公共文化发展的首要动力，公共文化服务内容与供给方式的创新是提高公共文化服务发展质量和满意度的最有效手段。

加大公共文化服务活动的内容创新、项目创新与载体创新，确保公共文化服务活动多姿多彩，贴近百姓、贴近生活，满足大众需求，把“大众演、大家看、群众乐”的文化娱乐作品送到百姓家门口。因此，政府部门可以通过一些激励机制与管理措施，调动各方的主观能动性，积极参与公共文化服务活动的创新，以化解当前公共文化服务建设中存在的供需矛盾，提高公众对公共文化服务的认可度和满意度。

创新公共文化产品供给模式。政府必须努力调动多方力量参与到公共文化服务产品的生产与建设中，改变政府单一的文化供给方式，鼓励文化服务产品供给主体多元化。构建公共文化服务产品交流互动机制，城市送文化到农村，农村送文化到城市，交流顺畅；探索一种“以需定供，供需结合，量身定制”的“文化菜单”服务方式，供百姓自主点单享用，推动文化服务供给与群众文化需求有效对接，调和当前公共文化服务的供需矛盾，让更多的民众愿意享受公共文化服务的阳光。

转变公共文化服务方式，实现公共文化服务数字化、服务流动化和服务特色化等新型服务方式。当前，互联网对公共文化服务的影响越来越深，它催生了一大批新的文化形态和文化业态，数字博物馆、数字图书馆、数字文化馆和数字文化社区等公共文化服务方式已经成为当前公共文化服务的重要补充，这种数字化的公共文化服务方式，让更多百姓零距离、无障碍地享受现代公共文化服务。如大篷车、流动文化馆、流动博物馆、移动阅读等文化流动服务方式的创新，让大众足不出户就可享用人性化、便捷化的公共文化服务。公共文化服务方式特色化，各地政府应借助自身丰富的文化资源，进行文化资源的深度融合开发，创造具有浓厚区域特色的公共文化服务品牌，吸引更多群众参与到公共文化活动当中，提高公共文化服务的普及率与参与率。

第四，注重文化人才队伍建设，改变用人机制，合理配置人才资源，努力培养公共文化服务的专业人才，促进我国公共文化服务发展水平的整体提升。公共文化服务人才是为大众提供公共文化产品和服务的文化创作人才、文化成果传播人才、文化事业服务人员及文化服务志愿者等。公共文化服务人才队伍的建设，关系到一个国家和地区文化软实力的提升，是提升区域公共文化服务水平的重要因素。我国一些地区（如西部区域和广大的农村及边远贫困地区）的公共文化服务人才队伍建设中长期存在规模有限、结构不合理、流动不畅、高质量人才缺乏等现实问题，这在一定程度上制约了公共文化服务的发展。因此，对于公共文化服务人才相对缺乏的地区，政府不仅可以通过改进用人机制、提高人才待遇等加大文化人才的引进力度，还可以积极发展基层公共文化服务志愿者，建立一支相对稳定的文化服务志愿者队伍，以补充文化人才队伍建设的不足。另外，社会、经济的快速发展，群众对文化欣赏水平的提高，对文化创作与管理人才提出了更高的要求，因此，政府部门必须强化对文化人才队伍的培训，增强他们的文化创作意识及服务意识，拥有超强创意能力和深厚传统文化知识背景的文化资本人才、数字艺术软件开发人才和拥有了解民情、理解民心的文化人才是公共文化服务发展的创新源泉。我国中、西部地区公共文化服务相对落后，其高质量文化人才缺乏是重要原因。

我国的优秀文化人才主要集中在少数一线城市和各大区域的中心城市，公共文化服务人才相对分布不均，这在一定程度上加重了公共文化服务非均等化程度，我国公共文化服务“东强西弱”的空间分布特征与专业人才分布不均有很大关系。因此，公共文化服务人才队伍建设还必须注重公共文化服务专业人才区域分布结构的优化，通过制度及激励机制，合理配置公共文化人才资源，鼓励文化人才向二三线城市及边远山区、农村转移；在公共文化服务人才的培养和引进上，既要加大文化专业人才培养规模，更要注重人才队伍的结构优化。

第五，建立公共文化均等化、标准化制度，努力缩小地区公共文化服务均等化差异。公共文化服务在区域之间发展不均衡，是当今公共文化发展中存在的主要问题。习总书记在很多场合多次强调，在公共文化服务发展建设中，必须坚持以基层特别是农村为重点，实施文化惠民工程，进一步提高公共文化服务能力，促进基本公共文化服务标准化、均等化。因此，要缩小基本公共文化服务均等化差异，首先，政府要尽快制定基本公共文化服务均等化的实施标准，并在实践中逐步完善，积极推进基本公共文化服务均等化进程；其次，要优化政府的财政支出结构，结合区域内各省份人口基数、经济水平等具体情况，规范中央财政合理转移支付项目与数额，逐步提高公共文化事业费的投入力度；再次，要转变公共文化发展理念，努力探索政府为主、社会补充为辅的公共文化供给模式，以进一步缩小基本公共文化均等化地区差异；最后，在推进基本公共文化服务均等化进程中，不仅要关注区域间基本公共文化服务均等化差异问题，而且要特别关注各区域内各省份的基本公共文化服务均等化差异问题，各级政府要合理统筹城乡文化发展资源，让公共文化服务资源均衡分布。

10.2.2　完善我国公共文化服务测度的相关建议

提高我国公共文化服务测度的科学性，应从明确公共文化服务评估性质和目的、规范公共文化服务评估对象范畴、完善公共文化服务评估体系、建立公共文化服务多元化评估模式及可靠的数据来源渠道等方面入手。

第一，要明确公共文化服务评估的性质和目的。公共文化服务测度，从本质上要以国家确定的公共文化发展要求为导向，以保障公民基本文化权利的实现为核心来设计综合评估体系。其评估的目的在于促进和落实政府和社会公共服务机构履行公共服务的职能，增加公共文化产品的供给，改善其服务质量，保障公民的基本公共文化享用权利的实现。通过公共文化服务测度，了解公共文化服务的供需状况、存在的问题，剖析主要原因，以改进服务质量。但长期以来，我国公共文化服务测评是一种总结性或奖惩性、单纯性评估，没有发挥综合性测评的作用，因此，由单一的总结性评估到综合性评估，是提高公共文化服务测评科学性的必然选择。综合性测评不仅要反映公共文化服务的绩效状况，而且要能够发现提供公共文化服务过程中存在的问题、原因以及问题解决的可能办法。

第二，规范公共文化服务评估范畴。一种服务到底是不是公共文化服务，必须符合公共文化服务特性，即文化性、公益性、社会性和非营利性特征。公共文化服务是国家及部分非营利机构等使用公共资源，向公众提供公共文化服务产品的集合，它涵盖的内容十分丰富，机构繁多，其中涉及政府文化行政主管部门、大量的公益性文化事业单位，还有许多社会办的从事文化活动的非营利组织等，它们共同成为社会公共文化的供给主体。另外，我国文化体制改革还在进行中，有些文化机构内部既有文化产业又有文化事业，这就给评估范围界定带来难度，实际执行中可以依据各文化单位会计执行标准即是执行事业会计标准还是企业会计标准来界定文化事业与文化产业。一般来说，文化事业是文化领域从事文化产品生产和提供公共文化服务的公益性组织机构。然而就评估工作本身来说，这样的界定还是太宽泛，难以操作。结合我国公共文化服务供给现状，政府是公共文化的主要提供者，因此实际评估可以先以政府文化部门主管的公共文化服务机构作为评估对象，如文化馆、美术馆、博物馆、公共图书馆、档案馆、社区文化组织等公共文化机构，待经验成熟后再扩大到全社会公共文化服务范围。

第三，要完善公共文化服务测评体系。评估指标体系是实现公共文化发展评估的核心基础。通常一套好的指标体系，必须体现公共文化服务评估的性质和目的。绩效评价是公共文化服务评价的重要方面，但不能简单地把公共文化服务测评等同于绩效评价，更不能等同于一般的经济绩效评估。要科学、全面地反映公共文化服务发展的综合情况，评价指标体系至少必须包括以下几个方面的信息：一是基础设施。它是开展公共文化服务的公益性场所和载体，其规模及服务能力在一定程度上代表了一个国家或地区的公共文化服务发展水平。公共文化基础设施可以从公共文化设施的建设标准、公共文化设施的数量质量、公共文化设施的类别及区域分布状况等方面考量。二是投入规模，即发展公共文化服务所投入的人力、物力和财力。政府作为公共文化的投资主体，在投入评价方面，尤其要关注政府财政投入文化事业费的情况，如财政文化事业拨款总额、文化事业费占财政支出比重、人均文化事业费等相关数据信息。三是公共文化服务产出水平。主要是考察公共文化服务单位开展的服务活动，包括服务方式、手段、内容和次数，如公共图书馆的藏书借阅次数、公共博物馆的参观人次、社区举办公益性讲座次数、文艺院团下乡演出场次等。在实际监测中，由于不同的公共文化服务机构所提供的文化产品与服务内容不同，服务活动差异较大，只能根据不同文化服务机构的活动性质设计专门的测评指标体系。四是社会效应。主要是评估公共文化服务机构所提供的文化产品和服务产生的社会影响。主要体现为文化消费水平的提高、民众对公共文化满意度提升、民众的价值观和审美观的转变等。

第四，要实施公共文化服务测评主体多元化。目前公共文化服务测评有比较多的地区是采用第三方评估，如委托某研究机构开展公共文化服务评估，当然这种评估比政府部门的自评进了一步，也相对客观许多。建立政府引导，企业、公众、各类研究机构以及专家、媒体参与的评估主体多元化的评估方式，对于提高评估的专业性、公正性及评估效率更有积极意义。特别是公众作为公共文化服务的享用主体，最有权利反映公共文化的服务质量。建立政府、企业及公众参与的多主体评估模式也是发达国家公共文化服务评估通常的做法。例如，美国为了保证公共文化服务评估的规范性，在 1993 年就通过了《公共文化服务和结果法》；英国于 1964 年公布了《公共图书馆与博物馆法》，要求以法律的形式对公共文化服务发展进行评估。发达国家公共文化服务评估的成功经验告诉我们：成熟完善的法律制度框架是实施评估成功的前提和保障。今后，政府部门应该在规范评估法律及奖惩制度上下功夫，逐步完善公共文化服务评估的具体做法。

第五，要建立常态公共文化服务统计，为公共文化服务测度提供可靠的数据源。对公共文化服务进行统计测算是一个新的统计领域，从公共文化服务统计现状来看，虽然有部分国家及国际组织开展了文化产品与服务统计的试算工作，但迄今为止还没有出现较为一致的公共文化服务统计核算制度与方法，均处于研究与探索之中。联合国教科文组织出版的文化统计框架，为文化统计核算提供了国际规范，我国在借鉴联合国文化统计框架的基础上，2004 年国家统计局颁布了《文化及相关产业分类》，首次界定了我国文化及相关产业统计范畴。2009 年，国家利用经济普查的有利时机，开发文化产业调查，摸清了我国文化及相关产业的基本情况。2010 年，文化产业统计才全面推行。2012 年，国家统计局对《文化及相关产业分类》重新修订，新的分类标准适应了文化产业发展新形势的需要，进一步统一了全国文化产业统计的定义、口径、内容、范围、原则、方法等。2018 年 4 月又重新颁布了《文化及相关产业分类（2018）》。但是，我国目前的文化及其相关产业统计所提供的数据既不是文化产业的数据，也不是文化事业的数据，它既包括文化产业也包括文化事业，公共文化服务数据并没有单独核算。因此，我们应当尽快加速公共文化服务统计的研究步伐，尽早建立公共文化服务统计调查制度，完善其统计方法。政府统计部门要根据公共文化服务的特性，界定其统计范围，确定公共文化服务机构类别和统计指标，并将相关指标在统计年鉴和统计公报中加以公布，确保统计数据来源的可持续性和权威性，为科学地评估公共文化服务、政府公共文化发展政策制定以及政策效应检查提供数据基础。公共文化服务测度的数据源的建立，可以在现行文化统计体系的基础上，学习美国、澳大利亚等国的做法，用卫星账户的形式将公共文化服务或准公共文化服务单独核算，确认并分离公共文化服务，增设扩展变量以补充说明公共文化服务特征变量，进而组建 SNA 框架下的公共文化服务测度体系，为从事公共文化服务测度建立可靠的数据基础。

10.3 研究展望

尽管本书对我国公共文化服务理论与实践进行了系统、深入的研究，但由于公共文化服务理论还在发展之中，因此，对公共文化服务的测度研究只能是一个通过理论分析与实践总结相结合的不断发展与完善的过程。本书仍然存在值得进一步深入研究的问题。

第一，关于公共文化服务测度理论。目前关于公共文化服务测度方面的问题研究在国内仅处于起步与摸索阶段，有许多问题值得我们去探索与思考。比如什么是公共文化服务？其内涵与外延是什么？公共文化服务测度理论包括什么？其测度边界在哪？研究中我们只是将公共文化特征比较明显的机构和内容纳入测度体系，如对提供公共文化服务内容的图书馆、博物馆、群艺馆、展览馆、文化馆（站）、社区文化活动中心等各类公共文化机构的公共文化服务发展水平、绩效及影响因素等的测度，对公共文化服务的均等化以及整体发展绩效进行了测度。但是，这种测度并没有穷尽所有公共文化服务机构和内容，如对公共文化服务特征不是十分明显的电视广播、新闻出版等公共文化服务机构，本书并没有纳入测度体系中，主要是因为这些文化机构的文化服务活动既有市场文化，又有事业文化，研究中很难精确地把二者区分开来，何况随着国家文化体制的改革，许多文化机构也面临着由事业文化向产业文化转型的问题；另外，“互联网+公共文化服务”形式在研究中也考虑不充分，一是其服务形式多样化，难以进行归类，二是受数据的限制。公共文化服务内涵十分丰富，要将所有的公共文化服务内容及服务机构纳入测度范围，有一定的学术难度，也超出了我们的研究能力，但是对于未来公共文化服务测度研究来说，这是值得理论工作者和实际工作部门高度关注的问题。

第二，公共文化测度方法。统计上实现对公共文化服务测度的具体方法有很多，有些方法，如多指标综合评价法、满意度调查、因子分析等，由于简单易行，在国内的研究中应用得比较普遍；有些如平衡计分卡、卫星账户、数据包络分析、空间计量模型、非参数统计等，这些方法及计量模型在其他领域虽然得到了比较多的应用，但是在公共文化测度领域还几乎是空白。因此，未来公共文化测度方法的研究必须关注新的方法在公共文化测度领域的应用，并对这些新方法的应用效果进行效应检验，通过借鉴、摸索、试验、总结经验教训，逐步建立起相关的研究范式，广泛应用于公共文化服务测度的各领域，并为各级政府决策提供有效信息，扩大此领域研究的影响力。

第三，公共文化测度实践必须强化。到目前为止，我国对公共文化服务的测度实践研究远远落后于公共文化服务的理论研究。进入中国知网检索关键词，在“篇名”的检索项下输入“公共文化服务测度”或“公共文化服务评估”等检索内容，真正与其相关的研究成果并不多。形成这种研究局面，一方面与我国公共文化服务发展现实、理论及方法研究有关，另一方面对公共文化服务进行测度是一项十分困难的学术研究，其测度对象的内涵和目的的不确定性、文化产品形态的多样性，使文化测度标准及度量的基本单位不是唯一的。此外，测度方法的多样性给开展公共文化服务测度实践增添了许多难处。还有一个重要的原因，就是反映公共文化服务的基本统计数据还存在较大缺口。因此，从事公共文化服务理论研究的力量相对单薄。未来的公共文化服务测度研究必须强化公共文化服务测度的实践研究，在把握公共文化服务的内涵和本质特征的基础上，做到理论、方法研究与实证分析同步进行，这样才能使公共文化服务测度研究更完善、更系统。

以上不足都有待在今后的公共文化服务测度研究中进一步延伸和强化。

参考文献

[1] 艾菲．文化事业与文化产业的关系［N］．人民日报，2004-05-11.

[2] 安来顺．中日韩博物馆政策环境与博物馆发展的初步检视［J］．东南文化，2013（6）．

[3] 安彦林．财政分权对政府公共文化服务供给水平与区域差异的影响研究［D］．山东大学博士学位论文，2017.

[4] 白光元．打通公共文化服务的“最后一公里”［N］．青海日报，2016-03-28.

[5] 包国宪，周云飞．中国政府绩效评价：回顾与展望［J］．科学学与科学技术管理，2012（7）．

[6] 边继云．河北省城乡公共文化均等化存在问题及产生原因［J］．河北科技师范学院学报（社会科学版），2009（12）．

[7] 博赫．文化产业统计中存在的问题及其改进［J］．统计与决策，2008（4）．

[8] 蔡荣生，王勇．国内外发展文化创意产业的政策研究［J］．中国软科学，2009（8）．

[9] 曹爱军．公共文化服务的理论与实践［M］．北京：科学出版社，2011.

[10] 曹淳亮．浅论博物馆业的可持续发展［J］．广东社会科学，2001（4）．

[11] 曹佳蕾，刘珺．基本公共文化服务均等化评价指标体系构建与实证研究——以皖江城市带为例［J］．池州学院学报，2015（4）．

[12] 常旻．云南省财政资金支出绩效评价体系构建的探索［D］．云南大学硕士学位论文，2010.

[13] 陈彪．浙江省基本公共文化服务均等化研究［D］．浙江大学硕士学位论文，2009.

[14] 陈立旭．公共文化服务的均等化与效率［J］．中共浙江省委党校

学报，2015（1）.

［15］陈威．公共文化服务体系研究［M］．深圳：深圳报业集团出版社，2006.

［16］陈卫东，李红霞．广东“基层文化馆站服务效能提升计划”实践探析［J］．图书馆论坛，2014（12）.

［17］陈晓洪．科技博物馆绩效评估量化指标设计［J］．广东科技，2012（15）.

［18］陈晓曼．我国基本公共文化服务均等化问题研究［D］．山东大学硕士学位论文，2013.

［19］陈晓声．文化产业统计范围及指标体系探讨［J］．上海统计，2003（8）.

［20］［日］川崎良孝．美国公共图书馆标准的历史变迁［J］．图书馆杂志，2011（7）.

［21］［澳］戴维·思罗斯比．经济学与文化［M］．王志标，张峥嵘译．北京：中国人民大学出版社，2011.

［22］戴昕，陆林，杨兴柱，王娟．国外博物馆旅游研究进展及启示［J］．旅游学刊，2007（3）.

［23］单薇．从多维视角综合评价我国公共文化服务均等化水平［J］．中国统计，2015（4）.

［24］段友君．从文化产业发展的角度谈文化事业管理的思路转变［EB/OL］．https：//www. do cin. com/p-1509249221. html. 2008-08-07.

［25］樊兴菊．基于满意度的公共文化服务设施供给决策体系研究［D］．天津大学博士学位论文，2016.

［26］范志杰．发展文化事业促进文化产业政策研究［D］．财政部财政科学研究所博士学位论文，2013.

［27］方宝璋．略论中国文化产业的内涵与分类［J］．当代财经，2006（7）.

［28］费高云．通过创新提高公共文化服务水平［N］．人民日报，2016-01-21.

［29］冯鸿雁．财政支出绩效评价体系构建及其应用研究［D］．天津大学博士学位论文，2004.

［30］高迎刚．当代中国公共文化建设的历史回顾与现状分析［J］．艺术百家，2013（11）.

［31］苟红．也说农村公共文化服务体系构建中的文化馆建设［J］．四川

戏剧，2014（6）.

［32］国家统计局．文化及相关产业分类（2012）［EB/OL］. https：wenkn. baidu. com/rieu/9fc1761f27d3240c8547efza. html. 2012-07-31.

［33］国家图书馆．中国图书馆年鉴2016［M］. 北京：国家图书馆出版社，2017.

［34］何颖，李思然．新公共管理理论方法论评析［J］. 中国行政管理，2014（11）.

［35］黄绍松．从企业管理理念角度分析江西省财政支出绩效评价体系的构建［D］. 南昌大学硕士学位论文，2007.

［36］贾敏．文化馆艺术培训公益化道路探索［J］. 四川戏剧，2015（3）.

［37］贾微晓．“需求”逻辑视角下的我国公共文化服务研究——基于消费者均衡模型以及蛛网模型的理论视角［J］. 上海财经大学学报，2017（6）.

［38］贾旭东．对提高公共文化服务评估科学性的思考［N］. 人民政协报，2012-03-26.

［39］姜倩，楚存坤，刘静．从ISO11620：2008看图书馆绩效评估的发展［J］. 现代情报，2010（2）.

［40］蒋牧宸．地方政府公共服务供给机制改革研究——基于公共治理的视角［D］. 武汉大学博士学位论文，2014.

［41］蒋萍，王勇．全口径中国文化产业投入产出效率研究［J］. 数量经济技术经济研究，2011（12）.

［42］孔进．我国政府公共文化服务提供能力研究［J］. 山东社会科学，2010（3）.

［43］孔正一．博物馆免费开放的贡献与可持续发展［J］. 东南文化，2010（5）.

［44］雷艳．关于民办博物馆绩效评估体系的探讨［D］. 华南理工大学硕士学位论文，2016.

［45］李博雅．中美公共图书馆服务比较研究——以辽宁省和密歇根州为例［D］. 东北师范大学硕士学位论文，2015.

［46］李洪涛．城市居民的社区满意度及其对社区归属感的影响［D］. 华中科技大学硕士学位论文，2005.

［47］李建霞．图书馆绩效评价研究综述［J］. 图书情报知识，2011（5）.

［48］李景源，陈威．中国公共文化服务发展报告（2009）［M］．北京：科学文献出版社，2009.

［49］李景源．用科学发展观指导文化建设［J］．中国社会科学报，2017（3）．

［50］李娟，傅利平．公共文化服务水平综合评价研究［M］．北京：经济科学出版社，2017.

［51］李娟．公共文化服务水平综合评价与提升路径研究［D］．天津大学博士学位论文，2015.

［52］李军农．上市公司经营绩效评价研究［D］．武汉大学博士学位论文，2004.

［53］李文军，张新文．西部地区基本公共服务的省际差异研究——基于泰尔指数的考察［J］．内蒙古社会科学（汉文版），2011（2）．

［54］李晓军．浅析群众文化的现状和发展思路［J］．戏剧之家，2014（10）．

［55］李瑛．我国博物馆旅游产品的开发现状及发展对策分析［J］．人文地理，2004（8）．

［56］李媛媛．国家文化治理视域下的现代公共文化服务体系发展趋势研究［J］．中国社会科学院研究生院学报，2017（4）．

［57］李正元．文化事业与文化产业的区别与联系［J］．出版科学，2012（20）．

［58］李志勇．社会转型时期农村公共文化服务体系建设研究［D］．重庆理工大学硕士学位论文，2015.

［59］联合国教科文组织统计研究所．2009 年联合国教科文组织文化统计框架［M］．北京：社会科学文献出版社，2011.

［60］廖青虎，孙钰．国外公共文化服务保障的立法经验与启示［J］．经济社会体制比较，2017（4）．

［61］廖颖林．顾客满意度指数测评方法及其应用研究［M］．上海：上海财经大学出版社，2008.

［62］林凡军．山东省公共文化服务人才结构优化研究［J］．山东社会科学，2014（11）．

［63］凌征强，卢桥．近 20 年国内图书馆绩效管理研究综述［J］．图书馆，2014（1）．

［64］刘慧．基于 PLS-SEM 的中国高等教育学生满意度测评研究［M］．南京：江苏大学出版社，2012.

[65] 刘俊生．公共文化服务组织体系及其变迁研究——从旧思维到新思维的转变［J］．中国行政管理，2010（1）．

[66] 刘新成，张永新，张旭．文化蓝皮书：中国公共文化服务发展报告（2014-2015）［M］．北京：科学技术文献出版社，2015.

[67] 刘志宽，连海燕．基本公共文化服务均等化的理论溯源［J］．产业与科技论坛，2013（2）．

[68] 卢梭．论人类不平等的起源和基础［M］．李常山译．北京：商务印书馆，1982.

[69] 鲁静．公共文化服务供给有效性的空间评价与空间机制研究——以上海市为例［D］．华东师范大学博士学位论文，2017.

[70] 陆和建，李杨．基于SWOT-PEST分析的基层公共文化服务社会化管理发展策略研究［J］．图书情报知识，2016（4）．

[71] 罗云川．公共文化服务的网络治理研究［J］．经济学动态，2017（8）．

[72] 马海涛，程岚．完善财政政策，促进公共文化服务体系建设［J］．中国财政，2009（23）．

[73] 毛少莹．公共文化概论［M］．北京：北京师范大学出版社，2014.

[74] 苗美娟．2016年我国公共文化服务研究进展［J］．图书馆论坛，2017（8）．

[75] 苗瑞丹．英国公共文化服务的分权与共治经验及其借鉴［J］．马克思主义与现实，2016（4）．

[76] 潘思柳．民族地区基本公共文化服务差异研究——基于泰尔指数的分析［J］．中国文化评论，2012（2）．

[77] 彭建平．地（市）级公共财政支出绩效评估研究［D］．湘潭大学硕士学位论文，2007.

[78] 彭磊，徐德辉．图书馆绩效评估标准ISO11620：2014对军校图书馆建设的启示［J］．中华医学图书情报杂志，2015（2）．

[79]［美］乔治·伯恩．公共管理改革评价：理论与实践［M］．张强，魏清华，韩莹莹译．北京：清华大学出版社，2008.

[80]［美］乔治·弗雷德里克森．公共行政的精神［M］．张成福等译．北京：中国人民大学出版社，2003.

[81] 宋爱军，张红瑞，刘钢，陈涛．完善我国农村公共文化服务评估体系［J］．行政管理改革，2012（3）．

[82] 苏峰．让公共文化服务成为常态［N］．北京日报，2007-08-21.

［83］孙宪华．值得期盼的文化统计［J］．中国统计，2008（4）．
［84］孙逊．中国公共文化服务发展报告（2015）［M］．北京：商务印书馆，2016．
［85］唐晓英．论地方政府公共服务绩效评估的标准体系［J］．学术交流，2011（10）．
［86］唐亚林，朱春．当代中国公共文化服务均等化的发展之道［J］．学术界，2012（5）．
［87］唐健春．论公共文化服务体系与文化馆（站）建设的转型升级［J］．四川戏剧，2014（10）．
［88］王北海．基于用户研究的城市公共文化基础设施区位选择［D］．武汉大学博士学位论文，2016．
［89］王义君．文化产业统计核算研究［J］．山西统计，2003（9）．
［90］王济川，王小倩，姜宝法．结构方程模型：方法与应用［M］．北京：高等教育出版社，2011．
［91］王洛忠，李帆．我国基本公共文化服务：指标体系构建与地区差距测量［J］．经济社会体制比较，2013（1）．
［92］王鹤云．我国公共文化服务政策研究［D］．中国艺术研究院博士学位论文，2014．
［93］王学琴，陈雅．公共文化服务绩效评估基本理论辨析［J］．图书馆，2015（7）．
［94］王显成．公共文化服务投入的统计范围与保障标准［J］．统计与决策，2017（10）．
［95］魏和清，李燕辉，肖惠妧．我国文化产业综合发展实力的空间统计分析［J］．统计与决策，2017（15）．
［96］魏和清，李颖．我国文化产业聚集特征及溢出效应的空间计量分析［J］．江西财经大学学报，2016（6）．
［97］魏和清．“十一五”以来中国基本公共文化服务均等化差异的追踪分析［J］．经济统计学（季刊），2016（1）．
［98］魏和清．知识经济测度方法研究［D］．东北财经大学博士学位论文，2007．
［99］文化部公共文化司．文化部“十三五”时期公共文化服务体系建设实施纲要［EB/OL］．http：//zwgk. mct. gov. cn/huto255/20170801_688980. html. 2017-08-01．
［100］吴桂平．面向对象的企业效绩评价系统研究［D］．武汉大学硕士

学位论文，2005.

［101］吴理财．群众基本文化需求和区域、群体性差异研究——基于 20 省 80 县（区）的问卷调查［J］．社会科学家，2014（8）．

［102］吴新，阎敏．博物馆绩效测评指标面面观［N］．中国文物报，2017-01-31.

［103］吴新年．图书馆绩效评价体系研究［J］．图书与情报，2005（12）．

［104］吴予敏．城市公共文化服务的结构二重性和社会行动者——以吉登斯结构化理论为视角［J］．学术研究，2016（10）．

［105］吴正荆，孙颀，吕少妮．美国公共图书馆评价方法在我国区域图书馆评价中的应用［J］．中国图书馆学报，2013（4）．

［106］武春光，于成学．基于泰尔指数的我国区域差异多指标测度［J］．统计与决策，2008（18）．

［107］奚洁人．转型时代的领导使命［J］．领导科学，2008（20）．

［108］夏国锋，吴理财．公共文化服务体系研究述评［J］．理论与改革，2011（1）．

［109］向勇，李天昀．国外文化产业发展的主要模式［J］．新湘评论，2011（11）．

［110］谢伦灿．提升我国文化产业统计的准确性与科学性［J］．学术交流，2009（2）．

［111］谢媛．我国公共文化服务绩效评估的理论与实践研究综述［J］．四川行政学院学报，2012（4）．

［112］徐斌，陈建宝．财政支农支出、经济增长、收入差距与区域农村居民消费——基于非参数可加模型的实证研究［J］．数理统计与管理，2015（1）．

［113］徐清泉．公共文化服务评估研究：现状、需求及要素［J］．毛泽东邓小平理论研究，2012（8）．

［114］许昳婷，陈鸣．建构混合型城市公共文化服务新机制——公共文化服务供给侧改革研究［J］．探索与争鸣，2017（12）．

［115］闫平．服务型政府的公共性特征与公共文化服务体系建设［J］．理论学刊，2008（12）．

［116］严允．博物馆观众服务满意度影响因素初探［J］．中国博物馆，2014（8）．

［117］杨琳．上海公共文化服务体系研究［D］．上海交通大学硕士学位

论文，2009.

［118］杨新洪．关于文化软实力量化指标评价问题研究［J］．统计研究，2008（9）．

［119］杨绪忠，张玉玲，刘冶．文化产业指标体系研究［J］．统计教育，2005（9）．

［120］杨永，朱春雷．公共文化服务均等化三维视角分析［J］．理论月刊，2008（9）．

［121］杨永恒．公共文化服务的五个难题［J］．人民论坛，2011（31）．

［122］杨永恒．推动公共文化服务体系可持续发展［N］．中国文化报，2012-12-02.

［123］殷国俊．文化产业统计指标和分析方法探讨［J］．中国统计，2004（2）．

［124］于萍．四川省基本公共文化服务均等化问题研究［D］．浙江大学硕士学位论文，2011.

［125］张桂琳．论我国公共文化服务均等化的基本原则［J］．中国政法大学学报，2009（9）．

［126］张洁，施雪华．推进公共文化服务体系建设的三条路径［J］．党建，2017（4）．

［127］张雷宝．公共基础设施服务均等化的理论辨析与实证考察［J］．财贸经济，2009（2）．

［128］张启春，范晓琳．我国基本公共文化服务绩效的评价与实证［J］．统计与决策，2017（17）．

［129］张文彬，安来顺．城市文化建设与城市博物馆［J］．装饰，2009（3）．

［130］张文珺．简述国内外对博物馆公共文化服务绩效评估研究比较［J］．现代经济信息，2016（1）．

［131］张玉玲．中国文化产业统计：要文化，不要泛化［N］．光明日报，2011-09-08.

［132］张毓强，杨晶．世界文化评估标准略论——以联合国教科文组织文化统计指标体系为例［J］．现代传播，2010（9）．

［133］章尚正，刘晓娟．我国博物馆旅游的制约因素与突破思路［J］．安徽大学学报，2010（6）．

［134］赵东霞．城市社区居民满意度模型与评价指标体系研究［D］．大连理工大学博士学位论文，2010.

［135］赵彦云，余毅，马文涛．中国文化产业竞争力评价和分析［J］．中国人民大学学报，2006（4）．

［136］［美］珍妮特·V. 登哈特，罗伯特·B. 登哈特．新公共服务：服务，而不是掌舵［J］．方兴，丁煌译．北京：中国人民大学出版社，2016.

［137］郑晓燕．中国公共服务供给主体多元发展研究［D］．华东师范大学博士学位论文，2010.

［138］周武旺．浅谈公共文化服务均等化［J］．商品与质量，2012（2）．

［139］周武旺．公共文化服务均等化问题研究［D］．湘潭大学硕士学位论文，2012.

［140］周晓丽，毛寿龙．论我国公共文化服务及其模式选择［J］．江苏社会科学，2008（1）．

［141］周颖洁．我国公共支出的绩效管理研究［D］．西南财经大学硕士学位论文，2007.

［142］朱剑锋．基于DEA方法的公共文化服务绩效评价实证研究［D］．武汉大学博士学位论文，2014.

［143］朱丽华，魏翠玲，袁贞．基本公共文化服务均等化评估指标体系探讨［J］．中小企业管理与科技，2011（7）．

［144］邹凯．社区服务公众满意度测评理论、方法及应用研究［D］．国防科学技术大学博士学位论文，2008.

［145］Bates R. A.，Holton E. F. Computerized Performance Monitoring：A review of Human Resource Issue［J］. Human Resource，1995（5）：267-288.

［146］Beck N.，Jackman S. Beyond Linearity by Default：Generalized Additive Models［J］. American Journal of Political Science，1998，42（2）：596-627.

［147］Berdardin H. J.，Beariy R. W. Performance Appraisal：Assessing Human Behavior at Work［M］. Boston：Kent Publish，1984.

［148］Blondal J. Accrual Accounting and Budgeting：Key Issues and Recent Developments［M］. Paris：OECD Journal on Budgeting，2003.

［149］Campbell J. P.，Mchenry J.，Wise L. L. Modeling the Performance Prediction Problem in a Population of Job［J］. Personnel Psychology，1990（43）：313-333.

［150］Buchinsky M. Estimating the Asymptotic Covariance Matrix for Quantile Regression Models：A Monte Carlo Study［J］. Journal of Econometrics，1995，68（2）：303-338.

[151] Buja A., Hastie T., Tibshirani R. Linear Smoothers and Additive Models [J]. Annals of Statistics, 1989, 17 (2): 453-555.

[152] Christopeit N., Hoderlein S. Estimation of Models with Additive Structure via Local Quasi — differencing [R]. Mannheim University Working Paper, 2003.

[153] Cowell F. A., On the Structure of Additive Inequality Measures [J]. Review of Economic Studies, 1980 (47): 521-531.

[154] Linton O. B., Hardle W. Estimation of Additive Regression Models With Known Links [J]. Biometrika, 1996 (8): 529-540.

[155] Oliver R. L., Desarbo W. S. Response Determinants in Satisfaction Judgments [J]. Journal of Consumer Research, 1988 (3): 495-507.

[156] Pink B. Cultural and Creative Activity Satellite Accounts [R]. Discussion Paper, Australian Bureau of Statistics, 2013.

[157] Schwartz J. Nonparametric Smoothing in the Analysis of Air-pollution and Respiratory Illness [J]. Canadian Journal of Statistics-Revue Canadienne De Statistique, 1994 (22): 471-487.

[158] Shorrocks A. F. The Class of Additively Decomposable Inequality Measures [J]. Econometrica, 1980 (48): 613-625.

[159] Stone C. J. Additive Regression and Other Nonparametric Models [J]. Annals of Statistics, 1985 (113): 689-705.

[160] Strielkowski W. Czech Experience in Using Culture Satellite Account [J]. Czech Journal of Social Sciences & Business and Economics, 2012 (1): 8-26.

[161] UNESCO Institute for Statistics, Measuring the Economic Contribution of Cultural Industries, A Review and Assessment of Current Methodological Approaches, 2009 Framework for Cultural statistics Handbook, 2012.